相伴语文

白金声 ◎ 著

海峡出版发行集团 | 福建教育出版社

图书在版编目（CIP）数据

相伴语文/白金声著. —福州：福建教育出版社，2018.4
ISBN 978-7-5334-7867-4

Ⅰ. ①相… Ⅱ. ①白… Ⅲ. ①小学语文课－教学研究 Ⅳ. ①G623.202

中国版本图书馆 CIP 数据核字（2017）第 225712 号

Xiangban Yuwen

相伴语文

白金声 著

出版发行	海峡出版发行集团
	福建教育出版社
	（福州市梦山路 27 号 邮编：350025 网址：www.fep.com.cn
	编辑部电话：0591－83779615 83726908
	发行部电话：0591－83721876 87115073 010－62027445）
出 版 人	江金辉
印 刷	福州华彩印务有限公司
	（福州市福兴投资区后屿路 6 号 邮编：350014）
开 本	710 毫米×1000 毫米 1/16
印 张	16.75
字 数	274 千字
插 页	1
版 次	2018 年 4 月第 1 版 2018 年 4 月第 1 次印刷
书 号	ISBN 978-7-5334-7867-4
定 价	39.00 元

如发现本书印装质量问题，请向本社出版科（电话：0591－83726019）调换。

目次

序 70年的叩问：语文是什么 ···· 1

辑一 往事如斯

书铺 ···· 3
忆领读 ···· 5
"听写"校长 ···· 7
四姥爷 ···· 9
四位良师 ···· 12
庞老师 ···· 15
第一本教材 ···· 17
老翟头 ···· 19
"在课文里'扎猛子'" ···· 21
心中装着学生 ···· 24
钟声 ···· 26
天地书斋 ···· 28
我与"名师人生" ···· 32

结缘"注·提"30年 ···· 34
语文流年 ···· 39
主持教学大赛 ···· 52
最忆是杭州 ···· 57
永川记事 ···· 62

辑二　走近名家

一瓣心香，献给吕叔湘先生 ···· 69
李燕杰题词 ···· 73
问学朱绍禹先生 ···· 76
回忆李伯棠教授 ···· 80
想起了朱作仁 ···· 84
印象张田若 ···· 88
走近魏书生 ···· 91
好人潘自由 ···· 95
支玉恒其人 ···· 97
我与刘显国 ···· 101
认识窦桂梅 ···· 104
挚友赵景瑞 ···· 110
哈尔滨小语界名师 ···· 114

辑三　沙龙碎语

"语文"姓"语"名"文"字"实践" ···· 121
永远持守语文的本色 ···· 124
中国传统语文教育启示录 ···· 126

素养·语文素养·语文核心素养 ···· 128
课堂不妨多些涵泳 ···· 131
语文课堂亟须去假归真 ···· 133
莫让语文教学成蹴鞠 ···· 135
让语文教学回归本位 ···· 139
语文教学的本位 ···· 142
有一种智慧叫倾听 ···· 145
艺谚与教学 ···· 147
练好多读多背的童子功 ···· 149
板书设计应该注意的几个问题 ···· 152
板书乱象的背后 ···· 154
跟于永正学范读 ···· 156
美女教师的"爪子脸" ···· 159
使用教参有门道 ···· 162
和青年教师谈听课 ···· 165
学我者生，似我者死 ···· 167
听于永正唱京剧有感 ···· 170
慎用多媒体教学设备 ···· 172
贾志敏的拿手绝活 ···· 175
朗读教学须注意"五有" ···· 177
古诗背诵当戒有口无心 ···· 184
作文教学的经典传统 ···· 186
作文批改应提倡"一文一得" ···· 189
小学生喜欢什么样的习作批语 ···· 192
备课也要备自己 ···· 197
小学语文课堂教学无效劳动10种表现 ···· 200

辑四　课堂留痕

动物大世界 ···· 209
咬文嚼字课 ···· 213
指导学生写红杏 ···· 219
一刻钟的语文课 ···· 222
激情造境　有效指导 ···· 225
为中华之崛起而读书 ···· 229
莫让语文迷失自我　不为时尚丢弃永恒 ···· 234

附录

最有故事的教研员——白金声/刘显国 ···· 244
我与师傅白金声/刘正生 ···· 248
名师白金声印象记/王丽华 ···· 253

后记 ···· 258

序

70年的叩问：语文是什么

光阴荏苒，白驹过隙，转瞬间，我已届古稀之年。回首往事，我这一辈子只干了一件事，那就是学语文，教语文，用语文，研究语文，与语文结下了不解之缘。

面对苍穹，叩问大地，语文到底是什么？

语文走了几千年，来到现在，携裹一路风霜，染遍岁月沧桑，人们给它很多很多的说法，对这些说法，有的我不敢苟同，有的我不想雌黄，在这里我只饶舌几句，谈谈我的肤浅认识。

大约在我还只能坐在地上用小手玩沙子的年龄，母亲就开始用字片教我识字了。在我幼小的心灵里，"山、石、田、土、日、月、水、火"这些古老的汉字就是一幅画——一幅生动的画，一首诗——一首绝妙的诗，一支歌——一支动听的歌。五千年的灿烂文化，五千年的悠久历史，全部凝聚在这些天生丽质的汉字里。中华汉字，伟乎高哉！这就是语文。

上学了，老师让我们背三千多年前的《诗经》，两千多年前的汉赋，一千多年前的唐诗宋词，在"之、乎、者、也"中度过了童年时代。一天，家里来了客人，大庭广众之下，我摇头晃脑地诵读了清人陈沆的一首七言绝句："一帆一桨一渔舟，一个渔翁一钓钩。一俯一仰一场笑，一江明月一江秋。"这就是语文。

后来，我当了老师，教上了语文。学生问：语文是什么？我说："'小时候，乡愁是一枚小小的邮票，我在这头，母亲在那头'，这亘古不变的令人魂牵梦绕、夜难成寐的思乡之情就是语文。"

再后来，我当上了教研员，开始研究语文教学，读叶圣陶、吕叔湘、张志公,访袁微子、李伯棠、朱绍禹,学斯霞、于漪、霍懋征,遇魏书生、于永正、窦桂梅,真切地感受到了他们就是语文。语文,那一抹风景,在我心中永远是美丽的!

　　语文是生活的浓缩,语文是情感的记录,语文是心灵的驿站,语文灵性无尽,语文妙趣无穷,语文诗意无限,这一切都需要用心去感受。

　　语文要涵养,没有大量的读写积累,无以入其堂奥。文章无需教,大量阅读、思考而内化、外烁,语文教学之功毕矣。为此,我上语文课非常简单,要么让学生在课堂上背书,要么让学生去阅览室翻书,要么让学生回家抄书。背的东西多了,蓄积在胸,便如那济南城,掀石为泉,掘地为井,汩汩滔滔,不可遏止。

　　跟语文打了一辈子交道,我只坚信一句话,这句话是鲁迅说的——"从喷泉里出来的都是水,从血管里出来的都是血。"教语文,学养是第一位的,为了贮满语文的"水"和"血",每天晚饭后,我沏上一杯弥漫着清香的绿茶,慵懒地靠在床头,在灯光的笼罩下,手捧诗书,徜徉其中,心荡神驰,宠辱皆忘。

　　语文是中华民族的根。语文之妙,妙不可言。在流转不息的生命之轮中,我为语文而来,与语文相伴;在语文的广阔田野上,我千万里追寻着你,与生命相随。语文,我的生命因你而绽放!

辑一 往事如斯

最后一课，我依稀记得：那是一个秋末的下午，学生坐在斜阳浅照的教室里，聚精会神地听我讲课。该下课了，也该放学了，我慢慢地合上书本，又轻轻地收拾好教具，百感交集地站在讲台上。目光中掠过一丝惊讶，学生的眼圈怎么都红了？大概他们知道了我的情况。6年了，日出日落，我在这所村小学教了6年书，敲了6年铁轨，每当看见孩子们那活泼鲜亮的身影，我的心底就泛起幸福的涟漪，真舍不得离开他们。最后，我还是走出教室，拿起那沉甸甸的榔头，在铁轨上"当——当——当——当——当"敲了5下。

我上语文课

书　　铺

　　松花江，这是一条古老的江，江水汩汩流淌，始终不渝的坚韧执着，一如既往的自然洒脱。在她的怀抱里，有一座古堡——双城，这是我出生的地方。

　　孩提时代的我，最大的快乐就是与小人书为伴。

　　小人书，那行云流水的线条、形象鲜明的人物、简洁生动的文字，让我有了一种忘我和沉醉的阅读体验，不但洞开了我的未知世界，而且也为我的人生打下了一抹教育底色。

　　那时，我家住在双城东门里道南，我在第一完小读三年级。60年前学校的情景已然模糊了，只记得北二道街有几栋大屋檐的平房，黑瓦灰砖墙，门窗的油漆已经剥落，但有一件事现在还历历在目。

　　学校大门的拐角处，有一家小小的书铺。屋中有一张长条桌，桌上摆满了小人书。只要花1分钱，便可以租一本，坐在小板凳上，能够美美地看上半天。

　　一天中午，我独自在校外盘桓，无意中走进这家书铺。一位老婆婆正在纳鞋底，她略抬头，给我一个暖暖的笑，又低头做事。我在桌子上瞥见一本《鸡毛信》，这是一本描绘抗日小英雄海娃坚贞顽强、机智勇敢的小人书。我如获至宝，一个人躲在角落里静静地看，一下子沉浸在惊险跌宕的故事情节之中，完全忘掉了周围的世界。不知过了多久，老婆婆拍了拍我的肩膀，操着山东口音说道："娃子，该走了。"这时，隐隐地传来了学校预备上课的钟声。说时迟，那时快，恍然大悟的我，掏出1分钱，扔在桌子上，夺门而出，屋里传出众人的笑声。

　　20世纪50年代，双城新华书店在西大街，坐北朝南，紧靠几家商铺，读者络绎不绝。书店里看不到职场经验、公务员考试、教辅和性事的书，几乎都是社会科学、自然科学和文学艺术方面的读物，可谓琳琅满目。

星期天，我去书店蹭书。一进门，迎面便是连环画柜台，《铁道游击队》第一册《血染洋行》刚刚出版，吸引很多小朋友前来购买。怎奈囊中羞涩，我只好站在人群后边张望。佛说，一切皆有因缘。这时恰巧遇见了书铺的老婆婆，她也来买《血染洋行》。我想，她买书肯定是为了出租。我与其买书，不如租书。果然不出所料，第二天中午，我去书铺，看见了一本崭新的《血染洋行》摆在桌子上。于是，我迫不及待地付上1分钱，将书拿到手，还没有读到一半，学校上课的预备钟响了。老婆婆笑道："欲知后事如何，明天请驾光临。快去上课吧！"无奈，我悻悻地离开了书铺。

第二天，我如期而至。老婆婆见状，笑道："我料你今天午间一定会来的，早给你留好了。"说着，便把《血染洋行》和一本字典塞给我。她的意思我明白，看书不能囫囵吞枣，遇到不认识的字，要请教"老师"。临走的时候，我要付租金，老婆婆硬是不收，弄得我怪不好意思的。

不久，我父亲决计举家迁徙双鸭山。临行前，我特意去书铺向老婆婆告别。

依稀记得，那是一个秋末的下午，太阳从高高的窗口斜斜地射入书铺。我和老婆婆全身被阳光映照着，仿佛披上一层金光。这时，老婆婆放下手中的活儿，从桌子上拿起那本《血染洋行》，然后，用报纸小心翼翼地将其包好，塞到我的手里，依依不舍地说道："我知道，你喜欢这本小人书，拿着吧，留做纪念。"此时，我不知如何是好，一行热泪涌出了眼眶，一下子依偎在老婆婆的怀里，连声说道："谢谢！谢谢！"

1962年，我父亲下放，全家又搬回双城。那时，我就读的学校已经更名为双城县第一小学，还是那几栋大屋檐的平房，可是，学校拐弯处的书铺不见了，据说，老婆婆早已过世，听到这个消息，我很伤心，向学校大门拐弯处深深地鞠了一躬。

2007年，我从学校退休了，定居哈尔滨。不知为什么，我经常无端地忆起60年前的双城，忆起书铺里的那位老婆婆。每当这时，耳边便响起了："西边的太阳快要落山了，微山湖上静悄悄，弹起我心爱的土琵琶，唱起那动人的歌谣……"这是电影《铁道游击队》的插曲，也是我怀念老婆婆的心曲，因为我得到了她的亲炙。

忆 领 读

60年前,我在老家读初小。在县城北二道街,坐北朝南,有几栋大屋檐的平房,门窗的油漆已经剥落,这就是我们的学校。

三年级的时候,班主任是一位戴着眼镜的男老师,姓毕,40来岁,据说是哈尔滨师道学校的早期毕业生。

毕老师教语文有个特点,常常手捧书本,桌间走动,摇头晃脑地训练我们朗读。毕老师训练朗读,方式很多,其中有一种便是领读,所谓领读,就是他读一句,我们模仿着读一句,这样可以强化语感,增进直觉领悟,帮助理解课文内容。毕老师领读很得要领,对于较长或较短的语句,不受标点符号的限制,根据内容灵活处理停顿。如长句子,先按意群分节,一节一节读熟后,再读完整的句子。领读时,毕老师还注意倾听我们的朗读是否准确表现了文章的内容,对仿读不合要求的地方,他反复领读,直到我们读正确、读流利、读出感情为止。

毕老师的声音特别好听,富有磁性,就像现在的中央电视台播音员一样,我很喜欢他。爱屋及乌,由于喜欢毕老师,由此我就喜欢上了语文,喜欢上了朗读。

那时,早晨一进校门,就能听见我们班琅琅的读书声,这声音像一首首绝妙的乐曲,在学校上空绕来绕去,吸引不少过往行人驻足欣赏。

早自习的领读者通常由班长担任,领读的内容一般是当天要学的课文,或开头,或结尾,或片段,或全文,所有这些全由班长自己说了算。尽管领读者与跟读者都很认真,但难免显得幼稚和单调些,比如朗读的速度不当、语气不准、重音不对、停顿的地方差了,有时还把字音给读错了,等等。针对这些现象,毕老师总结出了"眼看、耳听、口读、心想"的"同步学读法",我们深受其益。

为了培养全体学生的朗读能力,毕老师还着意安排大家轮流担任领读。一次,该我做领读者了。还依稀记得,我领读的是《刘胡兰》。这篇课文讲的是刘胡兰被捕后,在敌人面前英勇斗争,宁死不屈,最后英勇就义的事迹。课文的第二段写道:

> 1947年1月12日,蒋匪军包围了云周西村,把刘胡兰抓去,在村边的大庙里拷问。敌人问:"你叫刘胡兰?"刘胡兰说:"我就是刘胡兰。"敌人说:"已经有人供出你是共产党员。"刘胡兰说:"我就是共产党员。"敌人问:"村子里还有谁是共产党员?"刘胡兰说:"就是我一个。"敌人问:"你认得谁是八路军?"刘胡兰说:"谁也不认得。"敌人气得发疯,拍着桌子叫喊:"你小小年纪,好嘴硬!你不怕死吗?"刘胡兰镇定地说:"要死就死,我什么也不知道。"

头一天晚上,我在家里练习朗读。为了读出敌人凶残的语气,读出刘胡兰坚贞不屈的思想感情,在小里屋昏暗的灯光下,我脱掉外衣,光着膀子,站在地桌旁,手拿着课本,进入角色地大声读课文。当读到"敌人气得发疯,拍着桌子叫喊:'你小小年纪,好嘴硬!你不怕死吗?'"这句时,我使劲拍一下地桌,桌子上的暖水瓶被震掉在了地上,只听"砰"的一声,炸开了,满地都是冒着白气的热水。我母亲三步并作两步急忙从外屋跑进来,见状,喊道:"不好啦,金声疯了!"这时,正赶上我父亲下班回来,他抱住我说:"你这是演的哪出戏?"我不好意思地将事情的缘由如此这般说了一遍。父亲听后充满信心地说:"明天的领读,你一定能成功!"

第二天,果不其然,我的领读受到了毕老师的肯定,被评为"最佳领读者"。

60年过去了,毕老师如果还健在的话,想必100多岁了。

毕老师是一个领读者,是一个深受学生喜爱的领读者。领读,是一种朗读的训练方式,是语文教学的简便手段,目的在于给学生提供朗读的榜样,便于学生模仿。领读者,是老师,确切地说是语文老师,是教学生朗读的人。当今,像毕老师这样深谙育人艺术的领读者太少了,领读的形式也不见了。忘记传统,忘记老祖宗留下来的好东西,等于背叛。呜呼哀哉!

"听写"校长

我上小学四年级的时候，班主任请了产假，校长临时给我们代课。校长姓甚名谁我早已忘记了，但是他的大体长相我还依稀记得。个子不高，微胖，秃顶，颔下有一颗黑痣，痣上有一撮毛。说话时一撮毛随着口型的变化而变化，时而上，时而下，时而左，时而右，特有趣儿。

这位校长，给我们代了一个多月的语文课。他上课很"另类"，每天都有一个固定的教学环节，那就是听写。或课始，或课末，或课中，或词语，或句子，或片段，或课内，或课外，循环往复，花样总是不断翻新。听写的时候，他一边在桌间走动，一边用带有磁性的男中音读听写的内容。有时还俯下身来查看，谁的坐姿不正，谁的执笔方法有误，他都用手轻轻地敲一下桌子，提示你纠正。一来二去，同学们都称他为"听写"校长。

一次，上完课照例听写，校长给出的音节是"wàng jì"。写毕，我与同桌互批，我写的是"忘记"，同桌写的是"旺季"，我们的答案不一致，校长说都对，这是异形同音词。接着，他又举出几个例子，大概是"著名""注明"、"经历""精力"之类，我们都工工整整地记在听写本上。

"请同学们打开听写本。"一天，校长的一撮毛又动弹了，"咱们先听写一句话，并加上标点符号。"

同学们动作迅速，很快地准备好了听写本和笔。这时，校长有感情地朗读道：

　　这是英雄的中国人民坚强不屈的声音　这声音惊天动地　气壮山河

此乃我们将要学习的《狼牙山五壮士》最后的一句话。我根据校长朗读

7

时的语气和情感，分别用上了惊叹号、顿号和句号。翻开书一对照，全对了。

接着，校长以这句话为线索，领着我们读课文，画句子，学语言，感受5位战士的英雄壮举。

现在想起来，校长如此开讲设计，别开生面，不落俗套，这姑且不论，单就"听写"这一教学手段的运用，就让同学们受益无穷。

一晃，一个多月的时间很快就过去了，就在这一个多月里，我的听写本几乎用了一大半，上面还留下了几处校长的批语。校长的批改与众不同，他只批不改，在错别字下或打上"×"，或画上"?"，让同学自己去改。记得听写"武艺"一词时，我把"武"字多加了一撇，校长写了这样一句话："武官不挎刀，'武'写错了，请改正。"就因为写错这一个字，在周评比中我失去了"听写能手"的称号。

当了40年的小学语文教研员，我逐渐认识到了听写的价值。通过听写活动可以培养学生听话注意力、听话记忆力和耳脑手三者并用的能力，有益于智力品质的开发。通过听写活动还可以加深学生对某些关键词语的识记，促使他们确切地掌握字的音形义，提高认读能力和快速准确的书写能力。总之，"听写"训练是以语文能力为核心，是语文能力和语文知识、语言积累、语言规律、思想感情、思维品质、审美情趣、学习方法、学习习惯的融合。它不仅表现为有较强的识字写字能力，而且表现为有较强的综合运用能力，这正是语文素养的丰富内涵。

然而，现在有不少老师认为，"听写"是传统的教学手段，所以不论是自己备课上课，还是全校性的公开课，抑或多种形式的竞赛课，几乎很少看到有老师让学生听写。看到当前的语文教学，我不免想起了"听写"校长，能不能像他那样，浅浅地教语文，让听写回归于语文课堂呢？

四姥爷

四姥爷家同婶母是拐弯抹角的亲戚,婶母称他四叔,论起来,我当然叫他四姥爷了。

据说,四姥爷祖籍在钟灵毓秀的安徽歙县,他与陶行知既是同乡,又是同学。徽州的山川风物、粉墙黛瓦是他学童时饱览的第一卷书。四姥爷年轻的时候,教过书,当过校监,爱国忧民,固穷自守,不失寸步。后来他父亲病逝,家道中落,流亡东北。新中国成立初期落脚双鸭山,过上了"一窗疏竹,两袖清风,几卷书本,万壑雨润"的赋闲生活。

四姥爷号称"诗癫"。他与"诗仙"李白、"诗圣"杜甫不同,李诗飘然不群,杜诗沉郁顿挫,四姥爷一生不写诗,却爱读诗,赏诗,教诗,他的身上流淌着诗文化的精神血液。

1957年,我10岁,在双鸭山读小学,常与四姥爷见面。

记得有一天,大概是清明节前夕,我在街上碰见了四姥爷。那天,整个山城都笼罩在近乎雾的蒙蒙细雨之中,针尖似的雨点吻在我的手背上、脸上,凉极了。令人奇怪的是,六七十岁的四姥爷,既没穿雨衣,又没打雨伞,手里拎着一个空瓶子,径直地向我走来。

他沉静地问道:"孩子,哪里有卖酒的地方?"当时我想,可能四姥爷冷了,想喝点酒暖暖身子,或许是累了,想找个酒店歇歇脚。于是,我用手指了指前方说:"四姥爷,您顺着我的手儿瞧,那边就有个小酒馆。"这时,四姥爷用皖南普通话大声吟诵道:"清明时节雨纷纷,路上行人欲断魂。借问酒家何处有,牧童遥指杏花村。"不知为什么,杜牧的这首脍炙人口的《清明》小诗,一下子就让我记住了。清明节那天,我学着四姥爷的样子,手里拎着酒瓶子,在屋里踱来踱去,口中念念有词:"清明时节雨纷纷……"逗得大家哈哈大笑。

后来我才懂得，四姥爷旅居在外，思念亲人，惆怅苦闷，想借酒消愁。我呢，学的只是皮毛，不过是插科打诨而已。

还有一次，四姥爷带我去秋游。山间，一条条石块铺的小路弯弯曲曲地伸向山的远处，在那白云飘浮缭绕的地方，隐隐约约有几户人家。那经过霜打的枫树如丹似霞，美丽极了。我坐在斜阳浅照的石阶上，欣赏着这般生机勃勃的景色。

四姥爷以他一贯沉静的语音对我说："孩子，你知道吗？一千多年前有位诗人写了一首诗，叫《山行》，这位诗人叫杜牧。"

我似懂非懂地点着头。这时，四姥爷站在一块山石上，面对满山红叶抑扬顿挫地念出四句诗："远上寒山石径斜，白云生处有人家。停车坐爱枫林晚，霜叶红于二月花。"

"你知道这是什么意思吗？"

我茫然地摇摇头。

"就是现在的景色啊！诗的前两句中'远''斜'二字，写出山势的高峻，'白云生处'不但加深了这种高峻的印象，还给人一种幽远缥缈的感觉。诗的三、四句用二月的花朵和夕阳中枫树秋色作对比，突出了红叶特有的美，歌颂了瑰丽的秋天，体现出一种勃发向上的精神。"

我瞪大了好奇的眼睛在琢磨，年幼的我尚未入道语文，怎么也想象不到一位一千多年前的诗人，能为一千多年后的我们留下如此美丽的诗句；也没想到，四姥爷在我纯净空廓的心灵里，撒播下如此神奇的诗歌种子。从"诗言志"到"诗可以兴，可以观，可以群，可以怨"，从"诗成泣鬼神"到"腹有诗书气自华"，中华民族的文化底蕴在《诗经》、楚辞、唐诗、宋词中得到文脉传承，一路走来，气象万千。"不学诗，无以言"，跟四姥爷学诗，真是一种幸福！

我从小智力平平，生性顽皮，不爱学习。但非常喜欢听四姥爷赏析古诗。四老爷的古诗赏析，不管你懂不懂，甚至连看你一眼也不看，只管自个摇头晃脑，高声吟哦，还要不断地赞叹："神来之笔，弦外之音！"四姥爷常说，我国是一个美丽的诗的国度，古典诗词是民族精神铸成的民族瑰宝。在浩浩汤汤的中华文明历史长河中，无数仁人志士、文人墨客为我们留下了难以计数的脍炙人口的诗词歌赋。这一篇篇经典绝妙的诗文佳作无不具有极高的美学价值。一首好诗本身就是一曲美妙的音乐，一幅优美的图画，只有通过读，才能充分感受诗的语言美，形象美，意境美；只有通过读，才能把躺在纸上的死的文字变成你心中活的语言。

如今半个多世纪过去了，往事历历。四姥爷教我学古诗，让我朝吟暮赏，日熏月陶，怡然自得。我本想拥有一缕春风，却得到了一个春天。

"长大后，我就成了你。"当上了老师，四姥爷的"教泽"在我身上绵延下来。我教古诗喜欢引导学生读、诵、吟，让古诗那铿锵裂帛的节奏，汇聚成一种使人流连忘返的旋律，从而激发学生对诗的通灵感悟。每当我踏着铃声，步入教室，看见孩子们在入情入境地背诵古诗，那美妙的童音如云雀蹿天、溪泉撞石，像一股清风，一下子拂开了我的心扉。面对这云蒸霞蔚、气象万千的课堂奇观，怎能不让人赞叹。

尤其让我感到欣慰的是，前几天，我到一所书卷飘香、文气淳厚的学校听课，想查个资料，问学生谁带古诗书了，教室里顿时如雨后春笋般冒出40多本书来，林林总总，这真是"忽如一夜春风来，千树万树梨花开"。古诗诵读得到如此重视，令人振奋。

中国语文独立设科已经百余年了，百余年来，跌跌撞撞，屡受指斥，论辩不断，攻讦不断，根本原因，就是悖逆传统，舍本逐末。如今，从品民族情韵、诵古典诗词的国学热中，我看到了母语教育的希望。时间的跨度，显示了历史的厚重，空间的远度，昭示了世间的广袤，这就是伟大！

四姥爷无病而终。他一辈子没害过病，生活有规律。那天，还高高兴兴和一家人共进午餐，然后，独自回房休息。为什么今天到时候还没起床呢？媳妇进房探望，他已经一瞑不醒，时年百岁。

那些伴我走过童年和少年的课本，早已去如春梦了无痕，一本也没有了，但是，四姥爷的诗教却像一盏灯，一直照在我的心里，从来不曾熄灭过。如今，我也满头白发，还在昏灯之下，追忆着，沉思着，有如山谷中的泉水，这情感是永远流不尽的。

人生在世，得四姥爷如此，夫复何求！

四位良师

小学时，我并不用功，贪玩，逃学，学业成绩极差，用现在极时髦的话说，是属于那种智力健全而惰于思考的学困生。可是上了初一，一下子觉得自己长大了，懂得学习了，尤其语文考试分数扶摇直上，究其原因——我遇上了四位语文良师。

开学第一天，一阵铃声响过之后，走进一位满身喜气的青年女老师。一袭旗袍，如柳身材，脸上的笑意洋溢着亲切与慈祥。当这位女老师用甜美的声音开始讲课时，不知为什么，我一下子就喜欢上了她。

这位美丽的女老师，姓李，刚结婚，擅长朗读，她每天都要拿出点时间给我们朗读文学名著。韩愈的《祭十二郎文》，李密的《陈情表》，她读得令人荡气回肠，兴致盎然。我以前怎能知道，语文课本之外，竟有那么辽阔和灿烂的天地！从李老师声情并茂的朗读中，丹麦那个卖火柴的小女孩，意大利那个万里寻母的小男孩，中国宋代那位"怒发冲冠"的抗敌英雄，在狱中给新婚妻子写绝笔信的革命烈士林觉民……他们一个个融入了我的生命里，虽然才十二三的年纪，但那咸咸的泪水中，已经饱含了比伤心的分量重得多的东西：正义，敬仰，悲壮。

李老师教我们不长时间就调走了，据说是跟她的丈夫到很远很远的新疆去了。李老师走了，但她那伶俐的口齿、动人的故事却让我从此爱上了朗读，并且成为我后来的语文教学的重要组成部分。

没过几天，又来了一位饱学之士教我们语文。他风度儒雅，个子高高的，瘦瘦的，歇顶，驼背。他的顶歇得那么斯文、持重；他的背驼得那么有味道，从容不迫。他一进教室，与同学打完招呼之后，二话没说，转过身去，略微目测一下黑板的位置，然后抬起胳膊，在空中抖了抖袖子，便龙飞凤舞地写了两行字："我叫孙小非，山东蓬莱人，昔日辅仁大学肄业，右派分子，芳龄59。"望着这极具个性的自我介绍的漂亮的粉笔字，我惊呆了，这哪是自我介绍，简直就是一幅精妙的书法作品！从此我便对这位右派分子格外敬重。

孙老师教语文有个特点，往往是一边讲解，一边板书，一堂课下来，黑板上写得满满的。字虽然多，但不疏不密，不连不断，笔致十分流畅，字距特别分明，富有音乐般的节奏和旋律，给人以美的享受。课余时间，孙老师还经常选一些精彩篇章写在黑板上，让我们一个字一个字抄下来。有时我只顾瞪大眼睛去欣赏，竟忘了抄写，常常遭到同桌胳膊肘的突然袭击。

爱屋及乌，由于我尊重孙老师，也就渐渐对书法艺术产生了浓厚的兴趣，这就为我后来教语文打下了坚实的基础。

大约初一下学期，我们班又换了一位词锋锐利的语文老师。姓钱，大学刚毕业，西装革履，鼻子上架着一副阔大的金丝眼镜，他那副模样本身就有文学性和艺术性。钱老师上课不拿教案，不拘泥于课文的讲解，而是古今中外广征博引，滔滔不绝地讲述，他能把文章中最细微的地方揭示出来，特别是小说的故事情节、诗歌的言外之意是他最擅长的分析之处。如《秋夜》，为什么鲁迅不写"在我的后园，可以看见墙外有两株枣树"，却写成"一株是枣树，还有一株也是枣树"，这岂不是有欠简洁吗？钱老师说，这样写非常好，形象地表达出鲁迅当时那种孤寂无聊的心情。钱老师讲课特别有语文味儿，听钱老师讲课特别过瘾，上他的课，才真正让你懂得什么叫大气磅礴，什么叫纵横捭阖，什么叫左右逢源。

钱老师还经常向我们介绍苏联的作家作品，如高尔基的《母亲》，法捷耶夫的《青年近卫军》，西蒙诺夫的《日日夜夜》，奥斯特洛夫斯基的《钢铁是怎样炼成的》。不久，钱老师由初中而高中，又由高中而大学，后来在哈尔滨一家研究所专门从事外国文学研究。钱老师虽然离开了学校，但他却把我领进了一个海阔天空的文学世界里。

初一最后的20天，快考试了，我们班没有语文老师，校长就派图书馆一位姓赵的操着南方口音古道热肠的老太太给我们代课。赵老师不善言辞，所以她上课非常简单，要么让我们在课堂上背书，要么让我们去图书馆翻书，反正她不用备课。这种不用备课的语文教学却收到了意想不到的效果。

在赵老师的监督下，20天的时间，我摇头晃脑地背了20多首唐诗宋词，这些清词丽句牢牢地刻在我的心头。当时虽然囫囵吞枣，并不理解，但随着世事渐明,阅历转深,后来我便恍然大悟了。背诵,是学习中国语文,尤其是古汉语不可或缺的功课。

在赵老师的带领下,20天的时间,我翻遍了图书馆里所有的武侠小说,如《水浒传》《七侠五义》《雍正剑侠图》等。当时我还是一个颟顸、懵懂、不明世事的少年,对作品的领略和理解自然十分有限,只是看热闹。现在年纪大了,记忆力日衰,但那时记诵的一点断章残句,还时时浮上心头,有助于我的语文教学。

"少年子弟江湖老",转瞬间半个多世纪过去了,师辈们有的早已做古,有的进入了耄耋之年,当年的我也年华流逝,鬓添白霜了。回首往昔的学习生涯,回味课桌边的书香,追寻流逝飞光中四位师长的身影,他们对我传授的是一辈子管用的"真语文",这一点我是垂老难忘的。

庞 老 师

50年前,双城,那时我还是一个追梦的青涩学子。在语文课上,一位戴着深度眼镜的胖老师给我们讲《学记》。站在讲台上,胖得一身的肉都往地上拖的他,用公鸭嗓念道:"虽有嘉肴,弗食不知其旨也;虽有至道,弗学不知其善也。是故学然后知不足,教然后知困。知不足,然后能自反也;知困,然后能自强也。故曰:教学相长也。"

其实,胖老师姓庞,因为他胖,同学们都称他为"胖老师"。对于这样的称呼,庞老师倒也不介意,在他看来,心广体胖,胖人有福。

稍停,庞老师说:"《学记》是我国教育史上的经典,这段话何尝不是至理名言呢?它只是其中给予人的豹之一斑,将来你们当中哪位当了老师,须慢慢研读,慢慢体会。下课!"庞老师拖着一身肉,蹒跚地走出教室。

后来,我真的做了老师。一个下乡知青,对教育、教学原理、原则、方法一无所知,居然站在三尺讲台上,岂非咄咄怪事?于是,我想到了庞老师。那时正值"文革",时隔五六年,兵荒马乱,上哪去找庞老师?几经打听,费尽周折,终于在县城东南隅一间破旧的泥草房中见到了他。此时的庞老师瘦多了,说话的声音沙哑了,唯独没变的是那副深度眼镜还架在鼻梁上。在造访中我了解到,庞老师在学校成了"反动学术权威",批斗中被造反派打伤了腿,在家养病,由老伴照料。

庞老师得知我当了民办教师,很是高兴,他站起来,拄着拐棍,从床底下找出一本书,原来是顾树森的《〈学记〉今译》。然后在扉页上用钢笔工工整整地写下"教学相长"4个大字。

他说:"做老师的不能不读《学记》,拿去吧,做个纪念!"我双手接过书,一边鞠躬一边道谢。

不久,庞老师和他的老伴被遣送回山东老家,从此便音信皆无。

1976年,我在公社教育办做了兼职教研员,在给小学语文老师讲课时,才真正明白了"学然后知不足,教然后知困"这句话的意思。为了拥有"一览众山小"的从容与自信,在"自反"与"自强"中,我开始拼命地读书。那时可读的书特少,"文革"劫后,百废待兴,书店和图书馆寥若晨星。一次,我去庙头市场,在废纸堆里翻到一本傅任敢著的《〈学记〉译述》,如获至宝。得之在俄顷,积之在平时,在学习和实践中,我体会到《学记》中最有价值的东西,是它深刻的教育、教学思想。

1979年,我调到县教研室,当了一名小学语文教研员。从那时起,我口耕、目耕、手耕三管齐下,其乐融融。每天早晨起床,洗漱完毕,第一件事就是先背几句《学记》,然后再去上班。直到现在,一千多字的《学记》我还能倒背如流,且常背常新,永背永获,这可谓一篇经典煨年华!

读书有心得,教书有体会,在读书养心、教书育人的过程中,我开始了教育写作。到目前,已有多本著作混处当下教育书林。

2015年,我的另一本书稿杀青了。辑录此书的都是教研小品,凡5卷,70篇。在考虑书名的时候,我颇费一番心思,却难达心意,无奈,只好暂时搁下。

踩着盛夏的末梢,不经意间就进入了立秋。这天,8月8日,恰逢周六。我起了个大早,一口气登上了哈尔滨东郊的天恒山。在旭日东升中,突然,我来了灵感,这本书为何不叫《知困集》呢?"知困集"既蕴含了"教然后知困"之意,又表明了"知困,然后能自强"之心。妙哉!

我忘不了庞老师对我的人生指点!

第一本教材

1971年,于我是值得纪念的。那一年,我这个知青当上了代课老师。

为了守住村里的这群孩子,守住心中的这片蓝天,我把整个身心都扑在学校的工作上。那一年,暑期开学暂时没有语文课本,公社教育办统一安排教毛主席语录和"老三篇"。为了帮助学生阅读,我去了一趟县城,买回31本《新华字典》,我和学生人手一册。崭新的《新华字典》放在书包里,他们奔走相告,甭提多高兴了。

1971年修订重排本的《新华字典》,按汉语拼音字母次序排列。书前附《汉语拼音音节索引》,有400余个音节;书后有《汉语拼音方案》和《常用标点符号用法简表》等附录。在那书籍极端匮乏的年代,对于刚刚步入教坛的一名代课教师来说,《新华字典》无疑就是我心中的文化绿洲。这本字典不但是一本工具书,更是一本小小的百科全书,我把它作为语文教材来使用。

学习《新华字典》,我别出心裁。首先教《汉语拼音音节索引》中的400个基础音节,训练学生像读汉字一样,直呼每一个音节。我领读,学生跟读,没过几天,多数学生都能倒背如流。熟练之后,再加上四声,1 000多个音节,声入心通,便脱口而出。习惯成自然,学生看到一个音节不用拼,就能直接呼出来了。就这样,两周的时间过去了。

一天,老校长来听课。30个学生齐刷刷地把《新华字典》摆在桌子上,精神抖擞地等候上课。上课的钟声响了,我迈着矫健的步伐,走进教室。彼此问好后,我在黑板上写出5个音节:"máo zhǔ xí yǔ lù",指名学生读。第一个直呼"毛主席语录",第二个也是直呼"毛主席语录"。此刻,坐在后排的老校长直摇头。正当我指名第三个学生直呼时,老校长大声说:"停!"说时迟,那时快,他迅速走到黑板前,拿起教鞭,指着"máo zhǔ xí yǔ lǜ"这5个音节,说:"要拼读!要拼读!拼的时候,前音轻短后音重,两音相连猛一碰。我给大家示范一下。"说完,便拉长声拼读起来:"m-áo→máo,zh-ǔ→zhǔ,x-í→xí……"看到如此情景,学生有的面面相觑,有的窃窃私语,都觉得麻烦,不如直呼省事。他们七嘴八舌地嚷道:"你教的和老师教的不一样,不用拼,直接读。"老校长见学生不买他的账,便放下教鞭,头也不回地拂袖而去。此时,教室里嘘声一片,弄得我不知如何是好。

为了挽回尴尬的局面,大约过了一个多月,也就是"十一"前夕,我在班上搞了一次查字典比赛,邀请老校长观摩指导。比赛内容是,查《新华字典》扉页上的毛主席语录:"领导我们事业的核心力量是中国共产党。指导我们思想的理论基础是马克思列宁主义。"要求在每个汉字下面标上字典的页码,看谁查得快,查得准。这36个汉字学生都认识,用音序法查这些字易如反掌。他们眼到、心到、手到,"刷刷"翻几下,这些字很快就"浮出了水面"。老校长见状,频频点头,连连说道:"后生可畏,后生可畏!"

我清晰地记得,那一学期的语文教学我搞的是"六三一"模式。即每天在《新华字典》中认6个声母、韵母、声调都一致的同音字,每一个汉字再组1个词,然后指导学生写其中的3个。如:学《新华字典》399页的"暑、署、薯、曙、黍、鼠"这6个字,学生分别组的词是"暑假、部署、马铃薯、曙光、玉蜀黍、老鼠",要求会写的字是"暑、署、鼠",每字临摹三遍。回家后,再写一篇日记,不会写的字查字典。如此反复,一学期下来,每人平均识字800多个,其中会写的字400多个,还写出100多篇日记,创造了小学语文教学的一个传奇,这一切都归功于不舞云端、贴地而行的《新华字典》。

往事如烟,人生如电。如今,这些学生都已年过半百了,他们或许还记得,40多年前的那一学期语文课是这个样子的:老师是一位知青,教材是一本《新华字典》,识字,写字,记日记,朴朴实实,原汁原味,像"没有天,哪有地"的那样自然。

在历史的旷野中,那一学期不按常理的语文课已经离我越来越远了,但是那一本小小的《新华字典》却始终在我的书房占据显著的位置。虽然书角已经黄脆了,但它对我来说还是弥足珍贵。它,是我从代课教师成长为特级教师的见证,没有《新华字典》就没有我的语文教学改革,没有我的语文教学改革,我怎能评上特级教师?

老翟头

"文革"期间,我认识一位下放的中学教师。他姓翟,生产队男男女女都管他叫老翟头。其实,老翟头年龄并不大,不到50岁,只是身体羸弱些,说话声音苍老些罢了。老翟头祖籍福建,有一张典型的闽人的脸,瘦而且黑,满脸皱痕,散发着淳朴与厚道。1956年,文学汉语分科时,老翟头在哈尔滨一所中学教汉语课。10年后,他"因言获罪",被"遣送"到我干活的那个生产队接受贫下中农的再教育。

那时,老翟头整日沉默寡言,白天干活,晚上看书,自己孤独地住在生产队一个废弃的仓库里,很少与人来往。不知为什么,我非常可怜他,常在刮风下雨不能上工时,炒点油酥豆,打上二两小烧,来到老翟头的住处,与他一边喝酒,一边聊天。很快,我们便成了忘年交。

老翟头喝酒有个特点,喜欢一干而尽,然后乘着酒劲述说他教书的往事。

他说,文学汉语分科教学时,只在初中设汉语课,当时在一些青年教师心目中,汉语处于次要的地位,都不愿意教。老翟头自告奋勇,承担了4个班的汉语教学任务。为了让学生掌握系统的汉语知识,他刻苦学习《初级中学汉语教学大纲》,钻研《暂拟汉语教学语法系统》,还攻读了黎锦熙的《新著国语文法》、吕叔湘的《中国文法要略》和王力的《中国现代语法》。他说,汉语是中华民族的魂,汉字是中华民族的根,中国人学不好汉语,写不好汉字,就是对不起老祖宗。

一天,我上完课,从教室里出来,只见老翟头手捧几本书向我跑来。他抚摸着我的头,气喘吁吁地说:"我要回哈尔滨了,送你一套我用过的《汉语》课本,留作纪念。这6本书你要好好学习,好好保留。要记住,汉语是中华民族的魂,汉字是中华民族的根。教语文,就是要引导学生说铿锵有力的中国话，写方方正正的中国字，书洋洋洒洒的中国文，做堂堂正正的中国人。"我双手接过书，深深地向老翟头鞠了一躬，望着不断消瘦的这位老人，我的眼睛湿润了。

这是一套由张志公先生主编的《汉语》教科书，书里密密麻麻地写着一些钢笔字，或红，或蓝，或黑，工工整整，这显然是老翟头备课时留下的墨迹。

从此，三尺讲台横亘在我生命的原野上，老翟头的谆谆教诲融入我生命的河流中，任凭岁月更迭，世事沧桑，我始终守着老翟头给我的6本《汉语》书过日子。1979年，我凭着过硬的汉语实力在县里当上了小学语文教研员。

弹指一挥间，10年过去了。一天，我去哈尔滨开教研会，得知老翟头已患中风病多年，便前去探望。他静静地躺在床上，斑白的头发下，面容显得十分憔悴，嘴巴已经严重地歪向一边，喉咙里说不出话，成了一个植物人。

我握住他的手说："翟老师，您好！我看您来了。"他毫无反应。我俯下身子，放慢语速："我是白金声，10年前，咱们在生产队一起干过活，一起喝过酒。"他还是没有反应。我凑到他耳边大声地说道："在我刚当老师的时候，您送我一套《汉语》课本。您说，汉语是中华民族的魂，汉字是中华民族的根。教语文，就是要引导学生说铿锵有力的中国话，写方方正正的中国字，书洋洋洒洒的中国文，做堂堂正正的中国人。"这时，只见他眼球微微滚动几下，两行泪珠顺着面颊流了下来。

我太高兴了，他的哭，说明他听懂了我的话，说明他还有记忆。他的儿子站在旁边蹑手蹑脚地说："我爸爸中风多年了，任凭别人怎么和他打招呼，他就是记不起来，唯独你用《汉语》的回忆首次唤醒了他。"

回首40年教研生涯，如果说我有一点成绩的话，除了可能比其他人对教研工作多想了一点，多做了一点，更缘于老翟头的指点。老翟头那珍贵的6本书，那语重心长的一番话，让我从初登讲台的后生到特级教师，到黑龙江省优秀中青年专家，到享受国务院政府特殊津贴，这一切都凝聚着一种情结——感恩。人生路上，有缘碰上一位好老师，那就是造化。流年"逝者如斯"，教研"不舍昼夜"，我将倾注生命，完成未竟事业，以此报答大德厚生的老翟头在天之灵。

"在课文里'扎猛子'"

"在课文里'扎猛子'",这句话是我的老校长高白朗说的。意思是备课时,像游泳一样,潜入课文深处,对每个字、词、句、段都要仔细推敲,弄明白作者良苦用心之后,再从课文里钻出来。

40年前,我在一所村小学当老师,教五年级语文。有一天,老校长自带凳子,来到我们班听课。当时,我讲的是列夫·托尔斯泰的《跳水》。课文的最后一段写道:

"扑通"一声,孩子像一颗炮弹落到大海里。二十个勇敢的水手已经由船上跳到海里。四十秒钟以后——大家已经觉得时间太长了,孩子的身体浮上来了。水手们把他抓住,拉到甲板上。过了几分钟,孩子的鼻子里、嘴里控出许多水。他又开始呼吸了。

由于初出茅庐,备课不细,理解不深,教学这一段,我只让学生读一读课文,大概两遍,一遍是指名读,一遍是齐读,然后,归纳段意,总结全文,便下课了。

评课时,老校长说:"这一段里有个字你把它忽略了。"我不解地问:"哪个字?"老校长指着"控"字说:"就是这个字。句中的'控'字,其含义学生很难理解。因而,在教学中,必须推究一番,让学生领悟作者用词之妙。为什么作者不用'吐'字,而用'控'字呢?因为'控'字的意思是人的头朝下,使肚子里的水慢慢地流出来。这足见,孩子处于被水窒息的状态下,非得别人帮他把水吐出来不可。显然,如果用'吐'字,便不能精确地表达出这个意思。"我恍然大悟,校长就是校长。接着,老校长语重心长地说:

"语文是用语言文字组成的工具,学语文就是学语言,一定要咬文嚼字,决不能大念一遍,小念一遍,囫囵吞枣,不求甚解,不了了之。"我连连点头称是。最后,老校长拍着我的肩膀说道:"语文教学应该像叶圣陶先生说的那样,'一字未宜忽,语语悟其神',要学会在课文里'扎猛子'。"

下班了,在回家的路上,我反复回味老校长的话,"要学会在课文里'扎猛子'",此话形象生动,道出了教语文与学语文的真谛。

过了几天,老校长"推门听课",又来到我们班,正赶上我讲《景阳冈》。在教学中,我按照老校长的要求,从读入手,注意引导学生品词析句,取得了比较好的效果。请看最后一段的教学:

师:谁愿意把这段读一读?

生:(读)武松回到青石上坐了半歇,想道:"天色看看黑了,如果再跳出一只大虫来,却怎么斗得过?还是先下冈去,明早再来理会。"武松在石头边找到了毡笠儿,转过乱树林边,一步步挨下冈来。

师:一场鏖战,耗尽了武松的精力,以至在打死了老虎后,他先坐在青石上歇了一会儿,随后,便"一步步挨下冈来"。这一段里,哪个字用得准确?

生:挨。

师:为什么说"挨"字用得准确?

生:这个"挨"字,无法用任何一个表示走的词语来替代。它精确地写出了武松在同猛虎搏斗后,手脚酥麻、筋疲力尽的状态。

师:说得对。武松毕竟也是血肉之躯,经过一场激烈的人虎相搏后,他疲劳了,困倦了,这是自然现象。这样描写非但无损于英雄的形象,反而会使人物更加朴实丰满,更加逼真可信。这就是古典名著的精妙。

课后,我向老校长讨教。他说:"课文中的'挨'字,你抠得好,抠出了味道,抠出了水平。"我说:"备课时,我在课文里'扎了好几个猛子',才把这个'挨'字抓住。"老校长笑了,笑得前仰后合。

后来,我当了小学语文教研员,经常把"在课文里'扎猛子'"挂在嘴边,与青年教师交流时,每当提到这句话,我就会想起老校长的音容笑貌——高高的个子,白白的头发,朗朗的笑声。

2011年,也就是《语文课程标准》修订版出版那年,老校长走了。

语文是什么?语文是一门综合性、实践性很强的学习语言文字运用的课程。这门课程离不开咬文嚼字,教语文,一定要引导学生在课文里"扎猛子"。老校长让我敬畏,他留下的这句话光芒四射。

心中装着学生

在我的小学语文教学生涯中,有一节公开课是绕不开的。

40多年前,语文课总算结束了以学习毛主席语录为主的偏颇。一天,心直口快的老校长布置工作:"学校搞'教学周'活动,人人上公开课,切磋教艺,交流思想。"当时,我教六年级语文,为了显示"才华",我选了一篇难度较大的长课文《小英雄雨来》。其中有三个教学环节清晰如昨:

其一,介绍作者管桦。

站在讲台上,我激动地注视着那一张张光洁而又略带稚气的脸,振振有词地说:"同学们,这篇小说的作者是管桦。管桦,原名叫鲍化普,河北丰润人,生于1921年。管桦在小学读书时就接触了古典名著《三国演义》《水浒传》《西游记》和《红楼梦》等书,并且爱听民间故事。稍长,受表兄翟俊臣的影响接触了鲁迅、高尔基的作品及文艺性杂志,开始练习写作。1941年,到冀东作报社记者,开始发表文章。话剧《三百人和一条枪》是他的第一个成功的剧本,小说《辛俊地》发表后,曾引起文艺界的讨论。"

评课时,老校长说:"学生听了你的这番介绍,我发现他们个个晕头转向,这哪是简介作者,这像是给中文系大学生讲文学概论。你这样开讲,纯属自我卖弄。"

其二,概述故事情节。

我眉飞色舞地说:"优秀短篇小说《小英雄雨来》,成功地刻画了一个机智勇敢的儿童雨来在与日寇斗争中,巧妙地掩护了自己的同志,并在敌人的屠刀下胜利脱险的故事。小说情节生动曲折,人物形象鲜明生动,大家读后一定会喜欢他的。"

交流时,老校长说:"'情节生动曲折,形象鲜明生动'这样的话应当让学生在读后自己说出来，你这样处理，纯属越俎代庖。"

其三，分析人物形象。

教学时，我用了将近半个多小时的时间，分析雨来的人物形象。最后我说："雨来之所以能和敌人机智勇敢地进行斗争，这与他平时所受到的教育是分不开的。'我们是中国人，我们爱自己的祖国'这句话在课文中一共出现过两次：第一次是雨来上夜校时出现的，写出了雨来在夜校受到爱国主义教育；第二次出现在雨来被鬼子毒打，鲜血直流的情况下，血滴溅在课本上，用来烘托雨来热爱祖国的决心和同敌人斗争到底的坚强意志。"

研究时，老校长说："文章比较长，可让学生快速默读课文，大体了解课文主要写了什么，然后再指导学生一部分一部分地阅读思考，给每一部分加上小标题。你这样设计，纯属目中无人。"

最后，老校长语重心长地说："一定要以一颗平常的心上公开课，好课的标准应该是扎实、充实、丰实、平实、真实。读书是语文学习的第一要务，要通过激发学生内在的兴趣和动力，创造良好的氛围，引导他们读课文。不能首先考虑如何'讲'，如何'表演'，应当把学生的'如何学'放在首位。"

一晃40多年过去了，老校长三个"纯属"的评点，一针见血，让我猛醒，更令我没齿不忘的是"应当把学生的'如何学'放在首位"这句话。老校长所说的"应当把学生的'如何学'放在首位"，就是语文教学必须从成人霸权中走出来，还儿童学习语文的自主权，以人为本，让他们投入到广泛的语言文字运用实践中去，只有这样，才能形成终身受用的语文素养。

随着岁月的流逝，在不断否定自我，不断超越自我，不断完善自我的过程中，我始终牢记那次公开课。语文教学对我来说，是要用一生的智慧和心血去浇灌的。

钟　声

40年前，老驴拉磨的年代，我所在的学校并不大。校舍和小屯儿紧挨在一起，一间破旧的草房，几间门窗破损的教室，一些缺胳膊少腿的桌椅，如此而已。这所学校是典型的"N+1"模式的乡村小学。"N"者，6个老师6个班，那个"1"当然就是老太太校长了。

那时学校没有电铃，指挥全校师生作息时间的就是吊在办公室屋檐下那根半米长的铁轨。学校规定：值日老师负责敲铁轨，上课敲3下，下课敲4下，放学敲5下。敲铁轨的姿势，男女老师大致一样：一手捂住耳朵，头偏向一边，一手握住榔头，大臂一挥，清脆的"钟声"立刻在学校上空飞扬起来。

快放寒假的一天，鹅毛大雪漫天飞舞。轮到我当"首席执行官"了，瞧瞧墙上的挂钟，正好上课的时间刚到，我拎着榔头，首先走出办公室，其他的老师鱼贯而出。此时，在操场上嬉闹的孩子们野马归槽似的跑进教室。正当我举起榔头的时候，只见学校大门口走来一位小男孩儿。棉衣，棉帽，棉口罩，只剩下两只眼睛观望着一片白皑皑的世界。他不就是我班的刘刚吗？他顽皮、好动，是个天马行空的淘小子。见此情景，我真想惩罚他一下，然而，我犹豫了。没有那样做，而是示意他快点走，不然就迟到了。刘刚明白我的意思，便加快了脚步，当他跑进教室时，我才举起榔头，"当——当——当"敲了3下。

我笑盈盈地走进教室，捡起前排学生打闹时摔在地上的文具，用手帕擦去灰尘，轻轻地放在课桌上。抬头那一刻，我看见刘刚面带赧色，已经坐得端端正正了。他的表情和神态告诉我——今后再也不迟到了！

转年秋季开学，老校长让我教四年级。新学期，新老师，新课本，课堂上一片新感觉。整个一节课，讲解，朗读，提问，板书，我非常卖力气。"不知东方之既白"，下课的时间到了，我还在兴头上，刹不住"车"，轮到我敲铁轨，竟然给忘了。

老太太校长批评了我，她在教师会上严肃地指出："上课不能在教学内容上画蛇添足，更不能在教学时间上冗长拖沓。拖堂是一种得不偿失的劳动，表面看教师在尽心尽职，牺牲自己为学生服务，而实际上是好心做了坏事，对学生危害极大。究其原因，小而言之，是教师缺乏时间观念，对课堂教学时间安排不当所致；大而言之，乃教师的教育观、师生观、课程观的问题，绝不能等闲视之。"

从此，为了避免拖堂，我上课尽量做到像写文章那样"凤头、猪肚、豹尾"，开头美丽，中间浩荡，结尾响亮。就拿结课来说吧，我突出两个字，一个是"短"——要言不烦，干净利落，在一个短暂的时间内，用尽量少的话语使讲课的主题得到升华；另一个是"快"——"快刀斩乱麻"，紧扣目标，提纲挈领，画龙点睛，严格掌握时间，按时下课。如果确因某种情况实在讲不完，我就来一个像说书那样，"欲知后事如何，且听下回分解"，让学生带着问题下课，使他们欲罢不能，课后自己去思考。轮到我值日，便快步走出教室，"当——当——当——当"，敲 4 下铁轨。

时光飘逝如飞，物换星移，转眼间，到了 1977 年。这一年于我而言，实不寻常。"土枪土炮土八路"的教师生活结束了，我将赴外地上学。

最后一课，是一个秋末的下午，学生坐在斜阳浅照的教室里，聚精会神地听我讲课。该下课了，也该放学了，我慢慢地合上书本，又轻轻地收拾好教具，百感交集地站在讲台上。目光中掠过一丝惊讶，学生的眼圈怎么都红了？大概他们知道了我的情况。6 年了，日出日落，我在这所村小学教了 6 年书，敲了 6 年铁轨，每当看见孩子们那活泼鲜亮的身影，我的心底就泛起幸福的涟漪，真舍不得离开他们。最后，我还是走出教室，拿起那沉甸甸的榔头，在铁轨上"当——当——当——当——当"敲了 5 下。

40 年过去了，匆匆的岁月在我生命的年轮上记下了 70 道印痕。吊在村小学办公室屋檐下那根半米长的铁轨，常常萦绕在我的眼前，挥之不去。

天地书斋

人要有个遮风挡雨、休憩安眠的家，同样，书也要有个防蛀避尘、分门别类的家。书的家乃书橱也。说起书橱，我倒有讲不完的故事。

1979年，这一年的春天似乎来得特别早，3月刚开学，"而立之年"的我被调到县教研室，当了小学语文教研员。为了不断充盈自己的底气。我把买书、读书当成头等大事。书多了，便盼望有一个书橱，给那些贴墙而卧，饱受浊尘、蚊蝇之扰的书找个栖身之地。于是，我寻来8个装肥皂的木箱子，用旧报纸里外裱糊了一番，算是书橱了。这8个木箱子摞在一起，顶天立地，靠在我的书桌放，顿觉小屋蓬荜生辉。

1988年，这一年对我来说特别难忘。金秋十月，在北京人民大会堂我受到了邓小平同志的接见。从北京回来，妻子说："你也算咱们县里教育名人了，名人用肥皂箱子装书，岂不贻笑大方？"在妻子的劝说下，我从旧货市场买回一个带玻璃的旧碗柜，经过精心改造，终于使我用上了此生第一个真正意义上的书橱。这书橱虽然有些陈旧，但我却十分喜欢，它陪伴我"焚膏油以继晷，恒兀兀以穷年"，度过了好几个寒暑。有一天，妻子说："现在咱们的日子富裕了，你的'碗架子'也该淘汰了。家具城卖的书橱质量差，款式俗，不如咱们自己量身定做。"在妻子的督促建议下，我把木工请到家里，选了上乘木料和顶尖油漆，亲自设计图纸，亲掌绳墨规矩，一周后，一组紫檀色的书橱便矗立在我的书房里。书橱对面挂着一幅字画，是著名演说家李燕杰给我的题词"宠辱不惊看庭前花开花落，去留无意望碧空风卷云舒"。书房中间摆着写字台和老板椅，在鲜花的映衬下，室内显得格外青春、典雅。书橱光亮，书香四溢，我每天静静地坐在窗前，咀嚼着曾经的岁月，享受着阅读的志趣，真是其乐无穷。

1992年，我获双城市重大贡献奖，政府奖励我一套三居室商品住宅楼。住房解决了，对我来说，有用武之地，无后顾之忧。吉辰良日，我从逼仄的旧屋搬进了宽敞的新居。母亲与我女儿住在一个房间，我与妻子住在一个房间，余下的一个房间没有当作客厅，而是辟为书屋，取名"天地书斋"。一位书法家为之题词："藏中外教育，聚古今思想。"不言而喻，我所收藏的一万多册图书都与我的专业有关。我为什么把我的书房称为"书斋"呢？依我的愚见，它不是一般的书库或写字间的同义语，而是由我的阅读个性与修养，以及由此而不断收罗、不断淘沥书籍"精华"的结合物。在书房、书库里，书籍是作为一种载体陈列着，而在书斋里，书籍则是作为我的特定需要的文化精灵活跃着。书房易有，书斋难得。十几架的藏书，横七竖八，没当摆设，没充斯文，我经常在书架中逡巡摩挲，在走动中整理思绪，换得自豪，找到愉快。只要将一颗虔诚的心融入书籍的册册页页中，便会真切地感受到书中乾坤大，书中日月长。驻足书架，我仿佛是在一扇小小的窗户前窥视浩瀚无垠的海；又好像坐在书做的船上，向那片大海的深处驶去。当然，人可以登山而穷千里目，但无法阅读天下所有的书。

1. 身体再累也要读书。

"半亩方塘一鉴开，天光云影共徘徊。问渠哪得清如许？为有源头活水来。"我喜欢朱熹这首千古流传的读书诗，《活水亭观书有感》生动地告诉我们：由小小方块字集成的汉字书籍，就像一面巧夺天工的"水镜"，它清澈深邃，闪耀浮动，能够映出自然和社会的"天光云影"，通过阅读鉴赏，可以从中汲取源源不断、生生不息的"思想活水"。所以，对我来说，万般皆下品，惟有读书高。我认为，人生的光辉不是光芒四射的显赫，也不是金碧辉煌的富绰，而是因读书而晶莹剔透的灵性、融会贯通的悟性。每当落日余晖消失，白天嘈杂、纷乱退却的时候，四周静谧而美好。沏上一杯弥漫着清香的绿茶，要么慵懒地席地而坐，要么靠在床头，在灯光的笼罩下，手持一卷好书，鼻翼轻轻翕动，呼吸一口淡淡的油墨芳香，然后在轻柔的音乐声中，让躁动的心归于沉寂，静静地沉到书中去，沉到那些美丽的文字或是深湛的思想中去，在翻开书页的那一瞬间，就启动每一个细胞的快感。每每这时，我便远离了尘世的喧嚣，心里充溢着浓浓的喜悦和满足。一书在手，万事皆忘。这就是我读书的感觉。

2. 工作再忙也要谈书。

一天 24 小时，除了 8 小时正常睡眠之外，其余的时间我几乎都在工作。但工作再忙，我也要忙里偷闲与朋友谈书。客人光临，一杯香茶，袅袅轻烟，侃侃而谈。朋友 A 说："识字的中国人，都应该读《唐诗三百首》这本书。熟读或者背诵这些流传千古的诗篇，你会懂得中国语言和文字的魅力。"朋友 B 说："从《离骚》中我们可以看到'扈江离与辟芷兮，纫秋兰以为佩'的诗人高洁耿介的个性和'路曼曼其修远兮，吾将上下而求索'的'虽九死其犹未悔'的执著精神。从读《山海经》中，我们可以知道'不为五斗米折腰'，陶醉于'采菊东篱下，悠然见南山'的陶渊明同样也有'精卫衔微木，将以填东海。刑天舞干戚，猛志固常在'的慷慨豪情。"朋友 C 说："我喜欢泰戈尔的《飞鸟集》。这本薄薄的小册子曾使我着迷，那一段段短小的文章，闪烁着智慧的光芒，也隐藏着一些朦胧的秘密，关乎自然，关乎生命，也关乎人生。"朋友 D 说："我不读金庸，因为我没有'射雕''屠龙'的侠胆；我也不读琼瑶，因为我没有花前月下的柔情。我愿意读'冰心'和'茅盾'文学奖的获奖作品，我一向很讨厌名人在书里恣意地彰显自己要指点江山的霸气，让我读着读着便成了他们的孙子。"我说："我非常欣赏这副对联：'无憾读尽金木水火土，有钱走遍东南西北中。'此乃我生平一大梦想。一万年太久，只争朝夕。"交流中不觉夜幕降临，华灯初放，朋友们兴犹未尽地离开敝舍。

　　3. 交情再淡也要送书。

　　读书必有体会，教书必有心得，在读书、教书的过程中，我有感而立，有积而发，有思而作，竟然也写出几本书。每当新书出版时，我都将其作为礼物送给亲朋好友。新教师刚参加工作，不会上课，打来电话，我送给他《教师必备的 10 项修炼》。骨干教师要参加教学大赛，写信索取资料，我送给他《小学语文课堂教学艺术》。邻居辅导孩子学语文，没有经验，登门求教，我送给他《家庭语文教育艺术》。同事的孩子上学、结婚、生子，设宴招待，我不能不去，在酒桌上，别人拿钱我送书，并且在每本书的扉页写上几句劝勉的话。上学的我写道："骋怀学海扬帆远，游目书林用力勤。"结婚的我写道："伉俪共剪西窗烛，红袖添香夜读书。"生子的我写道："藏书万卷可教子，遗金满匣常作灾。"朋友升迁了，我当然要送书祝贺："韬略终须建新国，奋飞还得读良书。"我的女儿出嫁了，嫁妆也是一本书："人家不必论贫富，惟有读书声最佳。"外孙子降到人世，过百日时，我给孩子的礼物也是书："传家一卷书，惟在尔立志。"

我认为：书可以嫁接人生。读书不能改变人生的长度，但可以改变人生的宽度；读书不能改变人生的起点，但可以改变人生的终点；读书不能改变人生的物相，但可以改变人生的气象。

惟书籍不朽，惟学习永恒！

我与"名师人生"

说实在的，以前我并不在意《人民教育》这本杂志，总以为那是国家教育部主管的刊物，所发表的文章多是教育理论和教育管理方面的内容，专门给教育行政部门领导和校长看的。我是小学语文教研员，成天跟小学语文教学与小学语文教材打交道，读《人民教育》是远水不解近渴。

一天，我吃完午饭，去学校资料室看报，偶尔翻了一下刚刚来到的《人民教育》。这本带有油墨芳香的杂志一下子把我的眼球给吸引住了。刊物上"名师人生"栏目刊登了著名特级教师李吉林写的一篇文章，题目是《我，长大的儿童》。读着这篇文章，我仿佛看到了李吉林老师带着微笑向我走来，透过她的成长足迹，我悟到了"名师人生"这四个大字背后所凝聚的是中国一代代教师用爱与智慧塑造民族未来的教育理想。

从此，《人民教育》"名师人生"栏目中只要有文章，我是每期必读，而且一篇不漏地将其复印下来，装订成册，取名"与名师为友"，作为我培训教师的教材。

在"名师人生"栏目的启发下，我萌发了一个念头，也想写一篇文章，讲讲我当小学语文教研员的喜怒哀乐与苦辣酸甜，以此求教于专家学者。于是，我鼓足了勇气，四个晚上酝酿，三个晚上起草，两个晚上修改，一个晚上抄清，整整用了30个小时终于把一篇7 000字的文章拿了出来。周日，我一口气跑到邮局，贴足邮票，把稿件塞进邮筒。没过几天，编辑部打来电话，让我速寄一张工作照，说是文章拟在近期刊用。我欣喜若狂，没想到我当小学语文教研员的那些事儿也能进入《人民教育》。

盼望着，盼望着，我想早点收到样刊，一睹为快。一天，我去省里开小学语文教学观摩会。大会休息的时候，坐在我身旁的一位女教师正在翻阅杂志，无意中我瞟了一眼，她看的是 2005 年第 20 期《人民教育》。这位女教师转过头来，看了看我说道："杂志上有一幅大照片很像你。"说着她便把那本《人民教育》递了过来。可不是吗，杂志上的照片正是我。那是我上公开课的照片，经过美编的艺术加工，照片上的我显得十分英俊、潇洒。我开玩笑地说："您慧眼识人，在下正是照片上的白金声。"她激动地说："您就是白老师，真是太巧了，没想到《为撰写教研这本书，我倾注了生命》的作者就在眼前，您的事迹感人至深！"我还是头一次听到陌生人当面夸我，真是有些不好意思。

2005 年，我在广州收了一个徒弟。拜师会上，我将"名师人生"复印本作为礼物送给弟子，让他沿着名师的足迹去寻求其成功的奥秘。过了不久，我的徒弟来信说，"名师人生"复印本极具思想魅力，从"名师人生"复印本上他认识了钱梦龙、赵谦翔、靳家彦、窦桂梅等一大批中小学语文特级教师，与这些名师对话，如沐春风，如享春晖。这册复印本源源不断地给他智慧，给他思想。

如今，我已白霜染发，离开了三尺讲台，家搬到了省城，过着酒盈杯，书满架，心静如水的生活。然而，习惯成自然，我仍旧在读《人民教育》。两周去一趟哈尔滨市图书馆，还是老规矩，只要"名师人生"栏目中有文章，我一定到楼下读者服务部去复印，这已经成为我的一种精神享受，一种开怀乐趣。因为"名师人生"栏目中的每一篇文章都有极大的思想含量，昭示了名师的人生信仰和教育信念。

在喜庆《人民教育》创刊 60 周年华诞之际，我捧起厚厚的"名师人生"复印本，觉得沉甸甸的，暖融融的。这复印本恰似"半亩方塘"，为我洞照万物，使我豁然开朗。岁月如诗，岁月如歌，歌中有你，诗中有我。8 年了，我和"名师人生"一起携手走过。我将继续把"名师人生"复印下去，让美丽的名师人生相伴我永远，代代相传。

结缘"注·提"30年

我相信缘分。

悠悠我心,情系"注音识字,提前读写"(简称"注·提")此生缘。这话还得从 1979 年说起。

1979 年,我到双城县教学研究室当小学语文教研员,刚刚中师毕业,青涩得很。这一年的 11 月份,在黑龙江省小学语文阅读教学研讨会上,结识了仰慕已久的包全恩老师。从此,我与他亦师亦友,直到现在。

1982 年 7 月的一天,包老师来信,说他与丁义成、李楠二位先生搞一项教改实验,名为"注音识字,提前读写"。凭我的直觉,这是一项很有创意、很有眼光、带有革命性的实验。不出所料,半年后,"注·提"学生的优势就显示出来了。学习兴趣、语言水平、思维能力、习惯养成等都明显高于普通班的学生。见先进就学习,我向来如此。向领导汇报,向包老师请示,不久,双城也搞起了这项实验。开始的时候,我领衔双城"注·提"实验,很怕自己跑偏,再把其他人带偏了,那样我就成了罪人了。于是,我就三天两头往省里跑,当面向包老师请教。每次去哈尔滨都是满载而归,包括《实验简报》在内的各种资料应有尽有。现在我还保存着几大摞早期"注·提"实验的材料,每当我把这几大摞尘封的材料摆在写字台上,抱一抱,沉甸甸,摸一摸,暖融融,那种感觉真好。是包老师把我领进了"注·提"领域,与其厮守了 30 年。30 年来,生活中很多东西离我而去,我也放弃过一些,唯独"注·提"却成了我生命的一部分。

1988 年,大家抬举,我评上了特级教师。翌年,拟晋升中学高级教师。按那时的规定,定这个职称至少得有一篇经两位专家鉴定的科研论文。由于我搞了几年"注·提"实验,也写过几篇这方面的文章,其中比较满意的是

《"注音识字"的三个基本特点》。为了评职称，为了向专家讨教，于是，就带着这篇论文来到了哈尔滨。我轻轻地叩响了省教育学院文改办李楠主任办公室的门。我叩门，不仅仅是出于礼貌，还有着敬畏在里面。我当民办教师的时候，就在新华书店遇到了李主任和胡新化合著的《黑龙江人学习普通话》。这本书对我学习汉语拼音，乃至后来搞"注·提"实验、当普通话测试员都起到了很大的作用。

李主任大高个，戴着眼镜，镜片后透出睿智的目光。一见到我，他高兴极了，不停地说："快请进，快请进。"大有"有朋自远方来，不亦乐乎"之感。李主任热情地接待了我，并答应再请一位教授联合鉴定。于是，他领着我到中文系一位姓陈的教授家里，请他玉成此事。不久，李主任打来电话，让我到哈尔滨取论文鉴定书。听到这个消息，我高兴极了，带着两份鉴定费匆匆地来到省城。李主任只收下一份鉴定费，答应替我转交给陈教授。他的鉴定费执意不收，还拍着我的肩膀说："咱们都是'注·提'人，有了你的科研成果，'注·提'理论不是更丰富了吗？我哪能要你的鉴定费。"李主任不但没收鉴定费，还请我吃了一顿饭。那顿饭，我没少喝酒，这酒更加深了我与"注·提"的感情。

1999年10月19日，这本来普普通通的一天，而在双城教育改革大事记上，却不失为意义非凡、影响超越时空的一刻，因为这一天双城市教育局在实验小学报告厅召开庆祝"注·提"实验15周年总结表彰大会。那天，我的身份是工作人员——负责照相。

上午8时30分，大会隆重揭幕。先是市长致精短而热情的欢迎辞，继而宣读黑龙江省教育厅实验领导小组的贺信，接下去是局长讲话和教师代表、学生代表发言。庄严的会场，精彩纷呈，高潮迭起，星光四射，掌声不断。我举着照相机，及时捕捉着这美妙的瞬间。

为见证辉煌，为分享圆满，省教育学院副院长丁义成特意赶到双城。他身着藏青色中山装，迈着稳健的步伐走向主席台右侧大花篮前的紫檀色演讲台。会场静极了，人们屏息聆听他的讲话。丁院长是"注·提"实验的发起人，学富品高，亲切和蔼，他的讲话字字珠玑，句句金玉，打动了与会者的心。

散会了，丁院长握着我的手说："会上会下，会前会后，金声，辛苦了！"我知道，丁院长这句话是对我15载工作的肯定，也是对我今后梦想的鼓励，我应加倍努力，不辜负领导的期望。四年后，也就是2003年10月，我作为特邀代表到河南参加了全国庆祝"注·提"教学改革20周年大会，在洛阳观摩了几节精彩的语文课，至今记忆犹新。

2001年，省语委办着手修订《"注·提"实验纲要》。孟广智主任请了几个人，其中既有银发霜鬓、满腹经纶的专家，又有一线教师中的青年才俊，还有运筹帷幄的教育行政长官，群贤荟萃，新老聚首。我，不伦不类，忝列其中。孟主任指出："修订《纲要》，目的是使其既符合《小学语文教学大纲》精神，又具有'注·提'实验的鲜明特点，成为广大'注·提'实验工作者在新世纪进一步搞好'注·提'教学，实施素质教育的主要依据和导向。"这是修订《纲要》的指导思想，必须遵循。在讨论中，我特立独行，亮出了观点，建议将实验的三项原则扩充为四项原则，即在学生的主体性、语文的实践性、教学的整体性的基础上，再加上实验的发展性。我的发言引起了争论，见仁见智，莫衷一是。争鸣的结果，我的建议没有被采纳。但实践证明，"注·提"以其科学的理念、高度的前瞻性、卓越的成就和与时俱进的鲜明特征，成功地融入了新课改，受到了国内外广大教育工作者的高度关注。这正印证了邓小平的那句名言："发展才是硬道理。"

2002年仲夏，绿满五大连池。这一年，我参加了九年义务教育六年制小学"注音识字，提前读写"实验教科书编写工作。有人说，在风景区编教材，是一种享受。说实在的，我真的没有那种感觉。一个月时间，没日没夜，心无旁骛，想的就是精选、精编、精改。一篇课文的选定与编辑，一个练习的设计和安排，甚至一个标点的运用、一个词语的解释，都要斟酌再三，煞费苦心，真到了"吟安一个字，捻断数茎须"、"两句三年得，一吟双泪流"的地步。

"什么是好教材？师生喜欢的教材就是好教材。"唐宏建主任如是说。

"教科书不允许有丝毫的错误！"唐宏建主任三令五申。

有形、无形的压力，如山崩海啸一样压过来，让人喘不过气。有时睡到半夜，突然梦到教材有不妥之处，一声大叫，竟出了一身冷汗。为了打造一流教材，使教科书语言准确、严密、规范到不差毫厘，我白天选篇，夜晚润色，困了就趴在桌上睡一觉，醒了接着改，改着改着竟到东方既白。编教材的难处与苦处，只有编者才能体会到。不管怎么编排，怎么糅合，总有千人挑、万人评，说白了就是吃力不讨好。教材是教学之本，是师生飞翔的蓝天。

这片由教材内容、文字、标点、行款组合的"蓝天",应该蔚蓝如洗,纯净无疵,新美如画,我们做到了。

在第八次课程改革中,"注·提"实验物化成为一套义务教育课程标准语文教科书,2003年由教育科学出版社出版,并在全国十几个省市使用,成为黑龙江省的主流教材。

在石连琪主任的带领下,我竟意气风发地参与到为实验学校老师的培训服务中。听课、评课、座谈、辅导、答疑、讲座,帮助教师解决使用教材遇到的实际困难。去密山、虎林,往带岭、肇州,进鸡东、饶河,到阿城、呼兰,赴塔河、漠河,折返哈尔滨、加格达奇,足迹遍布半个黑龙江。讲师团时而并肩战斗,时而天各一方。见面时欢庆会师,分手时互道珍重,使命感、光荣感、责任感集于一身,累并快乐着!

在巡回辅导中,我结交了不少朋友。朋友中,既有校长,又有老师,彼此心心相连,息息相通,拉紧了一所所实验学校之间的真诚合作。一天,我接到中国最北的学校——大兴安岭北极村中心小学一位青年教师的来信。信中说:"晚辈年轻,尚未入道语文,听了您的讲座,顿开茅塞。语文是什么?您说:语文,就是横平竖直写好方块字,就是字正腔圆说好中国话,真正的语文课就必须做语文自家的事,语文教学无论怎样改革,书写、朗读、背诵等这些传统项目'不废江河万古流'。说得太好了!望白老师多加指教,引领黑龙江畔这位年轻人。"读了这封信,我很受感动,马上给她寄去我的一本新作《我为语文而来——白金声教学艺术》。

时间到了2008年1月,我从双城市教师进修学校小学语文教研员岗位退了下来,结束了长达29年每日从家到学校再回家的生活轨迹。然而,萦绕在我脑中的主题词还是"注·提"实验,这是我牵肠挂肚的事业。郑万峰主任知道我是个闲不住的人,便推荐我到省语委办当科研秘书。语委办有一项省"十一五"重点课题"'注·提'教改实验与新课程对接的实验研究"。接触这个课题,猛回头,才晓得这可不是小打小闹的一般课题,而是大动作、大手笔、高屋建瓴的课题。从立项到开题,从研究到结题,在这个偌大的工程里,我长了不少见识。就拿课题组成员来说吧,他们个个英才,人人奇俊,学识渊博似海,基本功扎实如山,说起话来头头是道,做起事来处处见招,威望、理论、经验、专长常常令人望其项背。他们是教材编写和课程研究的翘楚高手,我佩服。

在实践探索中，我不断学习，不断思考，不断积累，如今我的一本研究"注·提"理论的著作《小学语文教学新体系》已经由教育科学出版社出版，全国发行。

30年筚路蓝缕，我一路走来。任凭岁月更迭，世事沧桑，任凭青春流逝，容颜衰老，我与"注·提"不离不弃。是这项实验，给我动力，给我慰藉。

这的确是缘分。

语文流年

1

我小时候特别淘，淘得出奇，家人说我能淘得"上天入地"。母亲打我，我就爬到房顶，骑在房脊上，大声喊道："你再打我，我就跳下去！"母亲见状，只好放下手中的笤帚疙瘩。我惹祸了，便钻进我家的菜窖里，害得我爸爸屋里屋外、房前房后、左邻右舍，踏破铁鞋无觅处。

我过6岁生日那天，正和几个小朋友踩着梯子在邻居的屋檐下掏麻雀窝，姑姑发现了，硬把我拉回家。饭桌上，我换上一套新衣服，梳着小分头，正襟危坐，用力吹生日蜡烛。母亲指着我说："今天你过生日，妈妈给你一件礼物。不过，我说一条谜语，猜着了，这件礼物就给你。"说着，母亲从抽屉里取出一个长方形的小纸包，放在桌子上。我一边大口地吃着蛋糕，一边用眼睛盯着那个长方形的小纸包。母亲指着桌子上那个小纸包说："不会说话，学问最大。要学知识，动手翻它。"

"书。"我脱口而出。

这时，在场的所有家人都不约而同地鼓起掌来。我连忙打开小纸包，果然是一本书，一本崭新的小人书。封面上画着一个小男孩，头上梳着鬏髻，脚下蹬着风火轮，双手握着红缨枪，威风凛凛。"这不是哪吒吗？"我哈哈大笑地说。从那天起，我几乎天天翻着这本小人书，小哪吒的形象深深地印在我的脑海里，整日做着"哪吒闹海"的梦。有一天，我找来两块小木板，上面镶着几根粗铁丝，用绳子将木板绑在脚上，手擎一根柳条棍儿，在雪地上滑行。风驰电掣中，我大声喊道："哒，大家闪开，哪吒来也！"逗得小朋友大笑起来。《哪吒闹海》是我儿时看的第一本小人书，它给我的童年带来无穷的欢乐。

2

1958年秋季开学，我在煤城双鸭山读小学。那时，正赶上《汉语拼音方案》在全国推行，汉语拼音被编入小学语文课本中，我学得特别好，声母、韵母和拼写方法全掌握了。就因为我患有口吃病，说话有点结巴，班上的同学老嘲笑我，老模仿我，一气之下，不顾老师的劝说，不顾父母的打骂，我离开了学校，不念了。

在家赋闲，无所事事。一天，我在街上溜达，无意中走进新华书店，恰巧，营业员正往书架上摆放刚刚出版的《汉语成语小词典》。我怯生生地向营业员说道："阿姨，我想看看那本小词典。"那位女营业员顺手扔来一本，我走马观花地翻了翻。编纂：北京大学中文系1955级语言班；审订：魏建功、周祖谟；出版：中华书局；定价：0.65元。对此书我爱不释手，只因囊中羞涩，不得不把它递还给营业员。

我脾气比较怪，自从辍学之后，从来不向父母要钱买东西。无奈，我只好到处捡废铜烂铁，攒了一个多星期，才凑足6角5分钱。当我兴冲冲跑到书店，此书已售罄。后来，我爸爸托人在佳木斯新华书店才把这本词典买到。

当时，一书在手，万事皆忘。我借助汉语拼音这个有效的工具，只一个月的时间，从第一页的"哀鸿遍野"到最后一页的"做贼心虚"两千多个成语囫囵吞枣地全背下来了。比如以字母"A"开头的成语就有19个，它们分别是：哀鸿遍野、爱不释手、爱财如命、爱莫能助、爱屋及乌、安步当车、安常处顺、安分守己、安居乐业、安如泰山、安土重迁、按兵不动、按部就班、按劳分配、按图索骥、按需分配、暗箭伤人、暗送秋波、暗无天日。这些成语我是头天晚上睡觉前读的，第二天早晨醒来都记住了。记是记住了，但注释我看不下来，因为没有拼音，只好放弃。

不久，在父母的逼迫下，我复学了。由于自卑感作祟，我不愿意和同学们在一起玩耍，总是一个人躲在角落里捧着那本《汉语成语小词典》似懂非懂地读着。在生吞活剥的过程中，我认识了不少汉字，知道了不少典故，明白了不少道理，尤其是学到了不少精粹的语言。说话有味儿了，作文有词儿了，同学们都称我为"成语大王"。有一次，语文考试，试题是用"自×自×"格式组词，我一口气写了12个成语：自作自受、自言自语、自私自利、自由自在、自生自灭、自给自足、自高自大、自吹自擂、自觉自愿、自卖自夸、自暴自弃、自怨自艾。老师在我的试卷上批了一个大大的"妙"字，并且在讲评时还表扬了我。

小学毕业时，班上举行联欢会，人人出节目。有的唱歌，有的跳舞，有的朗诵诗，气氛非常热烈。突然，主持人大声宣布："下面，请白金声表演绝活！"此时，我特别紧张，结结巴巴地说："我……不会……绝活，要我……演节目，是……赶鸭子……上架。"这时老师走到我身边，鼓励我说："白金声，快去露一手。"我鼓足了勇气，走到讲台前，一字一顿地说："我现在给大家表演'成语接龙'，请给点掌声。"同学们使劲地给我鼓掌。于是，我就打开了记忆的闸门，说开了："我的节目与众不同，同工异曲，曲尽其妙，妙不可言，言归于好，好事多磨，摩拳擦掌，掌上明珠，珠联璧合。"这时，教室里掌声雷动，经久不息。

50多年了，回忆儿时学习成语的事儿，现在还历历在目。成语可与古典诗词相提并论，它是劳动人民智慧的结晶，其内容博大精深，其形式丰富多彩，或源于历史典故，或取自古代寓言，或见于文章典籍，或出于里巷市井。几千年来，有的早已流行于世，活跃在人们的口头笔下，有的虽然长年尘封于埋，蒙上历史的灰尘，但一经拂拭，依然会放射出异样光辉。我喜爱成语，喜欢在说话或写作中使用成语，这无疑是得益于儿时的背诵。如今，每当我翻开那本发黄的《汉语成语小词典》时，不但觉得它是我学习中华文化的良师益友，更使我感悟到中华文明的无穷魅力。

3

上个世纪50年代末到60年代初我家在双鸭山住了5年。原因是这样的，我爷爷1955年去世，当时，我爸爸把双城北大街3间开木匠铺的门市房改成了旅馆，名曰"福民旅社"。后来，旅店业不景气，我爸爸就把房子卖了，于1957年举家搬到双鸭山，在岭东市场与别人合办了曲艺茶楼。

我家就住在茶楼走廊的隔壁，听书非常方便，只要把小窗户打开，不但能听清楚，而且还能看见说书人。茶楼每天有3位艺人说书，上午、下午、晚上各一场，有评书，有东北大鼓，还有河南坠子，演员都是我爸爸从佳木斯请来的名角。他们折扇一把，醒木一块，身着传统长衫，先念一段"定场诗"，或说一段小故事，然后进入正式表演，每场说书都非常精彩，茶楼里不时爆发出阵阵掌声与喝彩声。

  当时，我白天上学，晚上做完作业，就把小窗户偷偷打开，探出脑袋，如痴如迷地看演出。不管是长枪袍带书，还是短打公案书，我都喜欢听。尤其是评书的语言，口语化，有声有色，娓娓动听，引人入胜。比如《野猪林》描写两个公差贪吃的丑态是这样的："只见这两个人举起了那迎风的膀子和旋风的筷子，托住了大牙，垫住了底气，抽开了肚子头儿，甩开了腮帮子，吃得鸡犬伤心，猫狗落泪。"这段描写形象生动，使人发笑，这是"立起来的语言"。每当人物出场时，说书人都要来一小段"开脸儿"，比如八十万禁军枪棒教头林冲在墙外看花和尚鲁智深耍62斤重的浑铁禅杖喝彩时，艺人是这样开脸儿的："只见土墙缺边处站着一位官人，豹头环眼，燕颔虎须，八尺长短身材，三十四五年纪。他头戴一顶青纱抓角儿头巾，脑后两个白玉圈连珠鬓环，身穿一领单绿罗团花战袍，腰系一条双搭尾龟背银带，脚蹬一双磕瓜头朝样皂靴，手执一把折叠纸西川扇子。"其实，这就是人物肖像描写。"头戴""身穿""腰系""脚蹬""手执"这些词语用得非常准确，"一顶头巾""一领战袍""一条银带""一双皂靴""一把扇子"这些数量词用得也非常讲究。尤其是说打仗场面的段子我更爱听，虽然是套话，但百听不厌，我现在还能背下来几句："一来一往，一上一下。一来一往，有如深水戏珠龙；一上一下，却似半岩争食虎。"

  我爸爸怕我听书影响学习，不久，就把小窗户堵死了，那时候也没有电视，我只好一个人呆在小屋里，没有意思。后来，我想出一个好办法，每天下午放学回来，先帮助大人打扫书场，然后让母亲说情，每天晚上做完作业，站在书场后边只听一段说书。爸爸答应了，就这样，我经常出没于我家的曲艺茶楼的走廊。有人看我对评书这样痴迷，就劝我爸爸让我学说评书，我爸爸说："世间生意甚多，唯有说书难习。评述说表非容易，千言万语须记。一要声音洪亮，二要顿挫迟疾，装文装武我自己，好似一台大戏。"况且，我说话结巴，哪能从事曲艺工作。不过，儿时听了几部书，学点评书的语言，对后来我当语文教师，教小学语文，教中学语文，教师范语文都打下了坚实的基础。可以这样说，说书是语言的艺术，教语文也是语言的艺术，曲艺讲究的是说、学、逗、唱，语文讲究的是听、说、读、写，说书要有"关子""扣子"，教书更要有启迪和激励。当然，教学语言是专业语言，导入语、讲授语、提问语、评价语、总结语都要规范、科学，富有审美性和教育性，如果在教学中教师的言语再形象点，再生动点，就能更有效地激发学生的创造力，提高教学效率。古人说："言之无文，行而不远。"言语是应当有文采的，教师的言语尤应如此。

4

我喜欢听广播，即使是数字电视快速发展的今天，我还是喜欢听广播。

早在 50 多年前，具体说是"大跃进"那个年代，我家房后有一条马路，马路上竖着一根电线杆子，电线杆子绑着一个高音喇叭。每天下午放学回来，只要我把后窗户推开，就能听见马路上的广播。

当时，我最爱听的是中央人民广播电台的《小喇叭》少儿节目，其中"故事爷爷"孙敬修讲的故事我是每天不落。每当"嗒滴嗒——嗒滴嗒——小喇叭开始广播啦"这句稚嫩的声音响起来的时候，孙敬修那慢条斯理、字正腔圆的语调便进入我的耳朵里。经他用声音塑造的一个个栩栩如生的人物形象便驻在我的心间，使我懂得了什么是真善美，什么是假恶丑，从这些故事中我得到了乐趣，更学到了儿童文学那特有的活泼、亲切、自然的语言艺术。

上了中学，我的兴趣转移了，喜欢听中央人民广播电台的《阅读与欣赏》节目，一些诗词的赏析虽然当时还听不明白，但每天晚上我都守在我家那台熊猫牌电子管收音机旁。

1966 年，"文化大革命"运动开始了，由于家庭出身的缘故，我当上了"逍遥派"。后来便随着浩浩荡荡的知青队伍开赴了农村，在生产队里干了 3 年农活。第一年我买了一台红星牌半导体收音机，第二年我换了一台袖珍式的半导体收音机，第三年我自己装了一台晶体管收音机。就这样，在家听"红星"，干活揣"袖珍"，开会插"耳塞"，用听广播的方法来解除每天的疲劳。

上个世纪 80 年代初的中国有一部描写抗日地下斗争的小说，风靡全国，达到了万人空巷、家喻户晓的程度，这就是王刚在黑龙江人民广播电台播讲的《夜幕下的哈尔滨》。小说讲述了 20 世纪 30 年代日本占领我国东北后，以哈尔滨第一中学教师王一民为首的中共地下党员及爱国人士,在中国共产党的领导下,与日本侵略者斗争的故事。当时,我刚到县教研室上班,工作之余,王刚播讲的这部小说我是每天必听,有时候还给学生讲一讲,觉得非常惬意。

现在,我的床头放着一台能收音、能录音的日本松下两用机,每天早晨六点半准时打开,收听中央人民广播电台的《新闻和报纸摘要》节目。《中国之声》给我带来的是世界各地的消息,真是"秀才不出门,便知天下事"。

我的一生与广播解下了不解之缘,通过收听广播,纠正了我小时候在双鸭山居住时形成的黑龙江东部地区方音,那就是舌尖前音声母 z、c、s 和舌尖后音声母 zh、ch、sh 互为自由变体的毛病。可以这样说,我能教语文,我能当上黑龙江省普通话测试员,在很大程度上得力于我坚持收听广播。

5

自从我家搬到双鸭山之后,我爸爸每年都能领我回双城一次。在哈尔滨换车时,总要呆上一个晚上,不是住在道外北三道街的一家小旅馆,就是住在道外江沿的另一家小旅店,目的就是为了看戏。哈尔滨评剧院碧燕燕演的《唐伯虎点秋香》和刘小楼演的《人面桃花》我都看过。刘小楼演小生,饰崔护,一段"三春杨柳黄莺唱",嗓音清晰,音域宽润,婉转抒情,我特别喜欢听,从那时起我就成了小戏迷。

后来,我上了初中,我家从岭东区搬到尖山区,我爸爸被安排在北山剧场负责把门。

北山剧场是一座挺宽的平房,坐北朝南,大约有三四百个座位。门前有一块牌子,用大红纸写的海报,有剧目,有演员,非常醒目。每晚7点开演,随着一阵"咚咚锵锵"的锣鼓声,布幔拉开,演员就出场了。开始是垫戏,而后是正戏。戏园子天天爆满,喝彩声不断。

我爸爸在戏园子是管收票的,我看戏当然方便,只要有外地剧团公演,不管是京剧,还是评剧,我总是要光临的。其中我最喜欢看的是武戏,什么《挑滑车》《三岔口》,百看不厌。我每天早早来到剧场,先跑到后台瞧演员化妆,等到演出铃声一响,我就躲到幕后近距离看戏。时间长了,和演员混熟了,对"生、旦、净、末、丑"角色行当也就多少明白一点,大家都叫我"小票友"。

一次，剧团演出《穆桂英挂帅》，缺一个打小旗儿的，导演见我在后台，就让我去站班，"站班"就是打旗，也叫跑龙套，是演小兵的意思，以四人为一堂，虚拟千军万马，起烘托气势的作用。救场如救火，于是，我化了妆，穿上绣有黄龙的套头衣褂，手拿旗子跟着班头在锣鼓点儿声中二龙出水，分列两厢。这是我有生以来第一次登台演出，真过瘾。

听了几出戏，跑了一回龙套，这对我后来学语文，教语文，研究语文教学艺术是有很大帮助的。演员讲究舞台形象，三五人可作千军万马，六七步如行四海九州，从"亮相"到"起霸"，从说"定场诗"到舞水袖，手眼身法步，唱念做打，都是艺术。如果说演员讲究的是舞台形象，那么教师则要讲究讲台形象。黑板上有知识，教师的脸上有学问。举手投足，一颦一笑，一个小小的动作，都在展示教师的内心世界。我现在上课之所以受学生欢迎，与小时候学点戏文是有一定关系的。

6

1962年，我爸爸下放，我们全家从双鸭山搬回双城，住在铁道北那家窝棚。当时我刚上初二，学校离我家十里地，上学要经过一道防风林，路过两个铁道口，绕过三块农田地，再走四里砂石路，穿过一片坟地，才能到达我读书的地方——双城二中。每天二十里地，我走路上学，虽然耽误点儿时间，但它有三大好处：一是能锻炼身体，二是安全，三是便于学习。

谈到学习，我不能不说说我的诗歌启蒙读物。有一天，我去双城唯一的一家新华书店"蹭书"，无意中发现了一套由少年儿童出版社出版的《古代诗歌选》，便请售货员取过来翻看，这是一套小32开本的丛书，印刷装帧朴素端庄，玲珑雅致，一如古代天然去雕饰的乡村少女，使人一见生情。说老实话，那时我尚不知"动天地，感鬼神，莫近于诗"，开始只是被书中清新、散淡、飘逸、空灵的彩墨插图所吸引。站在柜台外埋头翻下去，由诗情及画意，由画意悟诗情，竟产生了一种从未体验过的阅读冲动。于是，我便把口掖肚攒的一块七毛四递给收银员，将书捧回家。这套丛书共四册，第1册选周、秦、两汉、魏、晋、南北朝、隋代诗歌31首；第2册选唐、五代诗歌51首；第3册选宋、元诗歌55首；第4册选明、清诗歌52首。这180多首古诗，我是在上学的路上用两年时间学的。

每天上学，我左肩挎着书包，右手拎着饭盒，上衣兜里装着一本《古代诗歌选》，边走边背。我记性不好，一首诗得学好几天，要是记不住了，就随手从兜里掏出来翻一翻。那些行神如空、行气如虹的盛唐诗家，那些采采流水、蓬蓬远春的大宋词客，或雄浑豪放，或清丽婉约，或深沉悲慨，或飘逸高古，牵动我行走在上学路上的心；那忧国之长吟、思乡之孤泪、怀人之烛魂、吊亡之月魄，沟漉我行走在放学路上的魂。以致常常让我分不清哪儿是诗，哪儿是路，哪儿是上学，哪儿是放学。

毕业前夕，学校搞了一次征文活动，我改写的《蝶恋花·答李淑一》获特等奖。原词60字，我竟写了满满8篇稿纸，将杨开慧、柳直荀二位烈士与仙人吴刚、嫦娥融为一体，月宫与人间上下相连，形成一个优美的境界，有场面描写，有语言描写，有心理描写，歌颂了革命烈士对革命事业无限忠诚的精神，以及毛泽东对他们的深情怀念。获奖征文展出之后，同学们送我一个绰号，叫"白八篇"。这个绰号的获得大概源于上学路上的背诵吧，如果没有那180首古诗垫底，哪有我这绰号。

7

1968年，那时我家6口人，只住一间半草房，父亲、母亲、弟弟、妹妹和我都在生产队里干活，收工回家之后，都挤在一铺炕上睡觉，非常不方便。尤其是冬天，没有煤，生不起炉子，屋里特别冷，晚上，我只好夹着一本书，到附近的双城堡火车站候车室去看书。

那时的双城堡火车站头半夜只有四趟火车，两趟是往北开的，两趟是往南开的。旅客也不多，几条长椅子都闲着，散乱杂人也少，只有火车进站的时候，旅客才能看见工作人员和警察。火车开走之后，候车室里空荡荡的。

双城堡火车站候车室是我得天独厚的读书地方。有一段时间，我几乎天天光临这里。室内的每一个座位，每一扇窗户，每一块告示，每一条标语，对我来说都非常熟悉。一天，吃完了晚饭，我戴上狗皮帽子，披一件黄色的破大衣，揣了几本书，来到火车站，在候车室找一个靠近暖气灯光比较明亮的长条椅子坐下。我先朝四下看一看，济南的火车刚开走，室内只有几个去牡丹江方向的旅客在候车，他们有的在唠嗑，有的在嗑瓜子，有的在打瞌睡。在灯光灰暗的角落里，有一对青年男女正在谈恋爱，他们拥抱在一起，难舍难分。这时，问事处窗前的大钟响了7下，一列火车呼啸而过，候车室的宁静被打破了。不大一会儿，广播响了："各位旅客，有去往哈尔滨、阿城、尚志、一面坡、海林、牡丹江方向的旅客，现在开始检票。"两个检票员从问事处里有说有笑地走出来，大盖帽、白手套和深蓝色铁路制服把她们打扮得特别精神。

我靠在椅背上，掏出已经磨破皮的长篇小说《青春之歌》。这部小说是女作家杨沫写的，作品描写了"九一八"至"一二·九"这一历史时期，北京青年学生为了抗击日本侵略，拯救祖国而进行的顽强斗争。作者细腻地刻画了林道静、卢嘉川、江华等一批青年形象，尤其是卢嘉川、林红这些视死如归的共产党员使我泪眼婆娑，不知不觉便进入了梦乡。不知什么时候，有人喊道："起来，看看车票！"一位警察将我从睡梦中叫醒。我揉揉眼睛说："我不是上车的。""不上车在这里干什么？"警察大声地说。随即他把我带到了民警值班室。屋里有好几个警察，他们见我戴着狗皮帽子，穿着一件黄色破大衣，兜里鼓鼓囊囊，睡眼蒙眬，把我好一顿询问。那时没有身份证，也没有电脑，如果有的话，肯定得好好查一查，看是不是公安部通缉的网上逃犯。他们见我老实厚道，句句实话，冒着严寒来车站学习，并且泪浸《青春之歌》，很受感动，便把我放了。于是，我又回到原来的地方，把大衣裹得紧紧的，棉帽子也系上了扣，因为暖气不热了，在两只脚不断磕碰中我继续读下去，这时大钟已经敲响了11下，整个候车室只剩下我一个人了。

8

有一天，生产队搞"小靳庄"活动。活动开始时，大家手捧《毛主席语录》，齐喊万寿无疆。接着，背诵"老三篇"，批判"封资修"。最后举行赛诗会，跳"忠"字舞：两男两女，四人一组，每人先说四句诗，然后再跳《北京的金山上》舞蹈。赛诗的人，手拿一张白纸照着念，开头大凡都是"东风吹，战鼓擂"一类的话，诗的内容，或"大海航行靠舵手，万物生长靠太阳"，或"新苫的房，雪白的墙，屋里挂着毛主席的像"，千篇一律，千人一面。这时，一个戴着眼镜老学究模样的老头儿站了出来，他说："我给大家朗诵一首诗，题目是《自嘲》。"说着，他大声地朗诵起来：

运交华盖欲何求，未敢翻身已碰头。
破帽遮颜过闹市，漏船载酒泛中流。
横眉冷对千夫指，俯首甘为孺子牛。
躲进小楼成一统，管他冬夏与春秋。

这时，生产队长说："阶级斗争你不抓，还要'躲进小楼成一统'？"老学究急忙辩解说："这是鲁迅先生说的。""鲁迅是谁？"生产队长问。老学究见其狐疑，便举起《毛主席语录》念道："鲁迅是中国文化革命的主将，他不但是伟大的文学家，而且是伟大的思想家和伟大的革命家。"会场顿时哗然。在生产队长悻悻地坐下来的时候，我从地上拾起一个空香烟盒，掸去尘土，将其打开，用背面及时地把鲁迅这首诗记下来。这位老学究模样的人，是刚从北京下放来插队的画家，在我们屯儿的小学校当美术教师，后来我和他同事过，没过两年就去世了。"鞠躬尽瘁，死而后已"是毛主席对鲁迅先生的评价，也是我对这位北京下放来的插队画家许身孺子的评价。40多年过去了，我做了几千张读书卡片，唯独那张香烟盒卡片特别珍贵，它不但让我知道了"鲁迅的骨头是最硬的，他没有丝毫的奴颜和媚骨"，而且也让我懂得了"横眉冷对千夫指，俯首甘为孺子牛"的深刻含义，并将其作为我人生的座右铭。

9

在农村插队3年，我赶过大车，扶过大犁，挑过大粪，脱过大坯，还在铁路和粮库扛过"脚行"，什么脏活、累活、苦活都干过。3年时间，我认识了3个人，他们都是我的老师。一位是坐地户"地主分子"左广珍，一位是下放户"反革命分子"那鹏飞，还有一位是返乡户"右派分子"袁安明。他们3个人都和我爸爸一样，除了下地劳动之外，每天晚上还要到生产队戴上高帽挨批斗，在红卫兵"打倒地、富、反、坏、右"的口号声中一站就是两三个小时。

先说左广珍。他是车老板儿，不但车赶得好，还会说很多俏皮话，嘴皮子特别厉害。每天生产队长派活的时候，我都愿意跟他的车，一边干活，一边还能学歇后语。有一天，往地里送粪，他显得非常高兴，一口气说了好几条有关狗的歇后语：狗咬耗子——多管闲事；狗戴帽子——装好人；狗撵鸭子——呱呱叫；狗掀门帘——全靠一张嘴；狗咬吕洞宾——不识好人心。然后大鞭子一甩，马儿撒欢似的跑了起来。他说："挨批斗，受点皮肉之苦，算什么，只要拿起鞭子说几句俏皮话，哈哈一笑，全身就松快多了。"在左广珍身上我不但学到了勤劳朴实、乐观向上的精神，还学到了劳动人民创造的生动活泼、巧妙有趣的语言。鲁迅先生指出："许多名言，倒出自田夫野老之口。"这话千真万确。

再说那鹏飞。他是个老夫子，早年毕业于南开大学，研究过古文字学，说话文绉绉的，因为写了一篇反对"大跃进"的文章被打成"反革命分子"，发配到黑龙江。他号称"活字典"，懂得茴香豆的"茴"有4种写法，什么稀奇古怪的字都认识。在地里干活歇晌的时候，我总喜欢和他凑在一起。一次，他在地上用树枝写了5个字，"屼、烜、婠、梴、㦖"，问我认识不认识，我一看直摇头。他说："这5个字都是左右结构的形声字，左边表意，右边表声。屼，是山秃的样子；烜，是火盛的样子；婠，是体态美好的样子；梴，是林木生长的样子；㦖，是不安的样子。"他显得特别得意，说着说着就哈哈大笑起来。老学究真有学问，这些字非常生僻，一般很少使用，他却讲得头头是道，不愧是研究文字的。在他的影响下，我也渐渐地对难字产生兴趣，并在读书时注意收集，不过我积累的不是字，而是词。如："夃剫、窫冭、葳蕤、悾憚"之类的，这些含义生涩的词语一般人是不大接触的，由于我当时生活范围狭窄，吸收这些没用的词语以求说话行文"典雅"，现在看来是不足取的，肯定贻笑大方。毛泽东说："我们要学习古人语言中有生命的东西，反对去用已经死了的词汇。"这是学习语文的一条弯路，大家千万不要再走了。

最后说说袁安明。他是大连人，学医的，一生走南闯北，见多识广，懂俄语，通日语，是一个典型的知识分子。夏锄的时候，我愿意和他挨着铲地，他话匣子一打开，便滔滔不绝，除了给我介绍大连的老虎滩、万忠墓、星海湾、旅顺口之外，还给我讲一些外来语，非常有意思。你看，面包叫"列巴"，缝纫机叫"马神"，扩音器叫"麦克风"，裙子叫"布拉吉"，多有趣。他说："汉民族在两三千年前就和其他民族有了频繁的交往，我们优秀的文化向外传播的时候，也吸收了其他民族、其他国家的一部分文化，比如"葡萄、苜蓿、狮子、石榴、琵琶、干部、座谈、引渡"这些词语都是外来词语。"我从袁大夫那儿懂得了一些词汇知识，虽然这些知识后来我也学过，但，那是语言学里讲的，干瘪、抽象，没有意思。后来我学习《毛泽东选集》，毛主席也指出:"要从外国语言中吸收我们所需要的成分。我们不是硬搬或滥用外国语言,是要吸收外国语言中的好东西,于我们适用的东西。"袁安明的话和毛主席的话至今我还记得,他们的话是我学习语言的指南,一辈子忘不了。

10

"读万卷书,行万里路"是我少年时代立下的志向,到如今,"读万卷书"的理想远远没有实现,"行万里路"的目标早已达到。1966年冬天,我和几个伙伴用两个月的时间,从哈尔滨走到北京,又从北京走到西柏坡。这还不算,参加工作后,我南临三亚,北达漠河,东游吴越,西抵新疆。祖国大陆除了西藏之外,我到过100多个城市。在广袤的国土上,波浪兼天涌的长江,远上白云间的黄河,"造化钟神秀,阴阳割黄昏"的泰山,"千里莺啼绿映红"的江南,"瀚海阑干百丈冰"的塞外,都留下过我的脚印。美不胜收的自然风光,历史悠久的文物古迹,丰富多彩的民俗风情,对我来说,都是重要的语文资源。我的游览与他人有所不同,所到之处,我主要是搜集庙宇殿堂、名胜古迹的对联。不论是词彩华丽的长联,还是妙语连珠的短联,我都愿意积累。因为它具备诗的对仗、词的含蓄、歌的韵律、赋的铺陈等特点。尤其是长联,故实多,景色美,情感浓,达到形神兼备、情景交融、疏密相间、浓淡相宜的美学境界。

福建郑成功祠联:

> 由秀才封王主持半壁旧江山为天下读书人顿增颜色
> 驱外夷出境自辟千秋新事业与中国有志者再鼓雄风

上海豫园得月楼联:

> 楼高但任云飞过
> 池小能将月送来

北京颐和园养云轩联:

天外是银河烟波宛转
云中开翠幄山雨霏微

桂林城隍庙联：

地狱即在眼前莫到犯了罪时方才醒悟
明镜虽悬台上只要过得意去也肯慈悲

厦门鼓浪屿鱼腹浦联竟可倒读：

雾锁山头山锁雾
天连水尾水连天

　　一次，我去江苏镇江，游览了昭明太子读书台。镇江南郊风景区，山峦起伏，绿树葱茏，珍禽奇鸟啼唱，修竹清泉互映。在招隐寺大殿遗址南，沿树丛中小径，循石级而上，便是一座小院，两面花墙，数张石凳，一幢三开明间的古舍，这就是昭明太子读书台。门上的对联是："妙境快登临抵许多福地洞天相对自知招隐乐，伊人不可见有无数松风竹籁我来恍听读书声。"我掏出笔记本将其记下，现在还能倒背如流。

　　还有一次，我到山东淄博，参观了蒲松龄故居。故居坐北朝南，院落前后两进，南院平房两间，北院正房三间，青砖黑瓦，木棂门窗，为当地民房样式。院内有山石水池，豆棚瓜架，植腊梅、秋菊、石榴等。蒲松龄诞生北院正房，北院正房也是他的书房——"聊斋"。室内陈列着他74岁时的画像，还有桌、椅、床、几和砚台等物。在镇纸的铜尺上刻一副自勉联："有志者事竟成破釜沉舟百二秦关终属楚，苦心人天不负卧薪尝胆三千越甲可吞吴。"蒲松龄是运用了楚项羽破釜沉舟大败秦兵和越勾践卧薪尝胆灭吴雪耻的故事来激励自己的壮志豪情，给后人留下一部愤世嫉俗、针砭时弊的历史名著——《聊斋志异》，为世人所称颂。到目前为止，我已经搜集各地名联百余副。这些名联，有的雄壮豪放，有的端庄风雅，有的精巧淡丽，有的托物寄情，有的引类取喻。一副佳联犹如一首长歌短赋，能陶冶情怀，开阔视野，丰富人文，而且还有很高的艺术欣赏价值，给人以美的享受。

主持教学大赛

3月,正是广西"花开红树乱莺啼"的季节。第26届"创新杯"全国课堂教学艺术大赛于2009年3月7日至11日在美丽壮观的南宁体育馆举行。我受竞赛组委会的委托,主持语文会场赛事。面对众多专家评委,面对来自全国各地登台献艺的参赛选手,面对三千观众,对我这个花甲之人可是一次挑战。

我知道,教学大赛主持人不同于司仪,司仪干的活是一种艺术,一种近似相声、演说、表演和朗诵的综合艺术。机敏大方、口齿伶俐、出口成章、排难解忧是其基本条件。教学大赛主持人更不同于报幕员,文艺节目报幕员需要化妆,以其外观形象、内在气质、个性语言来渲染舞台气氛,把整台节目串联起来。

教学大赛具有明显的选拔性,即优胜劣汰,将选手分等级,排名次,以得分多少论英雄。教学大赛还具有极强的研讨性,赛中的你长我短,赛后的见仁见智,每一个参与者必将获得不同程度的启迪与教益。这就要求大赛主持人要有现代教育理念,善于捕捉时机,掌握分寸,凭借敏锐的课感,见机行事,在双向平等交流中,以婉转、幽默、热情的语言进行专业引领。不能扭捏作态,不能强颜微笑,要积极主动地把握进程,因势利导地驾驭赛事,机智灵活地即席发挥。还要对个别参赛选手出现的尖锐问题,进行话锋犀利、入木三分的评点,这对我来说也是一种考验。

盛情难却,我只好走马上任了。

简短的开幕式结束之后,会场骚动了。楼上楼下的看台上,有人在走动,有人在打手机,有人在说话,还有的人在吸烟,乱成了一团。休息大约10分钟,上课的铃声响了。我手持话筒,精神抖擞地走进场地中央,用亲切的目光向四周环顾了一下，同时，深深地给大家鞠了一躬，说道："尊敬的各位校长，亲爱的各位老师，哈尔滨的白金声向大家问好了！"此时，嘈杂的会场响起了稀稀拉拉的掌声。看来，听课的老师还没有完全进入状态。见此情景，我意识到，必须及时调控，否则，将会影响大赛进程。

我提高了嗓门说道："浩浩宇宙空间，群星闪烁，璀璨夺目，充满着神奇与梦幻；悠悠历史长河，古往今来，兴衰更替，流淌着文明与理想。然而，人类自从成了宇宙的主宰者和历史的创造者，就把那睿智的目光投向了大千世界，寻觅探索那属于自己的东西——艺术。艺术，这个闪光的字眼，攫人心灵，让人心醉。教学也是一门艺术，是艺术中的艺术。掌握教学艺术是多少教师孜孜不倦的追求！今天，我们相聚绿城南宁，共同走进教学艺术的殿堂，欣赏来自全国各地教学能手的教学风采。"

不知为什么，我这个开场白，竟有如此魔力，会场顿时变得鸦雀无声。从我身边学生的眼光中可以看得出来，大家对我的这番话是钦佩有加的。

大赛开始了，头两天安排的都是语文课。共有20名教师参赛，每人40分钟。先是自我介绍，讲明上课内容和形式；接着给学生上课，然后进行才艺展示；最后为专家点评。在去掉一个最高分，去掉一个最低分的报告声中，由工作人员宣布每位选手的最后成绩。经过紧张、激烈的角逐，第一天有10名选手结束了自己的比赛。不过，都是成绩平平的，没有太突出的。因为上好一节语文课不是一件容易的事，尤其是公开课。需要教师具有正确的教育理念，扎实的专业功底和娴熟的教学技能。前10节语文课，内容分析多，语言训练少，没有把语文课上成"君子动口又动手"的读写实践课。课堂上，没有把读书放在首位，指导学生纵情朗读，读出声情，读出气韵，读出味道，读出思想。一节语文课下来，如果学生不能把课文读好，无论从哪个角度讲，都不能算是一节成功的语文课。

前车之覆，后车之鉴。第二天，选手们从中汲取了经验教训，他们纷纷修改了自己的教案，注意了从读入手，读得比较充分了。但是，又出现了新的问题，有的教师忽视了品词析句，咬文嚼字，领悟神韵。我在主持的过程中，用串联词的形式阐述了我的观点。我说："语文教学的根本目的之一，就是让学生知道语言的妙处。对于语言的美丽之处，教师与学生要像鉴赏家一样细细把玩，反复品味，吸收其中的营养，而不能走马观花，一带而过。"此说得到了听课老师的认可，评委们也频频点头。

0912号选手上场了。她来自福建,是一位年轻漂亮的女教师。在30分钟内,这位选手用"讲、扶、放"的方法,引导学生学习了描写梅、柳、杏的三首古诗。第一首是张渭的《早梅》,第二首是杨万里的《新柳》,第三首是王安石的《北陂杏花》。

　　在才艺展示中,她表演了京剧清唱毛主席诗词《卜算子·咏梅》。这位教师的演唱,行云流水,字正腔圆,博得阵阵掌声。

　　评委让我跟教者聊聊课。我说:"这是我听过的最为简单清浅的一节课。这节课,我不但领会了古代诗人笔下的植物之美,也感受到了您的教学之美。您的课,恬恬淡淡,简简单单,课堂上有生气,有发展,不封闭,不留痕,学生学得轻轻松松,扎扎实实。教师的教学艺术在轻松中腾挪,拿捏得恰到好处。我比较欣赏您的课。"

　　教者说:"请白老师对我的课多提些不足。"

　　我说:"我看课,看教学,不看表演,看学生,不看教师,看门道,不看热闹。您的课,教学密度大,30分钟,学生学了3首古诗,第一首教,第二首扶,第三首放,三维目标得到了落实,学生的读写能力得到了提升。另外,课内教学与才艺展示浑然一体,珠联璧合,相得益彰。教学是一门永无止境的艺术,课堂教学的魅力就在于它永远存在着遗憾。您的课上得扎实、充实、平实、丰实,如果让我对您的课提点建议的话,就是在结尾这个环节上。文似看山不喜平,课如奇峰叠嶂起。一堂课波澜起伏,时见高潮,关键在结尾。一节课的结尾留给学生的不应全是'句号',有时可以是'问号',使课尾具有'欲知后事如何,且听下回分解'的魅力;课尾留给学生的还可以是'感叹号',让学生感悟知识的魅力,保持不断探索的激情,使课堂在拓展延伸中变得厚重,达到'课虽尽,思未了,趣不尽,情更浓'的境界。至于结尾怎样设计,我想您自有办法。"

　　这时,教者眼睛一亮,说道:"白老师,您观课评教,优点说透,缺点不漏,方法给够,晚辈真是受益匪浅!"我说:"水尝无华,相荡乃成涟漪;石本无火,相击乃成灵光。我喜欢与青年教师交流,交流的过程也是我学习的过程。"教者说:"与君一席话,胜读十年书。我本想拥有一缕春风,现在却得到一个春天。"此时,台上台下爆发出一阵热烈的掌声。

　　0918号选手是一位男老师,东北人,他讲巴金的《海上日出》。

　　我坦言,他的课不是上给学生的,而是上给评委,上给听课老师的。

课堂上，看不到学生由不懂到懂，由不会到会的学习过程，看到的只是教者歌舞书画，旁征博引，说古道今；看不到教师循循善诱的指导和一字一句、一笔一画的示范，看到的只是教者旁若无人的自我陶醉和制作精美、音像俱佳的多媒体课件。看来，教者有取悦评委和听课老师的心理，有太多的个人功利色彩。

课上完了，竞赛的成绩当然不理想，一节失败的课使得这位东北老乡的情绪一落千丈。他不好意思地望了望评委，又望了望四周的听课老师，说道："我从大东北来到大西南，八千里路云和月，能站在这里参赛我就心满意足了，名次对我来说并不重要。"我见他有如此诚意，就拍着他的肩膀说道："恕我直言，咱们是东北老乡，实话实说，你这节课带有很大的浮华之风，表面上看精彩纷呈，实际上，学生并未真正受益。过分顺畅和完美的课不一定是好课。公开课不拒绝'漂亮'，但不能刻意追求漂亮。大道至简。语文教学其实很简单，就是带领学生学习语言文字，培养听说读写能力，这是语文教学的不二法门。我们的课上完以后，最终要落实在孩子们会听、会说、会读、会写上，各个方面融会贯通。你这节课让我感到眼花缭乱，无所适从，出现了一些令人尴尬的失衡现象。我建议，要洗尽铅华，剥掉包装。要简简单单教语文，本本分分为学生，扎扎实实求发展。教师把课上得简单、实在是一种智慧，一种艺术，一种能耐，一种功夫，一种水平，一种境界。不以课喜，不以课忧，取人之长，补己之短，你将来必有发展。"

教者紧紧拉住我的手，眼含热泪，说道："今后，我一定静下心来教语文，也让学生静下心来学语文。"说罢，恋恋不舍地离开了会场。

两天的时间过得真快，语文赛场即将落下帷幕。我的结束语是这样设计的："老师们，本次教学大赛活动语文专场已近尾声。在意犹未尽的回味中您也许会想到自己的课堂。有些教师认为，只要认真备课，就能教好语文课。事实上，这样的教师，即使'蜡炬成灰泪始干'，也逃不脱成为教书匠的结果。究其原因，关键是他们只在教材文本和教参文本上转圈子，缺乏一个较大的文化生成带。什么是好课？我认为，让学生听得清楚，说得明白，读得正确，写得流畅，就是好的语文课。教学艺术的本质是什么？不是知识，也不是能力，而是唤醒学生的潜能，启迪学生的智慧，实现心灵对话，优化生命发展。让我们带着几分收获，几分思考，带着美好回忆，走向属于我们自己的那一方教育沃土，去实现新的课程理念，去不懈地追求新的教育理想。

今天，我们在山脚下分手，总有一天，我们会在上顶上相遇，让我们用执著与激情努力攀登，去领略语文教育的无限风光。朋友们，再见！"

大赛结束了，回到哈尔滨，我的脑子里时时出现南宁体育馆的场景。

最忆是杭州

杭州,"三秋桂子,十里荷花"。

杭州这座中国历史文化名城有很多特色博物馆,如伞博物馆、扇博物馆、丝绸博物馆、茶叶博物馆、印学博物馆、刀剪剑博物馆等等。您知道吗?在杭州绿城育华小学,有一个小学语文博物馆,这个博物馆是集古往今来小学语文教材、博物、文献、编著、教学、研究、展示、交流、服务于一体的全国首创的学术场馆。

应冯晨和方建兰两位校长的邀请,我去该校讲学,并有幸参观了这个博物馆。

冯晨,身材修长,年轻漂亮。她说:"在中国教育界,小学语文课程与教学是创立最早、研究最广、成果最多的一门学科。为了珍藏宝贵的历史文物,用于小学语文课程建设,创建小学语文学科教学品牌,整理小学语文改革成果,发展小学语文教师专业素养及教学研究能力,在上级有关部门的指导下,我们成立了小学语文博物馆。博物馆2011年筹建,2012年立项,2013年启用。现收藏小学语文教材、著作、信件、手稿、老照片等各类珍贵藏品2 000余件。"从她的简短介绍中,我深深感到,绿城育华小学绝非是几栋现代化建筑的简单堆砌,这所学校的灵魂在于它的文化、精神和气质。

不知不觉中,我们来到了学校。浙江省书法家协会副主席、西泠印社篆刻研究室主任余正书写的"小学语文博物馆"七个大字顿时映入眼帘。镶嵌它的是中式青灰大理石边框,其下放着一个石槽,槽中睡莲开得正盛。

推开小学语文博物馆厚重的大门,一阵古朴典雅的气息扑面而来。迎面是红木窗棂式的隔断,上面刻有篆书"育华"二字。里面是一个休闲茶吧,一块厚重的红木桌,让人深感年轮的沉香,八把红木座椅,后背突出,更显庄重、肃整。

小憩后,我带上照相机和笔记本,开始参观。

中英文《前言》旁,是叶圣陶先生手书二十二韵大幅影印件:

学步导幼儿,人人有经验。或则扶其肩,或则携其腕,
惟令自举足,不虞颠仆患。既而去扶携,犹恐足未健,
则复翼护之,不离其身畔。继之更有进,步步能稳践,
翼护亦无须,独行颇利便。他日行千里,始基于焉奠。
似此寻常事,为教倘可鉴。所贵乎教者,自力之锻炼。
诱导与启发,讲义并示范,其道固多端,终的乃一贯,
譬引儿学步,独行所切盼。独行将若何?诸般咸自办:
疑难能自决,是非能自辨,斗争能自奋,高精能自探。
学者臻此境,固非于一旦,而在导之者,胸中存成算,
逐渐去扶翼,终酬放手愿。当其放手时,此才必精干,
服务为人民,于国多贡献。扶翼获致是,宁非大欢忭?

叶圣陶,中国语文教育史绕不过的精神存在。他的一生头衔很多:作家、教育家、语言学家、编辑出版家、社会活动家,曾任全国人大常委、中央文史馆馆长、教育部副部长、民进中央主席、全国政协副主席等。面对上述这些头衔,晚年的叶圣陶自己说:"如果有人问起我的职业,我就告诉他,第一是编辑,第二是教员。"叶圣陶做过小学教师、中学教师、大学教师,他一生都在关注和研究语文教育,积极探索教育改革。他独自或参与编写的十几种中小学国文教科书,堪称语文教材的经典。他也是我国第一位把原先"国文"与"国语"改称为"语文"的教育家,许多人都尊称他为"中国语文教师第一人"。他为现代语文教育奠定了平民化方向,并为此践履毕生。

永远的泰斗,读了叶老的诗,我肃然起敬!

在展区的右边是藏书处,藏书柜里藏有多位当代小语名家的专著。在最里边,是"语博"讲坛,方桌围成一个长方形,宾客可相对而坐。松竹、万年青点缀其中,与窗外的爬山虎相映成趣。就在这里,2013 年 9 月 18 日,"语博"讲坛进行了第一次"名家论剑"。中国教育科学研究院 88 岁的研究员张田若、上海师范大学初等教育系主任吴忠豪、浙江外国语学院教授汪潮、

全国著名特级教师周一贯、浙江省特级教师协会副会长张万化、杭州市拱宸桥小学校长王崧舟等悉数到场。他们围坐在一起，就当下小学语文教学的"缺失"问题，展开深入讨论，专家们各抒己见，仁者见仁，智者见智，好不热烈。

我首先来到教材展区。教材展区分4个板块：现行教材板块、新中国教材板块、民国教材板块和国外华文教材板块。

现行教材板块，琳琅满目，争奇斗艳，12套"课标"小学语文课本一字摆开，每套教材系有红丝带，显示出课改以来小学语文"一纲多本"的繁荣局面。

新中国教材板块，有辽宁黑山北关实验学校的集中识字课本，有新中国成立初期祁建华的速成识字课本，有香港安子介的识字课本，有"文革"期间的"政文"课本，有人民教育出版社的五年制小学语文课本，有语文出版社的低年级写字课本，有各地区自编的乡土课本，还有新中国成立后5个版本的《小学语文教学大纲》。这些教材和大纲，看似陈黄破旧，乃中国小学语文教育的历史见证，弥足珍贵。

……

最引人瞩目的是几套民国老课本。《开明国语读本》，叶圣陶主文，丰子恺插画。一个是大作家，一个是大画家，他们珠联璧合，能为小学教材倾注这么大的精力，这在中外教材编写史上不说绝无仅有，也恐怕是很少见的。老课本文白交加的语言和一些久远的生活内容，可能会让今天的学生感到陌生，但它丰富的取材、有趣的内容、活泼的文体、规范的语言、精美的插图和新颖的编排，必能引起孩子的阅读兴趣。

我打开初小第一册老课本，随手翻到的一篇是《太阳》，跳入我眼帘的是几个十分生动的短句：

　　太阳，太阳，
　　你起来得早。
　　昨天晚上，你在什么地方睡觉？

以太阳为题材的课文，在语文课本中出现的频率是相当高的，但这一篇却与众不同。它写的是儿童的视角，表现的是儿童的心理，用的语言也是儿童的口吻。读着那几句天真的话语，我仿佛真切地看到一个可爱的小朋友在和太阳公公对话，而对话的内容是他心里一直存在的疑问："你起得这么早，昨天晚上在什么地方睡觉呀？"这样的问题，很可能是许许多多小朋友心里都曾经有过的，而课文正是借这个小朋友之口写出了儿童最可宝贵的好奇心和求知欲。

叶圣陶说："给孩子们编写语文课本，当然要着眼于培养他们的阅读能力和写作能力，因而教材必须符合语文训练的规律和程序。但是这还不够。小学生既是儿童，他们的语文课本必得儿童文学，才能引起他们的兴趣，使他们乐于阅读，从而发展他们多方面的智慧。当时我编这一部国语课本，就是这样想的。"

在冯晨校长的陪同下，我来到另一个展区。好像穿过历史隧道，使我真正看到了小学语文的文物。六角菱形玻璃柜台中，藏有西汉《急就篇》的手抄本，100年前一个儿童的作文本，40年前集中识字实验班学生的写字作业本，叶圣陶先生的讲义和手稿，蒋仲仁给中宣部副部长张磐石写的大纲草稿，日本学者森本正一关于中国汉语教育问题的论文译本，张田若起草的汉字笔画名称和笔顺规则原稿。还有《三字经》《百家姓》《千字文》《千家诗》《弟子规》《幼学琼林》《昔时贤文》等蒙学读本。黄脆的书角，残缺的文字，向我们展示了语文教育的历史画卷。保存小语文物，就是保存民族文化之根。

展区中央有6个红木柜台，柜台里分别放着王筠、艾伟、叶圣陶、朱自清、吕叔湘、黎锦熙、辛安亭、吴研因、蒋仲仁、袁微子、斯霞等人的小学语文著作。对这些中国语文教育史上最具代表性的人物，我并不陌生。因为我正在写一本书，这本书稿杂采前人之说，集纳今人成果，名曰《中国语文教育五千年》，书中均有关于他们的介绍。譬如：艾伟，湖北沙市人，首创我国"教育心理研究所"，著作甚多。他的《汉字问题》可以说代表了民国时期从教育心理学方面对汉字研究的最高水准，可惜长期以来此书之价值未能得到语文教育界应有的重视，尤其是1949年艾伟去香港并定居台湾以后，近几十年《汉字问题》一书几乎无人问津。譬如：吴研因，江苏江阴人，在中国现代小学语文教学领域颇有影响的一位女将。"五四"时期，积极参加白话文运动，新中国成立后，曾任教育部初等教育司司长，她自诩是"国文国语教学改革运动的陈胜吴广之流"。

在这里翻阅众多小语先哲的著作，倍感亲切。特别是浙江教育出版社出版的《一代宗师——袁微子先生诞辰百年纪念》一书,一下子勾起我一串美好的回忆。

1979年11月,黑龙江召开千人大会,研究小学阅读教学。那次研讨会可谓一次盛会,小语界的老前辈郭林、袁微子、张田若、高惠莹、霍懋征等汇聚哈尔滨。19日晚,我受黑龙江省教育学院领导的委托,踏着厚厚的积雪,去北方大厦给领导送会议材料。

我轻轻地敲开了贵宾室的门,只见屋内有两位老人,都戴着眼镜。张田若先生我认识,个子不高,面容清瘦,嗓音沙哑。那位高个子的老人接过我手中的材料,连声说道:"谢谢!辛苦了!辛苦了!这么冷的天,叫你跑一趟,真不好意思。"说着,他给我倒了一杯热茶,让我坐下好好暖和一下身子。后来我才知道,给我倒茶的银发老人就是大名鼎鼎的袁微子先生。他,谦恭内敛、古道热肠,令我感动不已。

1986年,《小学语文教学》第10期有我的文章《作文教学十点谈》。翌年,袁先生给《小学语文教学》第1期写了一篇"开篇的话",题目是《值得赞扬的气氛》。文章说:"从全国范围看,这六七年来,小学语文教学的研究工作是相当活跃的。尤其是近两三年,关于小学作文教学的研究更为热烈。"接着,先生点了我的名字:"白金声同志对作文教学的十点意见,是值得学习、研究的。"时任全国小语会理事长的领军人物,能在会刊上充分肯定我的作文教学观点,真让我激动不已。

斯人往矣,斯事犹存。今年恰值一代宗师百年诞辰,我们能在小学语文博物馆相遇,点燃一炷心香,遥祝远方的袁老:一切安好!

……

一钩已足明天下,何况清辉满十分。参观完毕,冯晨校长让我留下几个字,思忖良久,我在题词本写道——小语乾坤大,绿城智慧高。

"江南忆,最忆是杭州。"杭州物华天宝,人杰地灵,不仅有一泓美丽的西湖,有一位恒守"生本、个性、多元、开放"教育理念的新锐校长,还有一个小学语文博物馆。这个博物馆既是绿城育华小学校园文化的一抹绿地,同时也是世界小学语文的历史记忆,永恒的记忆!

永川记事

应重庆文理学院裴跃进教授的邀请，2014年10月9日，我从冰城哈尔滨飞到雾都重庆，"八千里路云和月"，一路颠簸。由于在飞机上用了点咖啡，再加上从机场到永川有些晕车，害得我彻夜未眠。翌日，上午和下午各有一场报告，我累了，确实累了，汗流浃背、筋疲力尽的我，几乎晕倒在讲坛上，但是，我挺住了。

第二天早晨，宾馆服务员送来一份《永川日报》，上面有一则报道，题目是《全国知名语文特级教师白金声到红旗小学讲学》。记者凌泽英写道：

"静下心来教书，潜下心来育人。"10日，全国知名语文特级教师白金声应邀到红旗小学讲学，围绕如何读书、教书、写书，将其一生的"三书"教育生涯与红旗小学片区教研的11所学校的教师们一同分享。

67岁的白金声老师，在艰苦岁月里就喜爱读书，且从只给饭吃不开工资的"挣工分"教师开始，一直做到了全国优秀教师、黑龙江优秀中青年专家、特级教师、国务院特殊津贴获得者、曾宪梓教育基金获得者、双城市政协副主席。读书、教书、写书、藏书、买书、送书，他从中体会到特有的快乐和享受。他与朋友敞开心扉言观点、说做法、谈体会，即便收入再少也要买书，住房再挤也要藏书，时间再紧也要读书，工作再忙也要聊书，情感再浅也要送书。朋友过生日、结婚、孩子满月、孩子升学，甚至自己嫁女他都以书相赠并题以恰到好处的"金玉良言"。他以"站着教书、躺着看书、坐着写书、蹲着谈书"为座右铭，他认为，"以书为友，天长地久"。他在读书中寻找精神的充实，在教书中获得育人的快乐，在写书中表达自己的见解和情怀……从他所处的时代，走过的历程，结合自身经历，白金声向老师们展示了一名"书癫"的幸福追求和教育理想。

　　红旗小学六年四班语文教师杨梅说，听白老师的报告，深切地感受到他一生"痴迷读书、痴心教书、痴爱写书"的痴情。作为红旗小学的一名语文教师，她一定要多读书、读好书，让书的厚度增加生命的宽度，从而来提升教育水平的高度，满怀书香亲近学生，亲近教育。

　　据悉，白金声系黑龙江双城人。多年来，他潜心研究学校、社会、家庭语文教育艺术，不断反思教研中的得失利弊，长善而救失。在省、市以上学术会议交流论文70余篇，获优秀科研成果奖40余项，他的名字和科研成果收进《中国当代知名学者辞典》之中。60岁时应聘于黑龙江省语委办，研究"注音识字，提前读写"教改实验。目前，他已出版《小学语文教学新体系》等著作17部。

　　读了这篇报道，我不免惊讶了，资讯竟如此快捷，昨天发生的事情，第二天清晨就见报了，佩服记者的手笔！

　　永川，地处川、渝、黔交界处，盛产绿茶和翠竹，有茶山竹海之称。张艺谋电影《十面埋伏》，在此取过外景，很有诱惑力。裴教授说："来一趟永川不容易，重阳节在即，咱们上午登山去！"红旗小学书记开车，从市区出发，不到10分钟就进入了景区山门。虽然已是深秋季节，但是在这里，漫山遍野还是一片葱茏。一处处茶园，一片片竹林，一幢幢农舍，秋阳中，显得那么幽静，那么神秘。车顺着盘山路，不知拐了多少弯儿，也不知越了多少岭，终于到了"茶山竹海"汽车站。这里所谓的汽车站，实际上就是一个小小的停车场，岩壁上涂有"汽车站"3个大字，它告诉游人，在此下车，开始登山。因为下午和晚上我还要参加文理学院的两个活动，为了保存体力，我们只在新建的"十面埋伏"石牌楼附近转一转。裴教授做向导，我们跟着走，边走边聊。他气质非凡，学养深厚，口吐莲花，妙语连珠，每到一处景点，要么引经据典，要么吟诵诗词，听他的解说简直是一种艺术享受。我脚踏带有青苔的石阶，手抚高耸入云的翠竹，耳听山谷潺潺的泉声，惬意极了。无意间，猛回头，只见山下竹海荡漾，竹涛起伏，一碧千里，令人心驰神往，这是我有生以来第一次见到竹海奇观。

　　下午，我和裴教授准时来到重庆文理学院恪勤楼，烈日下，"卓越教师教育实验班"的同学们早已站好了队伍,在等候与我们照相。学生代表献我一束鲜花,因为我被聘为这个班的导师,晚上要为他们"开光释法"。就这样,在同学们的簇拥下,我捧着鲜花,留下了一幅师生合影照。

重庆文理学院根据《国家中长期教育改革和发展规划纲要》和《国家中长期人才发展规划纲要》精神,率先在全国创办了"卓越教师教育实验班"。这个实验班共100人,进行精英化、个性化、小班化培养,为造就教育有理想、教学有风格、做人有魅力的未来基础教育专家奠基。

15时,首届"卓越教师教育实验班"工作研讨会开幕。主席台就座的有:重庆市教委主任周旭,重庆市教育科学研究院院长徐辉,重庆文理学院校长孙泽平等。我作为被邀请的嘉宾也忝列其中。在简短的开幕式上,不管是教委主任的讲话,还是学校领导的致辞,抑或教师代表的发言,都传递着这样的一个信息:卓越教师教育培养是时代的呼唤,卓越教师教育培养模式创新是高师教育改革的要求。培养卓越教师,锻炼师资队伍,发挥示范作用,孵化科研成果,是重庆文理学院与重庆教育科学研究院合作的任务。

因为学校安排我一个学术讲座,所以会后,我简单地吃了一份扬州炒饭,便与裴教授来到知津楼第一阶梯教室。一进门,呐喊声、掌声连成一片,弄得我猝不及防。我一边向同学们频频招手致意,一边在多媒体前安装课件,等我缓过乏来定神一看,能容纳400多人的阶梯教室座无虚席,除了"卓越教师教育实验班"100人之外,还有教育学院各系的学生,参加"国培"的各县市学员,教育学院各科的老师,更让我吃惊的是几位白发苍苍的老者也坐在台下。我高中肄业,只读过7年书,是个"土八路",站在这高等学府的讲坛上,面对众多的专家学者,不免有些紧张。

报告前,学生代表给我献花。"投我以木瓜,报之以琼琚",来而不往非礼也,我给学生的礼物是我的一本新书《小学语文教学新体系》。

在报告中,我围绕"自己选择的路,跪着也要把它走完"这个话题,现身说法,述说我的为师修炼之道,学生听得饶有兴趣。两个半小时,会场上掌声此起彼伏,欢呼声震耳欲聋,气氛十分热烈,让我倍受鼓舞。

两位来自云阳农村的参加"国培"的女教师帮我读屏幕上的经典语录:

> 作为班主任,可谓事务繁多,但再忙也不能少了读书,读书是教师的一种最美丽的行走方式。教师不读书,久而久之,知识会旧化,能力

会退化，观念会老化，大脑会僵化，这是一种可怕的现象。

我问："你们来自教学第一线，工作特别忙，有时间读书吗？"其中的一个答道："教育是唯一指向未来的职业。作为教师，要想让'学业、专业、事业、伟业'成为精彩的人生轨迹，就必须在属于自己支配的实实在在的时间里，每天读点书。"回答得何等精彩，不愧是"国培"教师，才高识远，卓尔不凡！

互动交流时，我发现坐在第二排的一位男生，跃跃欲试，手举得特别高。我让他说几句。这位男生激动地说，他是我的"粉丝"，是文理学院的毕业生，现在离这100多公里的江津一所学校教语文。听说我来讲学，他下班后连饭也没顾得上吃就赶来了。听完报告后，还得连夜回到江津，因为明天还得给学生上课。他的大学毕业论文和我有关，题目是《白金声微笑教学初探》。邂逅为缘，追求是梦。我说："咱们有幸见面，得感谢裴教授，感谢'卓越教师教育实验班'。"这时，裴教授走上讲台，与他亲切握手，并送给他一本新近在北京师范大学出版社出版的《教学名家卓越智慧》。裴教授语重心长地说："教学名家的卓越智慧在哪？就在白金声老师的身上，他自强，自省，自奋，就像咱们永川翠竹一样，每天倾听第一朵花开的声音，感受第一缕阳光的清新，'一节复一节，千枝攒万叶'！"这时，这位男生眼含热泪，与台下师生齐诵郑燮的《竹石》："咬定青山不放松，立根原在破岩中。千磨万击还坚劲，任尔东西南北风。"会场上再一次掀起高潮。

我来到永川，接受了竹子的灵气，感悟了竹子的风骨。竹不与花争艳，不随季节枯荣，临风不折，过雨不污，中通外直，清瘦节劲，立于天地之间，披一身翠绿安然自若，恰似一位彬彬君子。竹子四季苍翠的不凡气质和形态打动了我，但是，重庆文理学院"负重自强、勇于创新"的办学精神，更铭刻在我的心中。学校领导让我给"卓越教师教育实验班"写几句话，反复思忖，我给同学们留下了这样的24个字："学习才是正路，勤奋才是态度，吃苦才是幸福，成才才是目标。"

"采一粒火种把理想点燃，掬一捧雨露润赤子心田，进德修业，大道无边"，我与"卓越教师教育实验班"师生共勉。

茶山竹海，魅力永川！

辑二 走近名家

我初次接触张田若先生是在1979年的11月19日。记得那天特别寒冷，哈尔滨刚下过一场大雪，大街上，积雪足有半尺多厚，路人穿着厚厚的棉衣在雪地上行走，脚下发出咯吱咯吱的响声。下了火车，我冒着严寒，径直地来到哈尔滨工业大学俱乐部。"黑龙江省小学语文阅读教学研讨会"在这里召开。开会的人很多，为了便于录音，一进会场，我便在第一排挤了一个位置坐下。会议刚刚开始，主持人一一介绍主席台上就座的各位专家。别的专家我已经记不清了，唯独张先生的名字现在还记忆犹新。

我与李伯棠（左）、张田若（中）在镜泊湖

一瓣心香，献给吕叔湘先生

每到北京，我必去香山。去香山，不是赏深秋的红叶，也不是听盛夏的清泉，而是凭吊一位老人。他埋在香山的一处山坡上，没有任何标记，陪伴他的是山峦翠柏，是阵阵松涛，在大自然的怀抱里他已安息多年了。这位老人就是享有世界声誉的语言学家和语文教育家吕叔湘先生。

先生通融中西，嫁接古今，撰述宏厚，渊博深湛，并多所开创，多所建树，是我非常仰慕的学界泰斗。上高中的时候，通过老师介绍，我就记住了先生的大名，从此，一直心仪其人。

1978 年，我在呼兰师范双城分校代课，教《现代汉语》。一个没有学历的民办教师从乡下走出来，到县城里教师范生，谫陋浅薄自不必说，摆在我面前的头等大事就是学习。一天，我去哈尔滨，在古旧书店发现了先生的大作《中国文法要略》和《文言虚字》，我如获至宝，倾囊而购。如果说，我喜欢语法，教书还受学生欢迎的话，盖发轫于斯，是先生的这两本书让我走上了中文专业教学之路。

我对先生慕名已久，但一直未能谋面，不免遗憾。1981 年 7 月，全国语法和语法教学讨论会在哈尔滨举行。这是新中国成立以来我国语法界第二次、也是规模盛大的一次集会。听到了消息，我忙里偷闲旁听了两天会议。7 月 8 日上午，友谊宫国际会议厅灯火辉煌，座无虚席，来自东西南北、五湖四海的专家学者聆听先生主旨发言《语法体系及其他》。我坐在会场前排过道的加座上，与先生近在咫尺。近 80 岁的老人，白头发，白衬衫，清纯的眼睛，瘦削的身体，儒雅的风度，略带苏南口音的普通话，给我留下了深刻的印象。先生发言纵横捭阖，滔滔不绝，看似信马由缰，汪洋恣肆，实则散而不乱，放而能收，不愧为蜚声海内外语言学界的一代宗师。

上个世纪 80 年代初，在一次会议上，先生针对语文教学的流弊，算了一笔账，一个孩子从进小学到高中毕业，花在语文学习的时间在各科中独占鳌头，可是成绩呢？先生大喝一声："语文教学少慢差费，岂非咄咄怪事！"先生的率真放言，似长夜惊雷，振聋发聩，如黄钟大吕，石破天惊，引起了极为广泛的回响，成了深入人心的恒久不衰的督促力量。

1982 年，黑龙江搞起"注音识字，提前读写"教改实验（以下简称"注·提"实验），这是一项整体改革实验，是小学语文教学新体系，宗旨就是多快好省全面提高教学效率。先生时任中国文字改革委员会副主任，对此非常关心。可以这样说，耄耋老人把生命的最后一部分融进了"注·提"实验当中，足资几代语文教育工作者效法。

1983 年 8 月，中国文字改革委员会在北京召开"注·提"实验汇报会，先生因在青岛疗养未能到会，便写了一篇书面发言。"希望不久还将在北京进行试验，使原来不相信的人相信，使原来相信的人更加坚定，使我国的初等教育耳目一新，使宪法上规定的义务教育早日实现。"

1983 年 9 月，先生在《教育研究》上发表文章，指出："黑龙江这个实验，就是利用拼音字来学语文，不光是拼音熟了，同时汉字也学到手了。而且比单纯从汉字着手还可以学得多一些，快一点。这都是因为他们充分调动了儿童要读要写的积极性。"

1983 年 12 月，"注·提"实验中央研究小组在北京成立，并举行第一次会议，先生任组长。

1984 年 3 月，"注·提"实验中央研究小组召开第二次会议，先生发表讲话。

1984 年 8 月，黑龙江省教育厅在佳木斯召开"注·提"实验汇报会，先生冒着酷暑赴会作重要讲话，并为大会题词："你识字，我识字，要识汉字，先识拼音字。你说话，我说话，会说方言，会说普通话。你作文，我作文，作文要作现代文，做人要做现代人。"

1985 年 1 月，"注·提"实验中央研究小组召开第三次会议，听取黑龙江省和湖南省湘西土家族苗族自治州实验情况汇报，先生主持会议。

1985 年 8 月，中国社会科学出版社出版李楠主编的《"注音识字，提前读写"实验报告》，先生作序。

1985 年 9 月，《提前读写报》创刊，先生为报纸撰写发刊词。

1985年10月，国家教委召开"注·提"教学实验座谈会。先生指出："注·提"实验"充分认识到发展儿童语言能力的必要性与迫切性，并且找到了发展儿童语言能力的有效工具——汉语拼音。先利用汉语拼音满足儿童的读和写的要求，然后通过注音读物学习汉字，基本上是无师自通，逐步达到阅读没有注音的汉字读物，写汉字夹拼音的作文，最后达到纯用汉字的作文。这种教学法看起来好像迂回曲折，可是却比直接攻汉字关、打硬仗的效果好。"

　　1992年3月，国家教委、国家语委在哈尔滨联合召开全国小学语文"注·提"教学经验推广工作会议，先生因年事已高，不便出门，特为题词："注音识字，提前读写是普及教育的最佳途径"，以示祝贺。

　　1993年7月，先生90高龄，神清骨健，为全国小学语文"注·提"研究会会刊《语文研究与教学》题写刊头。

　　1993年10月20日，首都学术界隆重集会，为先生90华诞举行学术讨论会。之后，由李行健牵头，编撰了《吕叔湘论语文教育》，书中有5篇文章论述了"注·提"实验：《"注音识字，提前读写"实验的重大意义》《〈"注音识字，提前读写"实验报告〉序》《拼音识字可以充分调动儿童学习的积极性》《我的希望》《新的和旧的语文教学》。光列出这些题目，足以看出先生对"注·提"实验的支持力度。10年时间，先生一心想着光大"注·提"实验，为的是语文现代化。岁月无痕，功业有碑，光照后人，启迪来者。

　　在先生作古第13年枫叶红了的时候，我再一次去北京，手捧着《吕叔湘论语文教育》这本著作，登上香山，告慰灵泉有知的先生："注·提"实验一炮打响后，经过多年的探索，已经物化成了一套义务教育课程标准语文教科书，2003年由教育科学出版社出版，并在全国十几个省市使用，成为黑龙江省的主流教材。此实验在经历了第八次课程教材改革的大浪淘沙之后，又向着"国家中长期教育改革发展"的新目标，高歌猛进。

　　先生虽然逝去多年了，但他的道德文章与香山一样同芳我心，让人怀念，让人汲取。当了30多年小学语文教研员，搞了20多年"注·提"实验，期间，我上过实验课，写过实验文章，编过实验课本，指导过实验教师，修订过《实验纲要》，参加过数不清的实验活动，每当我迷茫或者懈怠的时候，便想起了先生，想起了先生的话：

"注·提"实验的意义不仅仅在于早识几个字,多识几个字,早写几篇作文,多写几篇作文,而在于教育要面向现代化,面向世界,面向未来。

为了使先生的事业薪尽火传,发扬光大,我们"注·提"人将继往开来,为语文现代化而努力奋斗!

李燕杰题词

他没想当旅行家，却走过世界600多个城市；他没想当书法家，却书写了20 000多条幅；他没想当诗人，却创作了3 000多首诗歌；他没想当教育家，却创办了一所大学；他没想当活动家，却拥有690多个社会头衔。他就是清华远程学堂课程主讲人、首都师范大学教授、中华教育艺术研究会常务副理事长、北京自修大学校长、《教育艺术》杂志社社长、被国内外誉为"教育艺术家"的著名演说家李燕杰。

这位"铸魂之师"亲自给我题过词。事情是这样的：

1988年，我被选为中国工会第11次全国代表大会的代表，金秋10月，在北京人民大会堂开会，并且受到邓小平的亲切接见。

当时黑龙江代表团和北京代表团同住京丰宾馆，我在代表名册上一下子就看到"李燕杰"这个名字，他是不是"点燃青年心灵"的那个人？会议休息时我寻找他，在餐厅用餐时我寻找他，在往返驻地的途中我寻找他，全国各地3 000多代表，人山人海，我又不认识他，上哪去找呀。

一天早晨，我在宾馆林间散步，迎面走过来一个人。看上去他约五六十岁，一米七八的个头，黑黑的脸庞，鼻子上架着一副深色框边的眼镜，穿着一套合体的西装，西装内套着一件红色羊毛衫，神采奕奕，温文尔雅，一副学者的风度。他走到我的跟前，热情地说："早晨好！"我说："先生也有晨练的习惯？"他哈哈大笑起来，说道："走一走，呼吸一下新鲜空气。"这时，我仔细看了他的代表证，啊，北京代表团——李燕杰！众里寻他千百度，那人却在，眼前招呼处，我连忙拉住他的手，说："可把您找到了，您就是演讲大师李燕杰先生吧？""在下——李燕杰。您是？"于是，我就自报家门，开门见山地说："我叫白金声，是黑龙江的小学语文教研员。多年来，我忍受着社会的误解与不公，抑制着失败与成功带来的骚动，一直执鞭不辍。我时时告诫自己，与世无争，但求有所作为；虽平平淡淡，但不能庸庸碌碌。我爱自己充满童趣的绚丽事业，视教书为经国之大业。每上课，胸中磅礴浩然之气；每为文，笔下荡漾激越之情。我别无他求，只想在语文教育生涯中留下一串坚实的脚印。请李老师指点迷津。"李燕杰听了我这番话，又仔细打量着我，说道："咱们一见如故，恕我直言，你比较怪，说话带有棱角，今天晚上8点钟到宾馆236室，你我交流一下。"

晚上8点钟，我准时敲开京丰宾馆236房间的门，李燕杰迎了出来。我们坐好后，他放下手中的文件，给我泡上一杯清茶，没有寒暄，也没有客套，彼此推心置腹地谈了起来。谈社会，谈人生，谈读书，天地人，精气神，真善美，他博闻强记，妙语连珠，气宇非凡。那时的李燕杰已经快60岁了，但给我的感觉他不像60岁的老人，20岁的激情，30岁的心态，40岁的容貌，50岁的年龄，对他来说是十分恰当的。旁征博引、深入浅出、鞭辟入里、个性飞扬的言谈令我恍然大悟，顿开茅塞。"远望方觉风浪小，凌空乃知海波平。"一个人没见过大海，就不知道这里是小河；一辈子没见过几位大师，就不能知道自己有多么平凡渺小。言之凿凿，听之跃跃，李燕杰的化解困惑、净化心灵的爱心慧语使我明白了"海到无极云拂岸，山临绝域智为峰"的道理。

我们一直谈到午夜12点，意犹未尽。临走时，李燕杰提笔用宣纸给我书写了几个字：

宠辱不惊看庭前花开花落
去留无意望碧空风卷云舒
向白金声老师学习
李燕杰
戊辰秋日于北京

他写完之后，取出闲章"兰芳石坚"印在题词的右上角，然后又拿出名章盖在题词的左下角。他说："写得不好，笑纳，咱们共勉吧。"我对"兰芳石坚"四个字不解，李燕杰说："兰，是指清香秀美的兰花；石，是指纯洁坚固的玉石。一个人活在世上，内在就应该像兰花一样芳香；外在就应该像玉石一样坚毅。"

　　从此以后，在李燕杰题词的指引下，我虔诚一念，努力工作，用自己的脚走出了一条属于自己的路，终于创造出一片小的辉煌。1996年12月7日我给李燕杰写了一封信，汇报自己8年来的思想、学习和工作的情况。不久，李燕杰给我寄来一个条幅，条幅上写道："千江有水千江月，万里无云万里天。"这是一条禅语，我的理解是：一个人，只要你有水平，再加上努力，那你的事业就能发展；只要你心中没有乌云，那你的前程就会碧空万里。感谢李燕杰对我的指导！

　　后来，我陆续读了李燕杰的几本著作，其中《塑造美的心灵》《铸魂·艺术·魅力》《演讲美学》《爱与美的追求》常放在我的案头，有时间就翻上几页，做些笔记，对教育人生和人生教育问题有了新的理解。一支粉笔，两袖清风，三尺讲台，四季耕耘，语文教育——我永生不变的信仰。

问学朱绍禹先生

朱绍禹先生谢世而去，悠忽已经3年了。今天，我重读先生生前给我的几本书，如烟往事浮现眼前，心中充满悲悼之情。

先生是我国著名的语文教育家，是新中国第一代语文教学法专家，是当代语文教育理论研究的一代宗师，是改革开放以来我国语文教育战线的一面鲜艳旗帜。

早在上个世纪70年代末我就听说了先生的大名，那时我刚到县教研室负责全县小学语文教研工作。一次，我领着几位语文老师到长春解放大路小学听课，该校的校长牟丽芳就给我们介绍过先生，说他是东北师范大学的教授，是研究语文教学法的专家，是解放大路小学的首席顾问。从此我便记住了朱绍禹的名字。后来，在很多著名的语文报刊上经常看到先生的大名，拜读了先生的一些文章，心中的印象就更深刻了。

我喜欢买书，30年前的新华书店图书非常少，尤其是教育理论方面的书籍几乎看不到。1980年初秋，我去北京开会，在王府井新华书店买了一本人民教育出版社刚刚出版的《中学语文教学法》，我如获至宝。翻到扉页一看，第一统稿人是朱绍禹。回到家里，我把这本书认认真真地读了3遍。《中学语文教学法》是粉碎"四人帮"后的第一部文科教材，这部教材作为新时期学科建设的开端，填补了新时期本学科领域的空白，为后来的教材建设提供了良好的先例，因而被称为继往开来的教材。

后来，我的书架上又摆上了几部先生的专著，如《中学语文教育概说》《语文教育学》等。这些著作阐述了他对语文教学法学科和中学语文教学中一些基本问题的观点和主张，展示了他多年的研究成果。

1991年10月，我从一本杂志上看到一则书讯，延边人民出版社出版了

《语文教育辞典》，主编是朱绍禹。我立刻给延边人民出版社写信求购，结果泥牛入海无消息。无奈，我只好斗胆给朱先生写了一封短信，请他帮忙。不久，先生便回了信，说："《语文教育辞典》售罄，再版时定能满足你的需求。"半年后的一天中午，我正在办公室里吃午饭，收发室的曹老师喊道："白金声，邮件！"我放下筷子，三步并作两步跑到楼下，打开邮包一看，原来是一本《语文教育辞典》。在书的扉页上，先生用毛笔工工整整地写了4个字"金声存念"，我手捧着这本书，望着书上的题字，不禁热泪盈眶。先生是我国语文教育界继叶圣陶、吕叔湘、张志公之后的又一位杰出学者，他的名字对我来说是"高山仰止，景行行止"的，没想到对一个素不相识的晚辈竟这样关心，让我受之有愧。

2003年12月24日，我去长春参加全国小学作文教学改革与创新成果观摩会。会议是由中央教育科学研究所课程教学研究部、上海师范大学小学语文教学研究中心主办的，会议地点设在长春市净月潭旅游经济开发区净月先锋会馆。会场布置得非常特殊，没有主席台，只设一个讲台，专家、学者和代表一律坐在台下。开幕式由上海师大吴忠豪教授主持，他首先介绍来宾："出席今天会议开幕式的来宾有教育部中小学教材审定委员、东北师范大学教授、学界泰斗、德高望重的朱绍禹先生。"这时，坐在前排的一位长者站了起来，回过身来，微笑着向我们挥手示意，会场顿时爆发出雷鸣般的掌声。只见他高高的个儿，穿着一件深色的夹克衫，围着一条蓝色格的围脖，腰板挺直，头发花白，精神矍铄，面容慈祥。仰慕20多年的先生，没想到今天终于见到了，我多想走到他的跟前，握一握这位从事语文教育实践和理论研究的泰山北斗的手。可惜，我只参加了半天会议便因故离开了长春。

时隔3年，也就是2006年12月16日，我终于如愿以偿。上午9时，我拎着一箱鲜奶，敲开了东北师大老校区39栋5单元301室的门，给我开门的正是先生。他热情地把我让进了客厅，又泡上了两杯咖啡，我们一边喝着清香的咖啡，一边聊着新理念下的语文教学。

先生说：新课改实施以来，老师们以高度的创新精神投身实践，涌现出很多新做法，给语文课堂带来了新的气息。首先，教师在教学活动中的角色发生了明显的变化，从"台前"退隐到"幕后"，成为学习活动中的策划者和组织者。教师注意创设民主、和谐的教学氛围，尊重学生独特的情感体验，尊重不同层次学生的学习过程。课堂上，学生有了更多的时间去读书、思考、讨论问题，拥有了自主学习的权利。其次，教师注重引导学生参与学习过程，教学的方式发生了很大变化。除了听说读写，教师还根据不同的学习内容，让学生演一演，做一做，听一听，看一看，给学生提供了体验、创造、发挥的机会，调动了学生学习语言的积极性，使学生在实践中学会学习。除此之外，学生的质疑问难，课外资料的引用，多种媒体与教学内容的整合，等等，都打破了传统课堂单一、静态、平面的结构形式，使课堂活跃起来。所有这些，都是对以往语文教学的改革，为我们的语文课堂带来了徐徐春风。然而，在令人欣喜、让人振奋的同时，也出现了一些与新课程理念"形似神异"的现象。我们看到一些语文课上，太多的资料补充，太多的媒体演示，太多的小组讨论，太多的片面追求形式做法，大大降低了语文学习的效果。一些青年教师甚至"走火入魔"，对西方后现代主义的一些思想观点接受很快，而对我国语文教育的历史了解不多，错误地认为后现代课程论是教改依据的基本理论。因而，教学中出现了轻视语言的工具性，一味挖掘文本的人文内涵，文本没有完全读懂便天马行空式地倾谈、发散、拓展，以异彩纷呈的课件代替学生潜心读书等现象。

　　我接过话题说：语文新课改喜忧参半，成绩多多，问题也不少，那么我们到底应该怎样教语文呢？

　　先生喝了一口咖啡，大声说道：我们要如实反思昨天，自信面对今天，理智掌握明天。语文课到底应该怎样教，从不同的角度去看，会有很多不同的说法，但我认为，至少可以从以下几个方面来思考。第一，是否体现了学科的本质。语文姓"语"名"文"字"实践"，语文课不能离开"学语习文"，要有语文味。要动情朗读，静心默读，要圈点批注，品味词句，要动笔书写，积累感悟。第二，是否体现了以学生发展为本。语文课应关爱学生的生命发展，让学生学有所获：或获得知识，习得方法，或触动情感，提升人格。第三，教学手段是否有效。教学手段的运用应为学生的语文学习服务，现代信息技术手段和常规教学手段各有所长，要根据需要和可能，恰当选用。教学中应处理好手段与目标，手段与内容之间的关系。第四，是否拥有较强的资源意识。充满活力的语文课，应是灵活应变，因势利导，充满智慧与创新的。语文教师应有较强的资源意识，能够随时抓住教育的资源，创造充满活力的课堂。第五，教学是否充满个性。语文课应该是个性化的，有特色的。由于教师的性格、习惯、阅历不同，学生的班情、学情不同，上课应因地制宜，因人制宜，因时制宜，彰显师生个性和优势，不求完美，但求有所突破。

朱先生越说越激动，两只手不停地在颤动。

我说：从先生的精辟话语中我是否可以得出这样的结论，好的语文课一定是工具性和人文性有机统一，继承与创新走向融合，教师主导与学生主体浑然一体。我们要简简单单教语文，本本分分为学生，扎扎实实求发展。

先生笑了。

这时房门开了，走进一位满面红光的老太太，也是高个，身体特别硬朗，我猜她一定是先生的夫人吴素贞老师。我判断得非常正确。吴老师热情地说："午饭我安排好了，一会儿咱们到外面去吃。"说着便和先生进了卧室。此时我仔细观察了先生的客厅，先生的客厅特别简朴：一组旧沙发，一个小茶几，屏风架上放着几块观赏石，沙发的对面立着两个大书橱，一个书橱装着《宋史》等，另一个书橱放着各种工具书。

先生和吴老师正在房间里说话，从说话中我才知道，明天是朱先生85岁大寿，家人们正忙着给他过生日。此时此刻，我有点坐立不安，午饭坚决不能在这儿吃，不能给先生添麻烦，得马上走。先生和吴老师走出来，见我要走的样子，急忙拽着我的手，再三挽留。我撒谎了："我是下午一点半的火车，来不及吃饭了。"先生信以为真，就把我让进他的书房。嚯，好大呀！书房里除了一张写字台，其余的地方都是书架和书橱，地上也摆满了书。先生从书柜里取出两本书，一本是《朱绍禹文存》，另一本是《朱绍禹语文教育思想研究论集》，签上他的名字递给我说："留个纪念吧，以后常联系，欢迎再来做客。"双手捧着这两本书，面对平易近人、热情宽厚、著述宏丰的前辈，我心潮起伏，眼睛湿润了。

哲人其萎，风范长存。我要永远记住先生对我的帮助，以先生为榜样，在小学语文教学这个领域继续探索，不因退休而停止前进的脚步。

回忆李伯棠教授

提起李伯棠,现在的一些青年教师恐怕对他还不熟悉,有必要先来简单地介绍一下。

李伯棠是我国著名的语文教育专家,曾担任过全国小语会第一届理事会理事。他,1911年生于江苏武进,早在民国时期就出版了各类教育著作,如《单级教学法》《二部制教学法》《分组教学法》《小学高年级国语教学手册》《小学低年级常识教学手册》等。新中国成立以后,任教于华东师范大学教育系,长期教授语文教材教法课程,毕生致力于小学语文教学研究,曾获上海市高校哲学社会科学研究优秀成果奖。

在我的书房里,珍藏着几本李老上个世纪80年代出版的著作。这些著作分别是《小学阅读教学试探》《小学阅读教学漫谈》《小学阅读教学漫谈续编》《小学语文教学散论》和《小学语文教材简史》。重新捧读这几本书,我进一步明确了李老的语文教育思想和理论。在教学方法上,他主张:语文课就是教语文的课,要把语文课上成真正的语文课。教学方法要因文而异,因人而异,并关注阅读教学的阶段性、连续性和整体性。在阅读教学中,强调多读,精讲,巧练,旨在"加强基础,培养能力,发展智力"。要抓住文章的思路组织教学,把课上得既"实"又"活"。

1982年初,李老退休了,他不惮年迈,经常应邀到全国各地讲学,参加各种语文教研活动。在《小学语文教学散论》前言中,他写道:"我是一个年逾古稀的小学语文教学研究工作者,虽已老朽,然值此盛世,为振兴中华而发挥余热,岂敢后人?莫道桑榆晚,夕阳分外明。"

在北京,李老听过霍懋征的课,称霍懋征一学期教95篇课文,将一把金钥匙交给了孩子们,此方法难能可贵;在南京,李老听过斯霞的课,称斯霞随文识字生动活泼，不同凡响，此经验弥足珍贵；在上海，李老听过袁瑢的课，称袁瑢教学得法，引导有方，点燃了孩子智慧的火花，此举值得称道；在天津，李老听过靳家彦的课，称靳家彦的课是"教方法""用方法"的课，让学生自行探索阅读方法这一经验，值得推广；在南通，李老听过李吉林的课，称李吉林运用情境教学法进行语文教学，孩子们如临其境，如见其人，如闻其声，妙极了。

1985年，在徐州空军后勤学院礼堂，听了于永正老师执教的《草》后，李老按捺不住激动的心情，撰写了一篇评析文章，题为《教得轻松，学得活泼》。文章说："于老师这堂古诗教学实践课的特色，可以用'寓庄于谐，妙趣横生，教得雅巧，学得愉快'这16个字来概括。"赞扬于永正的课，有趣——情趣盎然，有味——回味无穷，有奇——出乎意料。

贾志敏有一篇文章，题目是《"还是读得太少"》。主要内容是讲，上个世纪70年代初，李老刚走出"牛棚"不久，不顾年迈，经常横跨上海听他的课，听完后，会提出一些改进意见。李老话语极少，常用地道的常州话反复说："还是读得太少！文章是白话文，学生一读就懂，何必分析来分析去的？要留出时间让学生多读课文。"当时，贾志敏对李老的话语有些不解。日后，越来越体会到李老语重心长，一语中的。

李老呼吁了整整半个世纪：课堂上要"书声琅琅"，然而，至今收效甚微，"讲肿了的课文"比比皆是。阅读课上要少一点"繁琐分析"和"无效提问"，需要的恰恰是"书声琅琅"和"议论纷纷"。多读，是我国语文教学中行之有效的传统。李白之所以能"日试万言，倚马可待"，是由于他"五岁诵六甲，十岁观百家"。杜甫之所以"七龄思即壮，开口咏凤凰"，也是由于他"群书万卷常暗诵"的缘故。这个传统，我们应该继承和发扬下去。

1982年冬天，我带几名老师到上海参加教研活动，活动结束后，一起去拜访李老。我们来到上海金沙江路华东师大二村，轻轻叩开了82号房门，李老忙从书房里走出来，握手，让座，沏茶，满屋的温馨瞬间化除了一路上的寒意。

记得我们向李老请教的是阅读教学问题，他谈兴颇浓，具体讲了多读、精讲、巧练，有些内容至今我还记忆犹新。

他说，整个阅读教学的过程，是读、讲、练三者有机结合的统一体。正确处理好这三者之间的关系，是提高阅读教学质量的关键。

第一，要多读。在阅读教学中要千方百计引导学生读书，对于精彩的段落，要求学生能熟读成诵。文章读熟了，甚至会背了，那么作者的语言，经过咀嚼消化，就变成了学生自己的语言；文章的词法、句法和章法，学生必然会在反复的吟哦中逐步地掌握。

第二，要精讲。要求做到精确、精当、精要。精确，就是要讲得准确，不含糊其辞，更不能讲错；精当，就是要讲得恰当，学生懂了的知识不必讲，要讲他们难以理解的知识；精确，就是要讲得简明扼要，要富于启发性，不要节外生枝，也不要拖泥带水，更不要海阔天空，开无轨电车。

第三，要巧练。俗话说，百闻不如一见，百见不如一练。这句俗话后面，要补充一句"多练不如巧练"。我们在进行阅读教学时，应该根据重点训练项目的要求，紧扣课文内容，精心设计课堂练习，加强练习的科学性，反对"题海战术"，不能给学生造成过重的课业负担。

接下来，李老给我们讲了个教例。有一位老师教《十里长街送总理》，考虑到本班学生的朗读能力比较强，而且都喜欢朗读，于是他在备课时就大胆地突破了阅读教学的一些框框，把教学活动的主要精力放在指导学生朗读上。结果，学生在朗读的时候，个个读得声音哽咽，泪痕满面。这说明周总理的崇高品德和光辉形象，已经深深地感染了每一个学生，他们对周总理的不幸逝世，都感到万分悲痛。声音哽咽，泪痕满面，就是学生的真情流露，教学这篇课文可以说已经收到了很好的艺术效果。在这样的情况下，如果教师再照老一套的方法去逐字、逐句、逐段地分析，必然会破坏文章的气氛，削弱文章的感染力，结果分析来分析去，学生必定情绪大减，这样的分析，就叫画蛇添足，多此一举。

对此，我们有同感，不能把教学方法公式化、凝固化，要因课而异，因材施教。

谈话间，李老问我们读没读过《红楼梦》，我说在生产队干活的时候读过。他说，多愁善感、弱不禁风的林黛玉是一个出色的语文教师。我们不解，林黛玉怎么还会教书呢？于是，李老呷了一口茶，兴致勃勃地从书橱里取出《红楼梦》，口中念念有词：香菱想学诗，就拜林黛玉为师。林黛玉只是对她说——

然后让我读书中的一段话：

"你若真心要学，我这里有《王摩诘全集》，你且把他的五言律一百首细心揣摩透熟了，然后再读一百二十首老杜的七言律，次之再李青莲的七言绝句读一二百首。肚子里先有了这三个人做了底子，然后再把陶渊明、应、刘、谢、阮、庾、鲍等人的一看，你又是这样一个极聪明伶俐的人，不用一年工夫，不愁不是诗翁了。"

我读到这儿，李老接下去说道：

香菱听了林黛玉的话，果真认真地读起诗来，甚至读得入了迷。结果，她的诗还写得不差呢！林黛玉有没有把诗逐字逐句地讲给香菱听呢？没有。有没有把诗的作法讲给香菱听呢？也没有。她只是要香菱认真地读名家的诗，细心地去揣摩，揣摩熟了，也就会作诗了。所以，香菱作诗，是自己读会的，而不是人家教会的。香菱学诗的故事，给了我们什么样的启示呢？请大家回答。

在李老的启发下，我们七嘴八舌地讨论开了，一直到华灯初放，才恋恋不舍地离开李老的寓所。

有一年，黑龙江省牡丹江市教育科学研究所承办了一个全国性的小语研讨会。那是个夏天，北国的镜泊湖山清水秀，气候凉爽。会后，我的朋友李守仁让我陪同几位专家游湖，专家中有李伯棠、张田若、刘曼华等。在吊水楼瀑布前我与李老留下一张合影，那时，他 80 有余，满头银发，上身穿着一件灰色中山装，在飞流直下瀑布的衬托下，显得格外精神。

1982 年，李老在《小学阅读教学漫谈》一书中写道："我从事小学语文教学的研究工作，已逾半个世纪，在语文教学战线上，可算得上是一个老兵了。既然是老兵，就要退伍。但是当我看到祖国四化建设锦绣前程的时候，当我看到小学语文教学战线春色满园的时候，我的心情是难以平静的。我虽然退伍了，但仍愿继续与广大小学语文教学工作者并肩战斗，为我国小学阅读教学的改革工作开创一个新的局面而贡献我的有生之年。"

这铿锵有力的话语，犹如吊水楼瀑布轰鸣的声音，令人鼓舞，让人振奋。如今我已退休了，但没有赋闲在家，也愿将余生化作一条春蚕，为小语事业直到把丝吐尽为止。

想起了朱作仁

日前，偶翻相册，看见一张略微泛黄的老照片，这张老照片摄于1996年11月浙江台州黄岩樊川小学。教学楼朱熹塑像前站有两个人：一个是我，身着浅灰色夹克衫，胸带"全国农村小学作文教学研讨会"代表证；另一个则是全国小语界大名鼎鼎的朱作仁先生，他，西装革履，笑容可掬，一派学者风度。

看见这张老照片，我想起了与朱先生交往的几件事情。

朱先生生前为杭州大学教授，兼任浙江省小学语文教学研究会理事长、全国小学语文教学研究会常务理事暨学术委员会副主任等职。他长期从事教育心理学、语文教学心理学与教学法等课程的教学和研究，率先在全国高校开设"语文教学心理学"课程，开拓了语文教学心理学与教学法相结合的道路，是改革开放以来小学语文教学心理学系统研究的开创者。

我读朱先生的著作是比较早的。1984年，他在黑龙江人民出版社出版了《语文教学心理学》，这本书对我的教学研究工作帮助很大。那时，我当小学语文教研员刚刚5年，初出茅庐，青涩得很，指导老师语文教学，就现象说现象，都是经验型的，缺少理论支撑。读了朱先生的这本著作，我才明白，语文教学心理学是学科教学心理学的分支，它是分析和研究学生在掌握汉语言文字过程中的心理特点和规律，探讨语文教学与学生心理发展相互关系的一门学科。语文教学法主要解决的是怎样教的问题，而语文教学心理学主要解决为什么这样教的问题。"心理学之于教师，犹如病理学之于医生"，教研员如果不懂心理学，就难以有效地指导老师的教学。

毛泽东指出："读书是学习，使用是学习，而且是更重要的学习。"我一边研读《语文教学心理学》，一边注意在语文教研中加以运用，并且积累了大量的数据和案例。12年后，也就是1996年，在读书笔记的基础上，我的《小学语文教学心理学》问世了，由黑龙江教育出版社出版的这本书，被列为黑龙江省小学语文教师继续教育的教材。可以说，我的教育科研水平的提高，直接受益于朱先生的理论指导，现在回想起来，当时的读书情景还历历在目。

上个世纪90年代初，中央教育科学研究所成立了农村小学作文研究课题组，组长为张田若先生，我忝列其中。"农村小学作文研究课题组"，顾名思义，是农村小学语文教师研究农村小学作文教学的民间组织。课题组每年召开一次年会，会议由作文教学研究成果比较突出的县城小学承办，邀请全国有志于农村小学作文教学研究的老师参加。作为课题组成员，我有幸躬逢其盛，先后到过江阴、灵璧、龙口、丹阳、黄岩、凤城、金湖等地参观学习，并和与会成员进行了广泛交流。

朱先生特别关心农村小学作文教学，只要时间允许，他都莅临会议，不是做报告，就是搞讲座，深受与会代表的欢迎。在我的记忆中，他讲过《儿童习作过程中的心理特点及写作指导》《重视形象思维在学生习作训练中的作用》《模仿的理论与小学作文教学实验》《关于开展小学作文教学研究的几个问题》等。他的报告或讲座，高屋建瓴，深入浅出，理论联系实际，很有指导意义。尤其对我来说，得先生耳提面命，获益匪浅，至今记忆犹新。

先生反对小学作文教学文学化、成人化、简单化的倾向，认为小学作文教学是一种对小学生进行初步的书面习作训练，属于练笔的性质，要求不宜过高、过难、过急，过高、过难、过急则违反儿童心理特点，违反作文教学规律，欲速不达。

一次小组讨论，我发表了《透视小学作文教学的"八无"现象》言论。我说：小学作文教学与研究，我们的前辈做过长期的努力，创造了丰富的理论和经验。新中国成立以来，特别是改革开放以后，广大教师在教学实践中不断探索，获得了可喜的成绩。但是，从总体上看，目前作文教学仍然是小学语文教学中的薄弱环节。有人说，在全国小语界，阅读教学轰轰烈烈，作文教学凄凄惨惨，此话并不为过。影响作文教学效率的一些"根深蒂固"的问题，仍然没有得到很好的解决。作文教学"费时低效"的症结在哪呢？那就是：学科无地位，大纲无细目，教学无课本，教材无序列，时间无保证，老师无方法，学生无兴趣，评价无标准。

讲到这，先生带头给我鼓掌，他摘下眼镜，连声说道："我同意白金声的看法，我同意白金声的看法。作文教学是语文教学的'半壁江山'，那么，我们应该怎样解决这个问题呢？这是个重大的课题，需要几代人去努力。"

时间过去了20多年，作文教学"费时低效"的问题仍然没有得到彻底的解决。学生说："作文难，作文难，提起作文我心烦。"老师抱怨："教作文，教作文，教了六年没入门。"作文还是语文教学的老大难问题，朱先生如果有在天之灵，他肯定会继续牵挂着这件事情的。

2002年8月，全国小学语文教学研究会第六次会员代表大会暨第七次学术年会在哈尔滨召开。会议与食宿都安排在毗邻青年宫的松花江畔老干部活动中心，我是工作人员。

9日，晚饭后，专家们在江边散步，我无意中遇见了朱先生，这是难得的讨教机会。我们拣了一条靠近滨州铁路桥长椅子坐下，面向江面，微风中，一切都显得那样的温馨。

多次与先生接触，知道他治学严谨，率性执著，在学术研究上，"不迷心于己，不苟同于人"，是一个地地道道的进击者。时间有限，讨教点什么呢？走进新课改，小语界同仁明智地提出"高效课堂"问题，不妨问一问先生对公开课的看法。

先生说，他在《教育研究》等刊物上不止一次地提出"扎实、朴实、真实"的教风问题。

所谓"扎实"，就是把语文课堂教学"扎"在语言文字训练的"实"处。思想品德教育也好，个性陶冶也好，思维能力培养也好，良好习惯的养成也好，都不是孤立的，悬空的，而是寓于语言文字的训练过程之中，并通过语言文字训练来表现和检验的，舍此别无捷径。

所谓"朴实"，就是课堂教学气氛以及教学手段和方法运用要朴实无华，不要耍花枪，不做徒劳无功之举。有实事求是、有的放矢之意，无琳琅满目、哗众取宠之心，那种在课堂上变化多端、令人眼花缭乱的现象是不可取的。

所谓"真实"，就是公开课要力求反映出教与学双方水平的本来面目。有些公开课事先苦心"排练"，花去大量的时间和精力，这在平常教学是很难做到的；有的甚至安排好答问的对象，届时，教师的问题一出口，学生即举手如林，对答如流。有的答问，连听课的大人也感到惊异，自叹弗如。

总之，真实，是课堂教学的生命；朴实，是执教者必须具备的教风；扎实，是追求课堂教学目标的必由之路。

先生的话掷地有声，切中时弊。

这时，火烧云上来了，江面上洒满了霞光，朱先生和我都变成红的了。一列火车从桥上通过，清脆的汽笛声打断了先生的话语，他站起来，告别了美丽的火烧云，说是马上要开会。

一晃，朱先生作古快 4 年了，天地茫茫，古今悠悠，岁月匆匆，如今，我也接近古稀之年了。不知为什么，此时此刻，我更加珍惜那张与朱先生合影的老照片。

印象张田若

我初次接触张田若先生是在1979年的11月19日。记得那天特别寒冷，哈尔滨刚下过一场大雪，大街上，积雪足有半尺多厚，路人穿着厚厚的棉衣在雪地上行走，脚下发出咯吱咯吱的响声。

下了火车，我冒着严寒，径直地来到哈尔滨工业大学俱乐部。"黑龙江省小学语文阅读教学研讨会"在这里召开。开会的人很多，为了便于录音，一进会场，我便在第一排挤了一个位置坐下。会议刚刚开始，主持人一一介绍主席台上就座的各位专家。别的专家我已经记不清了，唯独张先生的名字现在还记忆犹新。这是为什么呢？因为那天晚上，黑龙江省教育学院小学语文教研员包老师让我带着录音机迅速从华侨饭店去北方大厦，给张先生复制一个讲话材料。

包老师是我的领导，他的指示我怎能不听。于是，我穿好了衣服，戴上棉帽子，系上围脖，拎着录音机便来到了北方大厦。我轻轻地敲开了张先生房间的门，只见室内坐满了青年教师，他们正围着张先生探讨课堂教学呢。先生见我进来，急忙站起来，接过录音机，笑着对我说：

"您是白金声，双城小学语文教研员，非常感谢您的帮忙！"

个子不高，面容清瘦，嗓音沙哑，动作灵活，对人热情，这就是张先生给我的第一印象。

1985年暑假，上海的高宗达邀我去塞外山城承德参加"儿童作文研究社夏令营"活动。夏令营规模虽然不大，但层次比较高，有著名教育家、上海市教育局原局长杭苇，人民教育出版社编审何惠君，北京师范大学教授高惠莹，中央教育科学研究所研究员张田若等。我和张先生同住一室，4天的时间，他的一言一行、一举一动又给我留下了深刻印象。先生每天早晨起得特别早,晚上睡得特别晚,非常忙。后来我才晓得,他是利用早晚时间修改他主编的小学新实验语文课本。那时先生已经 60 多岁了,为编写教材废寝忘食。他对我说:"十年磨一剑,这套教材我已经修改好几遍了,在不断试教的基础上,明年准备再版。"

我说:"您主编的这套教材特点之一是集中识字,大量阅读。"

先生说:"您怎么知道呢?"

我说:"当然知道啦,黑龙江有不少学校使用这套教材。"

先生拉住我的手说:"我给你一个任务,回去之后,利用各种机会,广泛征求意见,咱们共同把这套教材编好。"

我说:"责无旁贷,这是我应当做的。"

为了不影响我的休息,先生在房间里从不单独看电视,行走时脚步总是轻轻的,伏案劳作时只开一盏小台灯,每当咳嗽或吐痰时,他都悄悄地走进卫生间。

后来,我参加了全国农村小学作文教研课题组,张先生任组长,从那以后,几乎每年都能与先生见上一面。他开会,从来不选大城市,也不选名胜风景区,多数都在县城里开。先生经常深入教学第一线,听课,研究课,指导课,帮助教师总结先进教学经验,然后就地召开会议,推广他们的经验。在我的记忆中,黑龙江尚志、安徽灵璧、山东龙口、浙江黄岩、辽宁凤城、江苏金湖和丹阳的作文研讨会我都参加了。每次会议先生都搞一个作文成果展,都要出版一本作文教学论文集,为此,先生付出了大量心血。开会时,先生不搞排场,不搞名堂,总是简简单单的。记得在灵璧开会时,从住地到会场足足有二三里路,他从不坐车,常常和与会代表一边走路,一边交谈。那时我还年轻,脚步轻捷,但跟在先生后边,还是感到吃力。

1995 年 8 月,大连开发区教师培训中心在大连外国语学院举办全国骨干教师培训活动,应邀讲课的专家有:张田若、于永正、乐连珠、侯秉琛等。我也忝列其中。为了不让主办方增加经济负担,每人半天,讲完就走。在预备会上,研究上课日程,张先生德高望重,大家请他先讲,一来都想聆听一下他的课,二来先生年龄大了,让他早点回北京休息。张先生百般推辞,他开玩笑地说:"各种名人辞典是按音序排列的,人代会、政协会主席团成员是按姓氏笔画排列的,咱们不要因循守旧,谁先讲谁后讲,按年龄大小排序好不好?年龄小的先讲,年龄大的后讲。"

在先生的安排下,第一个半天当然是我先讲了,因为我的年龄当时最小。我讲时,发现张先生坐在台下第一排,他一边听,一边思索,不时地打开笔记本写上几个字。

因为第二天我要离开大连,赶回哈尔滨,所以头天晚上我就来到张先生的房间征求意见。我说:"蒙您器重,让我第一个上台,请先生多多指教。"张先生没有一点门户之见,更没有因为学富而显露傲气,而是以普通学者的身份跟我促膝谈心。他说:"语文学习不能过早地扒皮抽筋,肢解课文,分析语法,讨论篇章结构和写作特点等,而是让学生用自己的感官和心智去触摸语言文字。真正的语文学习是让学生穿行在字字、词词、句句的'密林'中,用自己的情感和经验去感悟语言文字,沉浸其中,品味再三,用简单的词语构建一个使心灵震颤飞扬的快乐。要记住,语文教学到什么时候都要守住'双基'这道底线。如果'双基'丢了,教学内容庞杂了,教学过程繁琐了,教学形式花哨了,必然误人子弟。"

与君一席话,胜读十年书,一个多小时的交谈,使我学到了许多书本上学不到的东西,更增添了对他的敬意。

后来,我买了很多先生的著作,如《小学作文教学研究》《小学阅读教学研究》《集中识字教学的理论与实践》《集中识字·大量阅读·提前读写》等。学习先生先进的教育思想,感悟先生高尚的人格魅力,使我明白了什么是大家,什么是大爱。

走近魏书生

魏书生在中国教育界是个响当当的重量级人物,也是谜一样的人物,他的名字蜚声全国,做教师的若不知魏书生那叫孤陋寡闻。

我和魏书生有过多次交往。

1986年7月,也就是魏书生被评为"特级教师"和"全国优秀班主任"之后的第三年,在辽宁省教育厅张树棣处长的陪同下,魏书生风尘仆仆来到双城,在影剧院给千余名中小学教师做了一场报告。当时,他跑步上场,直立演讲,潇洒的风度,幽默的语言,真诚的叙述,入理的阐释,给我留下深刻的印象。

"同志们,我和张树棣处长刚下火车,匆匆来到这个会场,是为了向大家汇报我的教学工作。"代表们顾不上天气的炎热,千余双热情的目光投向这位好不容易等到的全国闻名的教育改革家。

"有人问,你当书记、校长,又当两个班的班主任,教两个班的语文课,还有20多项社会兼职,一年中有将近三分之一的时间外出开会做汇报,这么多的工作,干得完吗?"他用辽宁口音平淡地叙述着。

全场静寂,代表们无不惊异,这不会是神话吧?我坐在后排,目光紧盯着这位看不大清楚的其貌不扬的名人。第一次惊诧于他还有这么重的工作量。以前,我教两个班的语文课,只当一个班的班主任,就累得骨头要散架似的,而他……

"谁都可以创造出适合自己的教育教学的具体方法,主要是要发挥学生主观能动性,要做到这一点主要是:第一,在人和环境之间要多改变自我……"

他一直站着讲了两个多小时。我第一次听到如此动人的报告,竟然忘了记笔记,听到精彩之处,我也情不自禁地和代表们一起沸腾,一起进入那一个无比广阔、无比灿烂的空间里，观赏一个美丽的、令人神往的当代教育神话。他讲要快乐地对待不好的环境，实心实意做事；他讲要变换角度看待自己，要善于商量，千方百计求和求同；他讲要活得轻松，要活得好，要尊重人、理解人、帮助人；他讲民主的力量，科学的力量……

剩下的时间，由代表们提问题，魏书生在台上当场作答。什么问题都有：怎样教语文？怎样改作文？怎样提高教师素质？怎样处理嫉妒心？怎样处理学生谈恋爱？怎样练气功？简单的，魏书生就用一句话作答，每每富于幽默给人以启迪；重要的，他就展开一点讲，常常让人觉得生命因持守一份追求而美丽，教海因坚持一份执著而精彩。他谈到青年人应该怎样做事：一是多看书，特别是多看名人传记，容易有上进的力量；二是写日记，促使自己进行思考；三是一定要写教改文章，这是超越自我的一个好办法。

张树棣处长是我高中时的物理老师，在欢送魏书生的宴会上，张老师让我和魏书生坐在一起，这样，我便有机会与这位语文教育界举足轻重的大人物有了零距离的接触。他，人不高，比较瘦，脸色有点苍白，精神有些憔悴，这大概和他连夜乘车再加上两个多小时的演讲非常疲劳有关。

一桌菜肴，有荤有素，特别丰盛。魏书生不喝酒，也不喝饮料，吃菜只拣素的吃，吃得也不多，显得十分斯文。我举起一杯啤酒，说道："千里迢迢，风尘仆仆，来到双城，传经送宝，辛苦了。我敬您一杯酒！"魏书生让服务员倒了一杯白开水："谢谢白老师！只要感情有，喝啥都是酒。"说着一饮而尽。我开玩笑地说："喝酒的是俗人，品水的是仙人。"大家听了哈哈大笑起来。接着我又说："听君一席话，胜读十年书。您的报告倾倒了双城教坛，产生了极大的轰动效应。整个一下午，自始至终会场秩序井然，没有人走动，没有人说话，所有代表都陶醉在您的报告中了。"魏书生笑着说："不是我讲得好，而是老师素质好，我应当很好地向双城老师学习。"在酒桌上魏书生以儒的敦厚、道的旷达、佛的仁怀给我留下了深刻的印象。

1988年10月，受中国教育工会方明先生的邀请，我去北京参加国家教委召开的一个座谈会。参加会议的代表来自全国各地，有中学的，也有小学的，共20人。会议由国家教委副主任何东昌主持，董纯才、柳斌出席，讨论基础教育改革问题。大家争先恐后地发言，气氛特别热烈。这时一个熟悉的声音从我的后面响起，我回头一看，原来是魏书生。他说话慢条斯理的，娓娓道来，给教育部提了不少意见，句句都是真话，句句都是实话。魏书生的发言，喜欢用句号，而不是感叹号，很少用大词儿，但宏论一泻，语惊四座。教育部领导一边听，一边记录，不时插话问上几句。

散会了，我连忙走到魏书生跟前，紧紧拉住他的手，说道："还记得我吗？""您是黑龙江能喝啤酒的白金声老师。"他一下认出了我。

1995年9月，我到锦州开会。会后随着很多人去了魏书生所在的盘锦实验中学考察，虽然来去匆匆，但却有满载而归之感。

盘锦实验中学位于盘锦市老区，距新城区10公里左右。学校坐东朝西，校门正中镶嵌着蓝底白字的菱形图案，图案底部是一本打开的书，上面写着"盘锦市实验中学"七个俊秀的红字。书的上方是嫩绿的新芽，再上面则是"真诚、善良、创新"的六字校训。整个图案简洁、明快而又深刻、隽永，耐人寻味。从校门进去便是假山、喷泉，左边是坐北朝南一字儿排开的实验楼、教学楼、综合楼，外观色调为白色，大楼前面便是学校的大操场，整个学校布局非常简洁。

走进盘锦实验中学，便觉得眼界大开，心灵震撼。我以挑剔的目光，搜索着楼上楼下，室内室外，硬是找不着一点脏物，地面、桌椅、门窗纤尘不染，全校无一块玻璃破损。说它完美无缺，不染一尘，非言过其实。我从心底发出慨叹：何方觅净土，此地有神仙。

那一天是学校开放日，参观的人特别多。上课铃声一响，体操室、音乐室、绘画室、手工制作室、多功能教室一起开放。学生练体操、拨琴弦、搞工艺，琴声歌声读书声，不绝于耳。

我跟着考察的人群观看了学生的课间操，参观了学校的阅览室，还听了魏书生班的一节数学课。非常不巧，魏书生去省里开会，不在家。在大家的要求下，学校给我们播放了魏书生的一节录像课，上的是《反对自由主义》。

《反对自由主义》是毛泽东同志抗战初期写的一篇著作，1500字，力透纸背，正如毛主席秘书田家英同志所言："论文虽然很短，但包含了丰富的意义，在今天仍然是值得我们特别重视的。"

正因为这篇课文的现实意义，因此许多教师讲这课时，都喜欢从"联系实际"入手，慷慨激昂，批评时弊，痛快得很，热闹得很。

魏书生不贪这口舌之快。在分别用隶书和毛体写下课题和作者之后，他便开始施展与学生接触的艺术，进行培养学生自信心的心理训练。氛围十足的时候，他重点一转，引导学生学习课文。

在我们的印象中，一节好课必须是丝丝入扣，环环相邀，如履高山，拾级而行，在老师的引导下，最后达到知识的山峰，气喘吁吁之中，摄下"一览众山小"的风景。

听魏书生的课，我没有登山的感觉。脑海中，总有一幅画，一个大人，带着一群孩子在海边，在沙滩上玩呀，笑呀，唱呀，说呀，其情其景，那么真率，那么自然，那么热烈，那么轻松……待夕阳西下，其收获又是那么丰富。

我们不能认为讲课联系现实生活不可以，也不能认为"登山"就不是好课。每个人都有适合自己的方法，方法是思想的反映，魏书生的方法是建立在他全新的教育思想上的，这就是教学民主和授人以渔之法的方针。

现在，魏书生当教委主任了，几年来，网上和一些媒体对其有些微词，但不管怎样，我对魏书生是非常佩服的。他原来只有初中学历，靠自学和实践从一个农村中学教师成为一名全国闻名的教育改革家，这叫能耐，这叫本事，在中国是一个神话。如果说他不行，请问，你怎么没当上中国十大杰出青年、全国劳动模范、全国十佳师德标兵、全国教育科学规划领导小组成员、中国共产党全国代表大会代表？一句话，魏书生的奇迹和荣誉是干出来的，不是炒作出来的。著名语言学家吕叔湘先生说："魏书生是个教育家，而且不是一般的教育家，他立志教育事业，有一种忘我的精神。"我看这个评价是恰当的，魏书生的确是我国教育界的杰出代表。

好人潘自由

在全国小语界，潘自由是一个耀眼的名字。一部享有盛誉的《潘自由小学语文教学思想与实践》再版多次，畅销全国。他，瘦瘦的，高高的，一副近视镜架在鼻梁上，与带有宁波方音的普通话构成了这位老人特有的符号。

潘先生是长者、师者、学者，他做人、做事、做学问有口皆碑。

我和潘先生从相遇、相识到相知已有20多年的时间了，在这20多年的交往中，他对我帮助甚多，对此，我没齿不忘。回望历史的深处，抚摸岁月的肌理，我想起一句老话：一片冰心在玉壶。

早在上个世纪80年代初，我便与潘先生在山西"不期而遇"，并且一见如故。太原解放路书店书架上有一本霍懋征的著作，书名为《小学语文教学经验》，从作者的《后记》中我知道了潘先生是中央教育科学研究所的研究员，是小学语文教学研究专家，是他帮助霍懋征整理了这本书稿，从此，潘自由的名字就深深地印在我的脑海里了。

1992年仲秋，我带领老师到湖北当阳参加小学语文"学法指导"教学大赛。刚报到，大会工作人员便递给我一份加急电报，催我速回单位。原来双城市委要召开庆祝教师节大会，决定奖励我一套商品住宅楼，让我回去披红戴花拿钥匙。听到这个消息，我欣喜若狂，手捧电报径直跑到潘先生房间去请假，先生二话没说，叫我马上回去，并叮嘱我："注意安全，一路顺风。"——他是一个善解人意的人。

1995年初冬，我去无锡讲学，路过北京，拜访了潘先生。在海淀区北三环中路46号先生的寓所里，我们彼此没有寒暄，也没有讲客套，而是对语文教改坦诚地交换了意见。他坚信自己的学术观点，对小语界权威人士的一些言论，他敢于指名道姓地批评，丝毫不讲情面；对语文课堂上出现的臃肿、花哨、繁琐的教学现象，他更敢于鞭挞；对一线教师他非常热情，总是心灵关注，毫无架子：这就是潘先生的学术品质。——他是一个刚直不阿的人。

1996年季春，潘先生在深圳向西小学召开座谈会，研究小学语文学法指导的"菜单"问题，邀我参加。从北国冰城到南粤鹏城，尽管一路上我省吃俭用，但花销却也不少，开了几天会，我便囊中羞涩了。先生得知我是自费来开会的，很是感动。于是，他把我让到校长室，硬是从会议经费中给我补助500元，并派人到车站又给我买了一张返程的火车票。——他是一个助人为乐的人。

1998年盛夏，第6届"全国小学语文学法指导研究会年会"在乌鲁木齐召开。兰新线十三间房地区山洪暴发，铁路运输中断，我被困兰州，无法如期赴会。无奈，我只好将论文电传到新疆，之后，我日夜兼程返回黑龙江。归来不久，我便接到潘先生的一封亲笔信，信中附有一本论文证书和一份会议纪要，我非常感动，没想到先生办事如此认真。——他是一个诚实守信的人。

真实之中见伟大。经历了一个漫长的历程，我终于认识了潘先生，我敬重他，因为他是一个熠熠生辉的好人。

支玉恒其人

京剧界昔有梅兰芳、程砚秋、荀慧生、尚小云"四大名旦",流派纷呈;小语界今有贾志敏、支玉恒、于永正、靳家彦"四大天王",风格各异。现在,我来说说怪才支玉恒。

支氏有诗云:"呱呱塞北,足迹八方。一生从教,两鬓披霜。迷恋语文,几近癫狂。"支玉恒半路出家,在语文这方丰田沃土上守望了30多年。语文在他的心中成了一份别样的情思,别样的风景,别样的梦境。在如画如诗如歌的语文课堂上,他勇立潮头唱大风,成为三尺讲台上风采卓然的名师高手。

1. 支玉恒的道路。

1939年,塞外山城张家口。

穿城而过的清水河在呜咽,古长城大境门上的"大好河山"四字匾在哭泣,宣化的清远楼在悲鸣。日寇的铁蹄践踏了华北,张家口已经沦陷两年了。

狼烟中,支玉恒呱呱坠地。

小时的支玉恒十分顽皮,经常得到父母笤帚把儿的"奖赏","自幼爷娘寻杖勤"这句诗真实地写出了当时的情景。

1945年8月24日,中国人民解放军从大境门入城,年幼的支玉恒,手举小红旗,跟着大人上街,高呼口号,迎接家乡的解放。

翌年,支玉恒上了小学。在学校里,他还是那么淘,而且淘得出奇,往往"感动"得老师摇头太息。初中毕业,支玉恒进了河北保定体校,踢了三年足球。"运动衣还乡"后,教了20年体育。1977年,改行当了语文先生。"因为斗大的字识不了半口袋,只好硬着头皮嚼了几年方块字。"1984年,阴差阳错,他当上了桥东区实验小学校长。1985年,被派参加国家教委举办的全国小学教育研究班。1989年到桥西区教研室做了教研员。不久,支玉恒南下，开始了第二次创业，过上了"云游"各地的生活。他半年讲学，半年写书。2000年定居山东威海。2008年被聘为张家口上谷书院文化顾问，现任威海市高新区第一小学名誉校长。

回首名师来时路，他庆幸自己最终能够成为一名语文教师，穿行在博大精深、馨香馥郁的语文世界里，尽享"玉鉴琼田三万亩，著我扁舟一叶"的畅快。他说："这么些年来，在这么多地方，给这么多孩子和老师，讲了这么多的课，我没有敷衍应付，没有弄虚作假，没有因循守旧，没有停滞不前，我非常得意，因为我没有误人子弟。"

我所看到的支玉恒代表著作有《小学语文教学文集》《欣赏与评析》《支玉恒阅读教学方法集萃》《支玉恒阅读习作典型课例全辑》《支玉恒老师教语文》等。

2. 支玉恒的磨难。

"自古雄才多磨难，从来纨绔少伟男。"年已古稀的支玉恒，经历了许多人生的沟沟坎坎，他把自己坎坷的人生经历当成一笔宝贵的精神财富，看作人生乐章中一个悲怆的乐段，并充满激情地演奏出人生的华彩篇章。

支玉恒是一个生活恬淡、豁达开朗的人。由于他性格直率，"因言获罪"多次。当过10年"现行反革命"，砌过防空洞，发配到过农村，改造到过工厂，掏过大粪，扫过大街，挖过下水道，坐过"飞机"，挨过批斗，受过软禁，遭过白眼，几乎所有的罪他都受过。就拿得病来说吧，5次大难不死：14岁患脑膜炎，昏迷7天，醒来大小便失禁，不认识亲人；35岁消化道溃疡4次，内脏出血持续强阳性；50岁脑血管栓塞，瘫痪近半年；62岁心肌梗塞，无血压脉搏；66岁患冠心病，做心脏搭桥手术。因为磨难太多，支玉恒反而不怕磨难了，真有点"曾经沧海难为水，除却巫山不是云"的味道。

2005年1月，在做心脏搭桥手术的前一天晚上，他平静地写下这样一首诗：

一生风雨未彷徨，
小恙何奈老夫狂？
开胸不过七寸口，
搭桥只需三根梁。
上天趁便陪父母，

入地权当访家乡。

不日轻骑重挽辔，

天南海北马由缰！

　　这次搭桥手术，他老伴儿签字时手哆嗦得写不成字，而支玉恒躺在手术台上却还在和医生开玩笑。那首七律就是他当时真实的内心表白：死有什么可怕，只不过是早走一步，也许能到另一个世界抢个好座位，就当是去"陪父母""访家乡"。正因为他一生多磨难，没有被打倒，才把手术看成"小恙"，既是小恙，就能康复，才有"重挽辔""马由缰"的想法。在死神面前，他如此乐观、洒脱，这是怎样的一种人生境界！

　　3. 支玉恒的学识。

　　很多媒体都称支玉恒是特级教师，这是大错而特错的报道。其实他不是特级教师，而是一位名师。名师不一定是特级教师，特级教师也不一定是名师。名师的"名"不在于"名"，而在于"明"，"明"者，智慧也。支玉恒虽然学历很低，非科班出身，但是，他知识渊博，学养丰足，视点高远，卓尔超群，是一本内涵十分丰富的智慧教科书。

　　我与支玉恒相识多年，读过他的著作，听过他的讲座，看过他的教学，还与他一起当过教学大赛的评委，对他的学识修养、道德文章是非常敬佩的。他上课，旁征博引，品词析句，凿开顽璞，取出玉石，有很强的文学功底。他讲座，从不用讲稿，最多是一个极简单的提纲，但讲起来滔滔不绝，头头是道，甚至出口成章。支玉恒之所以能达到如此程度，其中一个重要原因就是他善于学习。一次，我与支玉恒在深圳参加教研活动，同住金融大厦一个房间。夜已经很深了，我一觉醒来，只见他还在灯下读书。我劝他早点休息，他却说："对我来说，看书就是最好的休息。"这种"孤灯伏案，不知漏长"的精神深深地感动了我。"泰山不让土壤，故能成其大；河海不择细流，故能就其深。"我从支玉恒的身上懂得了治学的道理。

　　从1985年暑期到1986年暑期，国家教委在北京师范大学举办了为期一年的小学教育研究班。研究班集中了全国部分小学优秀教师和干部，吸收了中央教育科学研究所和高等师范院校专门从事教育科学研究的专家学者，按照专家与教师相结合、理论与实践相结合、提高与普及相结合的原则，对于如何改革小学教育教学进行了较为广泛的研究与探讨。在精英汇聚、群贤毕至的研究班上,每一门课程都请了国内公认的语文教学论权威、名副其实的学科带头人担任主讲教师。通过刻苦学习,支玉恒开阔了视野,提高了理论水平,奠定了他后来做学问的基础。

4. 支玉恒的教学。

提起支玉恒的课堂教学,在全国小语界有口皆碑。早在30年前,他在成都就下了一场"大雪",这场"大雪"不仅让来自全国各地的小语界同行交口称赞,也让专家学者击掌叫绝。1989年11月的成都,汇聚了全国各省市自治区语文教学精英近3 000人,建国40年来第一次全国小学语文阅读教学带有"大赛"性质的观摩大会在这里举行。11月10日上午,支玉恒应邀上了一节示范课《第一场雪》,引起了轰动。著名特级教师袁瑢当时担任大会评委,坐在台上,使劲给支玉恒鼓掌。华中师范大学杨再隋教授也是评委,他看了支玉恒的课,情不自禁,感叹不已。他说:"支玉恒把'读'的功能发挥得如此淋漓尽致,让语文教学的魅力展现得如此多姿多彩,实在难能可贵。"

支玉恒开了小学语文教学"以读代讲"之风,为当时从"一讲到底"到"一问到底"的语文课堂教学送来一股清凉的风。"谁能把雪读得很大很大?""谁能把山村静夜读得很静很静?""谁能把雪景读得很美很美?"通过巧妙的引导,学生读出了趣,读出了形,读出了情,读出了神。范读,这是语文教师最见功底,也是最显才情的事。支玉恒敢于范读,也善于范读,他把语文课堂教学演绎得出神入化,让我们感觉,他就是语文,语文就是他。

《淮南子》中说:"智过万人者谓之英,过千人者谓之俊,过百人者谓之豪,过十人者谓之杰。"把支玉恒称为中国当代小语界的精英之才,当不为过。

我与刘显国

刘显国原是四川省大竹县教研室主任，现任深圳市华夏教育科学研究所所长，全国反馈教学研究会会长。他著述等身，是全国著名的特级教师，他创建的"反馈教学法"是中国当代著名的教学流派之一。

我和刘显国第一次见面是在桂林。

1986年夏，广西《小学教学参考》编辑部在桂林召开座谈会，刘显国和我都参加了，在会上我们一见如故，畅所欲言。第三天，会议安排游漓江。漓江由桂林至阳朔40公里间，山峰奇特，秀水潆洄，青峰浴水，山水相依，家家农舍，点点渔舟，茂林翠竹，河洲断续，田野似锦，江山如画。看到如此美景，我不禁诗兴大发，朗诵道："舟行碧波上，人在画中游。"这时只听"咔嚓"一声，刘显国摁动快门，用照相机留下了这美好的瞬间。

我和刘显国第二次见面是在昆明。

1987年10月，昆明市盘龙区教育局举行部分省市小学教学研讨活动。教研室主任、特级教师李家永特意给刘显国和我安排一个专场，上午刘显国讲小学数学教学艺术，下午我讲小学语文教学艺术，会场设在电工俱乐部，全区小学教师参加。一天的讲学结束了，晚上，李家永请大家吃饭。在酒桌上，我举起酒杯，走到刘显国身边，唱起郭小川的《祝酒歌》："舒心的酒，千杯不醉；知心的话，万言不赘……"刘显国本来不会喝酒，此时此刻，也斟满一杯啤酒，一干而尽，随即大声附和；"人生得一知己足矣，斯世当以同怀视之。"

最难忘的是1996年春，我和刘显国去山西太原开会。会议结束后，我们一起去晋祠。在同游的路上，彼此就语文教学交换了意见，话题是由晋祠圣母殿宋塑侍女像引起的。宋塑侍女像被誉为"晋祠一绝"，33尊侍女像口有情,眼有神,姿态婉约,神情各异。我们不禁被这高超的塑工给征服了。

我说,艺术创造能征服人,语文教学也能征服人。如果说雕塑是一门细腻的艺术,那么,语文教学则是一门巧妙的艺术。语文教学征服力就在于牵动学生生命整体投入,把学生的心紧紧抓住,使其产生一种孜孜矻矻、锲而不舍的学习愿望。

刘显国让我举一个例子,我便以教《草船借箭》为例。

一进教室我便兴冲冲地问学生:"小朋友,你们爱听故事吗?"学生异口同声地回答:"爱听。""好,现在老师就给大家讲一个'诸葛亮草船借箭'的故事。"说着,我就眉飞色舞地给学生讲开了。学生都瞪大眼睛,凝神聆听。可是,故事没讲到一半,我便戛然而止。"老师,您快往下讲啊!"学生高声嚷道。很显然他们对故事的发展和结果产生了浓厚的兴趣,形成了一种强烈的求知欲望。于是我就抓住这个有利契机,不再往下讲,而是用一串问题去诱导学生读书。我不紧不慢地说:"听到这里,你们一定都在为诸葛亮的生命担忧吧!那么诸葛亮完成没完成造箭任务呢?周瑜图谋陷害诸葛亮的阴谋得逞没有?故事的结果究竟怎样?欲知后事如何,现在请大家自己读书。"此刻,悬念的诱惑,激发了学生读书的浓厚兴趣,使他们在新课伊始就产生了强烈的探究心理,迫不及待地到课文中去寻找答案,以满足求知欲望,维持心理平衡。

刘显国连连点头称道:"这的确是成功的教学艺术。"

我说:"艺术无止境,教学无定法,发展和创造把它们统一在一起。艺术的教学是吸引人的教学,是充满活力的教学,是永不使人疲倦的教学。教学的艺术性应该表现在教学的整个过程,宛如知时节的好雨,'随风潜入夜,润物细无声',细致入微,丝丝入扣,使学生在春风细雨中得到教益。如果说一节语文课讲求起、承、转、合的话,那么,起就要引人入胜,承就要环环相扣,转就要波澜起伏,合就要发人深思。我教《第一场雪》,是这样结课的:'雪花,不负秋色,在严冬舒展花瓣;雪花,不争春光,一夜春风,落花遍野;雪花,不择土壤,飘到哪里,就在哪里开花。隆冬里,雪花已为我们展示了春华秋实的未来,难怪老农说瑞雪兆丰年呢。雪花啊,我赞美你。'"

"这样结尾收束,不能不说具有很强的审美艺术性,令学生回味无穷,使教学过程锦上添花,大放异彩。"刘显国接过话题说,"诚然,教学首先是科学,然而,教学更是一门艺术,要取得成功,就必须给人以生动形象的启迪,给人以美的享受，让人如坐春风，如沐春雨，否则，就可能味同嚼蜡，面目可憎，让人如坐针毡，如临大敌。一句话，教学是科学，也是艺术。教学需要理性，更需要悟性和灵性。这是我刚才从您的谈话中得到的启示。"

圣母殿左侧有一株古柏，老枝纵横，生机勃勃，郁郁苍苍，传说是周朝时栽的。由这株古柏，刘显国想起"树大根深"这个词。他问我："您从教20余年，具有丰富的教学经验，已经形成了自己的独特的教学风格。常言道，没有风格的教学，犹似清风一阵，拂面而来，轻盈而去，引不起波澜，壮不了万物。白老师，您能不能谈谈您的语文教学特点?"

我说："在教学活动中，有人上课善'导'，巧于设疑；有人上课善'评'，议论风生；有人上课善'点'，发幽探微。不瞒您说，我上课爱笑。我觉得，课无情不感人，无笑不诱人。人们常说，鲜花，是春天的微笑；浪花，是大海的微笑；焰火，是节日的微笑；星星，是月亮的微笑。教师的微笑，有着神奇的感染力，它能缩短师生之间的距离，密切师生之间的情感，激发学生的学习兴趣，开启学生心灵的窗扉。当学生绽开笑脸，忍俊不禁的时候，正是他们思维最活跃的时候。"

听了我的讲述，他说："是啊，微笑是一种风度，也是一种胸怀，没有师生之爱，哪有课堂上的微笑。愿您的微笑时刻在教学中流荧!"

后来，我加入了他的课题组，一直跟他搞现代教学艺术研究，他在南粤，我在东北，虽然相隔较远，但每年都能见上几面。相聚时，得以亲聆謦劾，受惠良多。

他常说："教师带进课堂的不仅是教学艺术，更重要的是师表和人格。教学艺术可以给学生真善美的感染，师表和人格则会影响学生的一生。"多么深刻的认识! 这警策深邃的思想，给我力量，催我前进。

刘公，您是我知心的老朋友。

认识窦桂梅

我和窦桂梅有过多次接触。她是个有理论、有思想、有个性、有魅力、喜欢读书、善于思考、心直口快、性格开朗、激情四射的女人。她之所以能从长白山麓的一个农家小姑娘最终成为遐迩闻名的特级教师，成为全国小语界一面鲜艳的旗帜，靠的是"女娲之胆""夸父之志""精卫之诚"，在不断追求中铸就了她辉煌的教育人生。

我第一次与窦桂梅接触是在2001年元旦后的寒假，她在哈尔滨少年宫作首场报告。那天，少年宫剧场座无虚席，人特别多，幸好我去得早，便在第一排找了一个空位子。八点整，铃声刚响过，窦桂梅在领导的陪同下款款走来。这时，全场爆发了一阵雷鸣般的掌声。窦桂梅站在舞台中间，深深地向台下鞠了一躬，用地道的东北话说了一句："亲爱的老乡们，大家好！"

她给我的第一印象是举止端庄，长发披肩，明眸闪烁，非常美丽。

在长达3个小时的真情讲述中，我的心灵被她给陶醉了。她的报告像一条通天的大河，时而蓄势待发，时而汹涌澎湃，时而舒缓有致，真是妙语连珠，声声入耳，扣人心弦。

窦桂梅生于吉林省一个普通的农民家庭，儿时清苦的生活孕育了她坚韧的个性。1982年，15岁的窦桂梅以优异的成绩考入了吉林师范学校。毕业时窦桂梅凭着她四年优异的学习成绩留在了学校，搞行政工作。对这份令同学羡慕不已的活儿，她却并不感兴趣。安逸和舒适并不是她的人生目标，她的愿望就是当一个真正的老师，站在讲台上，站在孩子们中间。她觉得，只有走进教室，才是属于她的真正的人生。在那段日子里，窦桂梅在举目无亲的吉林市四处寻找着自己的人生坐标，凭着一股子年轻的锐气，几经周折，她终于被改派到了吉林市第一实验小学。可是，她被分到了教导处，还是做行政工作。上传下达，或是替生病的老师代课，完成教导处交给的临时性工作，这对她来说无疑是一个沉重的打击。这样的活儿，一干就是将近5个年头。她先后代过音乐、数学、美术、自然常识、思想品德等课，对这一次次争取来的机遇，她都分外珍爱，在别人看来，她是个召之即来，挥之即去的替补队员，但她感觉却挺好，把自己当成了全能的主力队员。学校让她教语文，她就全身心地投入到语文教学研究中去；让她教四、五年级的音乐，她就全身心地投入到音乐教学研究中去；让她教一年级的数学，她就全身心地投入到数学教学研究中去……

精诚所至，金石为开。1991年，学校领导终于把一年级的语文课兼班主任两副重担同时交给了她。

在窦桂梅童年的记忆里，有静寂的村舍，有葱郁的树林，有欢乐的溪流，也有魅力的野花。可是，没有唐诗三百首，更没有白雪公主和小矮人。当了语文教师之后，她才真真切切地感受到这种野性童年所留下的文化欠缺，错过修炼语文"童子功"的关键时期，她明显感悟到自己语文功底的薄弱。窦桂梅的性格中天生就有一种特别好强的因子，既然认识了自己的不足，她就疯狂地阅读经典，背诵诗文。寒夜孤灯，她披衣裹被，捧书卷，闻墨香，凭着一股勤劲儿、一股横劲儿、一股韧劲儿，仅两年的时间，窦桂梅的阅读量就达到了300多万字。有人说，窦桂梅一脸的灿烂，一身的激情，都来源于她博览群书，此话并不为过。

如果说听窦桂梅的报告是一种心灵上的启迪，那么看窦桂梅的课则是一种艺术上的享受和精神上的洗礼。窦桂梅的课堂教学智慧，细腻，唯美，她对文本的解读，对学生的引导，所有细节都展示出语文课堂教学的无限风采。40分钟，怡人、育人、感人，让人流连忘返。

2004年8月，第18届"创新杯"全国教学艺术大赛在北京市宣武区工人文化宫举行，语文会场由我主持。会长刘显国特别邀请了窦桂梅作观摩课，那天，窦桂梅教的是《秋天的怀念》。我是眼含泪水听完这节课的，整个教学带给我的是震撼。教学是分3个层次进行的：（1）感受"娘俩"的好好儿活；（2）探究"我俩"的好好儿活；（3）思考"我们"的好好儿活。请看窦桂梅是怎样抓词语教学的：

师：让我们大家跟这名同学一起讨论讨论母亲的话。

（出示课件文字：母亲扑过来，抓住我的手，忍住哭声说："咱娘俩在一块儿，好好儿活，好好儿活。"）

师：请你们默读这句话，注意这几个动作。（老师点示"扑"）母亲"扑"下去的会是什么？

生：因为儿子不想活了，所以母亲扑下去的一定是儿子想要去死的信念。

师：啊？"信念"？把其中的一个字换一下，意义完全不同了。

生：是念头。

师：好。其实，你很会联系上下文理解呢，那就把你理解的"扑"带进句子里，读给我们听。（生读，很有力量）

师：那么，我还要问，"母亲抓住我的手"，"抓"住的仅仅是"我"的手吗？

生：母亲抓住的是"我"想要死的念头，她想抓住"我"，怕"我"轻生。

师：就把你的体会送进去，读。

生：咱娘俩在一块儿，好好儿活，好好儿活。（生读。掌声）

生：我想补充，母亲抓住"我"，也是让"我"必须具有好好儿活下去的信念。（再读）

师：请再默读这句话，看看母亲"忍"住的究竟是什么？（小组讨论）

生：我明白了，母亲隐瞒自己的病情，没有告诉儿子。

生："她的病已经到了那步田地……疼得她整宿整宿翻来覆去睡不着觉。"

生：邻居把她送到医院时，她是大口大口地吐着鲜血……

生：她的病已经进入晚期了。

师：用医学名词说，这是——

生：肝癌。

师：肝癌什么症状？除了课文的说明，还有哪位同学或听课的老师知道吗？

生：（哽咽）我姥爷就是这种病死去的。（他说不下去了。听课老师站起来接着讲："我的父亲就是得这种病去世的。肝硬化，肚子硬了，尿排不出去，肚子越来越大，还吐血……"）

生：这是一位病入膏肓的母亲。

师：母亲她活着很苦啊！亲爱的同学们，一位患肝癌病的人只有自己知道有多痛，这种痛无法用语言描述，而且还知道自己就要死去……是这样的母——亲！那么这样的一位得绝症的母亲，有没有"看着看着北归的雁阵，突然把玻璃砸碎"？

生：没有。

师：她有没有"听着听着李谷一甜美的歌声，把东西摔向墙壁"？

生：没有。

师：有没有大声喊着"我活着还有什么劲"？

生：没有！

师：母亲为什么没有这样做？

生：为了儿子！

师：送她一个字。

生：爱。

师：这爱就是——

生：忍。

师：带着你们的体会再读读这句话。（咱娘俩在一块儿，要好好儿活，好好儿活。）

说实在的，我作为会场主持人，站在台侧，与窦桂梅和学生近在咫尺，听课时，觉得有一种情愫在弥漫，渐渐地笼罩住了我的心。学生哭了，我也哭了。

《秋天的怀念》是史铁生的名篇，行文平朴，纯粹老练，看似不经意的笔墨用字，传达出作者深厚的文学功底和极高的语言素养。窦桂梅充分考虑了文本的这一特点，教学中紧紧扣住课文的语言，让学生在文字与情感里走了个来回。那"扑"，那"抓"，尤其是那"忍"的挖掘，母亲忍住的是什么？是自身的病痛折磨，是对失去生活信心的儿子的一万个不放心，是身心俱苦的肝肠寸断。一"忍"三叹，层层递进，"把所有的苦都一个人扛"，如此坚毅的母亲，怎一个忍字了得！这一环节，窦桂梅的高明之处，不仅仅是让学生体会毫不张扬的母亲之伟大，而且是让学生更多感受母亲用自身的行动来

107

诠释"好好儿活"的真谛。这多角度、多层次的语文训练，包孕着丰厚的情感、丰富的内涵，使语言训练立体化，真正体现了语文教学工具性与人文性的有机结合。

2005年3月，广西教育学院《小学教学参考》杂志社在南宁体育馆承办了一次全国性的教学大赛，我和窦桂梅等人都被邀请去当专家评委。评委不但要给每个参赛选手打分，而且还要现场评课。评课的依据是《语文课程标准》提出的"三个维度"，要求"优点说透，缺点不漏，方法给够"。由于各种原因，我评课比较委婉，亮点说得多，不足谈得少。存在的问题往往三言两语，一带而过，有时甚至遮遮掩掩，虚与委蛇，避重就轻，不痛不痒。窦桂梅正好与我相反，她不"兜圈子"，不讲情面，不讲过场，开门见山，直言不讳，敢讲真话，毫不留情。

吃晚饭的时候，我们彼此交换了意见。她说我评课善于激励，特点是平等对话多，指责批评少。我说她评课肯定优点，不夸大其辞，不廉价颂扬；批评缺点，直来直去，一针见血，切中要害。

窦桂梅说："这也许正是我独特的经历，性格豪爽使然。工作20年，我的成长经历告诉我，自己最终沉淀下的竟是被批评后涅槃的美好。我想，了解我的成长经历，也许就会理解我真诚的'良苦用心'。自己年轻的时候，如果遇到有人听课，心里特别希望别人能表扬一番而不是批评，尤其是公开课。如果教导主任或校长击中我的要害，或者听课老师'指指戳戳'，我会好几天'沉浸'在不快之中，像得了一场病。至今还记得九年前我代表省参加全国教学比赛'练课'的情景。在长春解放大路小学的礼堂，我练讲二年级的《初冬》一课。课后，有11位专家进行点评。大家把我这只'小麻雀'解剖得体无完肤。我的教态，我的声调，我组织教学的能力，还有对教材挖掘的情况——都存在严重的缺陷。整整一个下午，在解放大路小学的小会议室中，我蜷缩在沙发的一角，接受'批评'。回家的公共汽车上，我眼望窗外闪过的落日余晖中的一排排杨树，不争气的眼泪直在眼圈里打转。回到家里，倒在床上，一直折腾到半夜才昏沉沉睡去。随着经验的积累、认识的提高，现在，我越来越深刻地认识到，就是这样的经受历练或者说是'打击'，成就了我今天的坦荡、磊落和坚强——而这些，恰是我获得事业成功的重要内因。也许就是因为这个缘故，无论是对自己还是对别人，看课，我的目光总是盯在'问题'上，作为过来人，我相信这才是对青年同行负责的态度。"

窦桂梅侃侃而谈，突然，上午的一节课浮现在我的眼前。

上午第三节课是一位青年女教师上的，教的是《瀑布》。在最后一个环节中，学生一连串提出好多问题："好像叠叠的浪涌向岸滩"中"叠叠"是什么意思？"万丈青山衬着一道白银"中怎么说是"白银"？"一座珍珠的屏"中"珍珠"是什么？面对提问，教师只是倾听，态度极其和蔼。待学生都问完了之后，教师说："很好，课后我们一起解决这些问题。"评课时，窦桂梅拍着教者肩膀说："你这是虚晃一枪，为什么不趁热打铁而要留到课后呢？等到'课后'，学生的兴奋期已经过去了，你的热情也冷却了。同时我也担心，课后你能给学生回答这些问题吗？"窦桂梅这些话说得教者面红耳赤。

我和窦桂梅谈得很投机，当话题扯到"悟文品字"时，窦桂梅说道："既然咱们唠到了'咬文嚼字'，我就想起去年在我们学校听《荷花》课的情景。大家都知道，《荷花》里有这样一句话：'白荷花在这些大圆盘之间冒出来。'我对教者说，你知道要抓'冒'字，于是提问学生为什么用'冒'字？遗憾的是学生没有理解，接着你又让学生讨论了一下——这叫'探究'。可惜你浅尝辄止，学生还没有感受到呢，你就草草收兵了。有学生说：'荷花偷偷地长，谁也没有看见，可是当看见的时候，它已经长出来了。'如果你趁机抓住这句话引发开去——是啊，它像害羞的少女，但它不忘记绽放，于是悄悄地开得那么灿烂，那么美丽，这不正是荷花的生命力吗！因此，荷花就这样突然地'冒'了出来，立在你的面前——就在你不经意间。遗憾的是，好不容易'冒'出来的荷花，却被你和学生不经意地忽视了。你可以用换词的方法让学生体会'冒'字的妙处。学生可能换成'长''伸''露''挺''钻'等词语，然后让学生比较这些词语和'冒'哪个好，好在哪里，通过这样设计，荷花的挺拔美丽，顽强向上就得以跃然纸上。我校这位年轻老师听我这不留情面的点评，一边流着眼泪，一边频频点头。"

有一年多没见到窦桂梅了，据说她现在少了一点"张扬"，多了一些内敛。在我的心目中，她称得上是"新生代"特级教师的领军人物。我之所以这样说，是因为她有志存高远、一览众山的学术境界；有坚韧不拔、滴水穿石的学术毅力；有才华横溢、才思敏捷的学术禀赋；有指点江山、激扬文字的学术精神；有兼收并蓄、博采众长的学术智慧。

愿窦桂梅越走越好。

挚友赵景瑞

赵景瑞长我4岁,特级教师,退休前为北京市崇文区教育研究中心副主任,我习惯称他为赵兄。我与赵兄相识近20年,对他的了解就像读一本书,由初识到熟识,由熟识到深知,由深知到挚友。2007年,在四川绵阳会议上,志同道合的我们双双获得了"全国教学艺术特别贡献奖"。

赵兄的颁奖词是:

著名特教教师赵景瑞,一位年已六旬的老者,精神矍铄,退而不休,仍活跃在全国小语研究的舞台上。上个世纪80年代,他与反馈创新结缘,扩展到语文领域,先后在首都北京主持承办了三届年会,影响深远,功不可没。他乐于提携后生,精心培养后生,赛台锻炼后生,众多后生脱颖而出,人梯精神可敬可佩。他的教学,幽默风趣,挖掘深透;他的点评,互动和谐,切中精辟;他的论文,选题创新,贴近实际。获此殊荣,实至名归。

我的颁奖词是:

朴素、朴实的白金声,是国务院津贴的获得者,著名的特级教师,虽年事已高,但在反馈创新的平台上,却生龙活虎,俨然普通一兵,主持、点评、搬物、布台,主动超前,样样跑前,贡献无人可比,奉献无人不敬。他的教学,情感激昂,训练扎实;他的点评,切实中肯,底蕴深厚;他的博客,交流及时,人气旺盛;他的为人,平凡中见精神。获此殊荣,众望所归。

我把赵兄称为同伴，原因是在"创新杯"活动中，我俩几乎形影不离。开会，同在一组，住宿，同在一室，用餐，同在一桌，游玩，同去一处，如同一个人似的。

有人曾这样描述过赵兄："这个老头，赤红脸膛上最显眼的是那灰白长眉和那对深陷眼窝里闪着睿智灵光的双眸，瘦高身材中最显眼的是那左肩高右肩低的斜线，魅力指数中最显眼的是他那洪亮的大嗓门和风风火火的急脾气。"他的形象的确这样。

有一次，"创新杯"教学艺术大赛开幕式结束后，他上公开课。一千多人在台下听课，三年级的小学生哪见过这样大的场面，他们真有些紧张。赵兄大步流星地走到台上，大声说道："孩子们，你们知道我姓什么吗？"学生怯生生地说："不知道。"

师：要是不知道的话，那就来猜猜吧，能行吗？

生：（声音不高）能行。

师：能行吗？

生：能行。

师：那好，我先说姓："我走在岔路口。"

生：赵。

师：怎么猜出来的？

生：因为"走"字上面加一个叉，就念"赵"。

师：你真会动脑筋！接着猜：北京的上头有日头。

生：景。

师：为什么你认为是这个字？

生：因为北京的"京"字上面加一个"日"字就念"景"。

师：太好了！第三个字难点儿：王、山、而，3个字凑一凑，看你怎么凑？

生：是个"瑞"字。

师：哪个"瑞"字？

生："瑞雪"的"瑞"。

短短几分钟的交流，学生们在这位和蔼可亲的长者面前，就已经放松和自然了很多。而这看似不经意的交流，正体现了赵兄育人的智慧。他不把自

111

己的名字直接告诉孩子，而是采用猜谜的方式引发学生的兴趣，缓解学生坐在偌大的剧场上课的紧张情绪，体现了对学生的关爱。而在积极动脑猜字的过程中，又使学生潜移默化地感受到了汉字的趣味性，热爱祖国文字的情感悄悄植入学生的心灵。

猜字导入，情智相容，这是上课。我们再来看看赵兄是如何评课的。多年听他的评课，特别喜欢他独特的点评方式。他擅长于在互动中评课，在询问中评课，在研讨中评课。点评时，评者不在上，不在外，而是融入人文关怀之中。优点评够，不足评透，方法给够，不但有理论，还现身说法，信手拈来的教学案例总是那么鲜活，又能利用一切教学资源。在风趣幽默的对话中，常伴随着爽朗的笑声，这笑声很快地消除了陌生老师的不安。

与赵兄同住一个房间，那简直受益太多了。赵兄喜欢聊天，聊天时，他三句话不离本行，聊着聊着，最后，话题总会落在教研上。在我的笔记本上，还记着他的一些精彩的语录：

搞研究需要有三劲：没有钻劲，就深不了；没有拼劲，就干不了；没有韧劲，就做不好。

长江后浪推前浪，这是趋势；长江后浪超前浪，这是必然；长江前浪帮后浪，这是责任；长江前浪让后浪，这是境界。

说得多好，太精辟了！

每次开会，晚饭后都有一些青年教师来到房间请他帮助备课。只要和他在一起研究教材，老师们就会被他的智慧和幽默所吸引。他习惯于在房间里背着手踱来踱去，从不告诉这课应该如何设计，而是先让教师来说，他静静地听，认真地记，而后再启发教师思考。这种做法像是进行中国武术中的接招、拆招的训练，他提的每一个问题，令你不得不深思。比如，《可贵的沉默》这一课，他让老师从题目入手研读课文，课题为什么叫《可贵的沉默》？沉默为什么可贵？沉默对于谁是可贵的？带着这些问题备课，能牵一发而动全身。"接招"的老师恍然大悟："我怎么没想到这统领的关系？赵老师不愧是大师！"

赵兄是回族，但戒规不严，用餐的时候，与大家同桌同吃，只要不是猪肉，他没有什么忌口的。每次用餐他总喜欢挨着我坐，有的菜辨认不出是用什么肉做的，便暗示我先尝一下，然后再决定用不用。实在不行，点一盘炒鸡蛋足矣。

我和赵兄都是热爱生活的人，喜欢旅游是我们共同的爱好。"创新杯"活动结束后，只要时间允许，我们都要在当地玩上半天，或浏览湖光山色，或了解风土人情，或品尝特色小吃。在昆明，我们去过滇池；在吉林，我们去过长白山；在厦门，我们去过鼓浪屿。每到一处，他都会用照相机留下那美好的瞬间。

赵兄喜欢写诗，2006年11月，在长沙湖南第一师范学校举办的"创新杯"教学艺术大赛上，他勉励获得一等奖的选手们：

手捧奖杯笑盈盈，回首历程苦乐情。
难忘平台谁搭起，劲草实为高山擎。
遥望前方成才路，柳暗花明喜登程。
创新艺术无止境，无限风光在险峰。

在颁奖时，他语重心长地对获奖选手们说："要牢牢记住，你是山上的一棵草，不是你高，而是山高。"这是在教青年教师做人啊！

2008年，教育科学出版社出版了我的专著《我为语文而来》。翌年，又出版了他的专著《我的探索》。在南宁开会的时候，他送给我一本他的大作，顺手在扉页上写下这样几个字：

与金声为语文而去！

赵景瑞
2009年3月10日于南宁

不知赵兄为何写这样的话，好不叫人伤感！想着想着，我忽地释然了：齐肩为朋，同道为友，一日语文人，一世语文情，只要活着，我们的人生就没有句号，一直到死！

哈尔滨小语界名师

退休了，赋闲在家，总爱翻阅旧时的教育杂志。每当在刊物上看到那些熟悉的人名，便勾起我一串串的回忆。

记得，1979年，我刚当教研员的时候，就在《黑龙江教育》上知道了哈尔滨小语界几位颇具名望的特级教师，例如，继红小学的王玲云、马家沟小学的莫炳惠、育民小学的张晔、田地小学的原祥云、公园小学的于淑珍等。那时，她们最大的50多岁，最小的40多岁。这些特级教师在我的心目中是叱咤风云的巾帼英雄。她们有着开放的意识，开放的情怀，开放的视野，开放的思维，开放的境界，给改革开放初期的哈尔滨小学语文教学带来了勃勃的生机与活力。

就拿闻名遐迩的王玲云来说吧，她，1928年生于北京，1945年中师毕业，1947年参加教育工作，1978年评为特级教师，是黑龙江省劳动模范、黑龙江省"三八"红旗手。上个世纪70年代末，其时正当中国改革开放的热流风起云涌地席卷中国大地，她顺应时代的发展，面对封闭、灌输、单调、压抑儿童身心的教育现状，切中时弊、义无反顾地投身教育改革的热潮中，成为哈尔滨小学语文教学改革的第一批弄潮儿。

"王玲云"这3个字，对我来说始终是一个神秘的符号，心仪已久。为了解开这个谜，一天，我带领几位老师专程来到哈尔滨兆麟小学，拜访了她。

王老师，个子不高，装束朴素，短发齐肩，目光睿智，说话很轻柔。我们观摩了王老师的一节《荷塘月色》。她读课文时，那平稳的语调如淙淙流水，直流进每个学生的心田。她用她那富有感情的声音，把每个学生带进课文中所表述的意境，使人不禁心驰神往。听她上《荷塘月色》，我自己仿佛置身于参差树影下的月夜荷塘边，她给我送来了缕缕荷香，阵阵蝉鸣。她的课堂充满文化气息，文而不野，雅而不俗，活而不乱，情趣盎然。

至今在我的笔记本上还保留着30多年前她说的一段话："眼睛不要只盯着'语文'，还要盯着'人'。一只眼睛盯着'语文'，一只眼睛盯着'人'，这才叫完整的语文教学。"

名校造就名师，名师发展名校。我一直研究名师这个群体，追寻名师的成长轨迹，探求名师的成长规律，我发现，一个名师就是一本内涵十分丰富的人生教科书。有人说，名师的"名"，不在于"名"，而在于"明"，"明"就是智慧。我下面说的几位名师都是哈尔滨小语界70后的新生代，他们既是语文教学大海中的弄潮儿，也是语文教学堂奥里的思想者。这几位青年才俊是复华小学的王传贤、电工小学的杨修宝、桥南小学的赵家财、经纬小学的吕宝刚、花园小学的张安龙。

先说说王传贤。

知道王传贤是因为他的课。2004年，他送教下乡，来到双城市五家镇中心校，教《两小儿辩日》。他那有节奏、有韵味的读书声，他那飘逸、潇洒的粉笔字，他那娓娓道来的讲解，他那"渔歌问答"游戏的设置，他那举手投足间谦谦君子的学者风度，让我赞叹不已。听一次有味道的小学语文课，往往是一种极为愉快的美的享受，我对王传贤的教学，便有这样的感觉。

2005年6月，哈尔滨市教育研究院召开王传贤教学风格研讨会，我观摩了他的《古诗词二首》教学。那堂课美不胜收，韵味无穷，他举手投足，眉间眼上，口头舌尖，无不散发着浓浓的语文气息。研讨会上，有专家用12个字概括王传贤的教学特色："书香拂面，怡情博雅，大巧不工。"此话十分准确。王传贤是黑龙江省小语界的一颗新星，他有着精湛的教学艺术和广博丰厚的文化底蕴，曾两次应人民教育出版社邀请赴北京为西部地区录制音像教材。

说起王传贤，有一件事我不能忘怀。一个周末，恰逢雨天，难得有这么长的一段不慌不忙的时间，我把自己完全交给了哈尔滨学府书城。正当我聚精会神地翻阅一本书时，一声亲切的问候传过来："白老师，您好！"我寻声抬头望去，原来是王传贤。书城邂逅，我们有说不完的关于书的话题。他说："超过一周时间不来书城逛一逛，就觉得浑身空荡荡的。"我知道，王传贤非常喜欢读书。春云夏雨秋月夜，唐诗晋字汉文章。他每天黎明即起，背唐诗、宋词，读鲁迅、普希金，中国的、外国的、古代的、现代的都尽力去学。在他的博客里，有这样一句话："书，是人类的精神食粮，但真正自觉吸收而能化为己有者，才算得上真正的读书人。"对此话，我有同感。伴随淅淅沥沥的小雨，我们一边翻着书，一边聊，直至书城打烊。

"为师当如王传贤"，我经常在青年教师面前说这句话。那孤灯黄卷的苦苦探求，那春去秋来的死死守望，那追风逐日的匆匆走笔，那成年累月的默默付出，这便是真实的王传贤。

再说一说杨修宝和赵家财。

我与杨修宝、赵家财的情缘是农垦建三江分局给的。2003年7月，我们三人应邀到建三江教师进修学校培训教师。杨修宝讲阅读教学，赵家财讲写字教学，我讲作文教学。

初见杨修宝，远远地打个照面，只觉得此人消瘦高挑，别无特殊。可是，当他讲起语文教学来，却头头是道，令人耳目一新，其中有些观点不乏真知灼见。他说："语文课的最大悲哀是语文本体的淡化和失落。我认为，掌握了语言文字，理解了文本内容，学会了表达形式，形成了语文能力，那么，情感、态度、价值观即在其中了。"这个观点我赞同。工具性是语文学科的本质属性，人文性是语文学科的特有属性，二者水乳交融，浑然一体，是客观地存在于文章之中的。然而，在当下的语文界，智慧不足情感补，用"人文精神"的表演来掩盖自身语言功底差的事实，这种现象太多了。把语文泛化、虚化、情感化，离开语言文字和表现形式，架空分析，旁征博引，任意拔高，搞微言大义，把学生弄得哭一阵，笑一阵，时而怒发冲冠，时而咬牙扼腕，也大有人在。莫让语文迷失自我，不为时尚丢弃永恒。无论课程改革的路走得多远，"星星还是那颗星星，月亮还是那个月亮"，语文课最本质的东西以及学生学习语言的基本规律是永恒的。

赵家财讲座的时候，我一直坐在后排认真地听，认真地记，认真地思索。

他酷爱书法艺术，临池不辍。在赵家财的语文世界中，一个汉字就是一种姿态，一个汉字就是一个故事，一个汉字就是一个跳动的音符，一个汉字就是一个情感的空间，一个汉字就是一个生命的世界。他根据十几年来研习书法的感悟，总结出了一套文白如话、通俗易懂、简便易学、朗朗上口的"写字12诀"：首笔定位，借笔定位，主笔突出，字无双捺，笔画串门，疏密匀称，向上看齐，品头论足，上盖下出，比较两边，外伸内缩，上紧下松。他说："练字就是练人，学写字就是学做人。"临池学书悟妙法，寻根溯源探字理。愿他的"教泽"在孩子的身上绵延下去，从小学好中国字，长大做好中国人。

培训结束时，赵家财送我一本他的新作《教海泛舟》。

再说一说吕宝刚和张安龙。

有一年，我和吕宝刚到昆明，参加"创新杯"全国教学艺术大赛活动。他讲《长征》，我上作文指导课，我们一小一老的"龙派"语文教学给春城千余名教师留下了深刻印象。那一天，吕宝刚白衬衫，红领带，亮皮鞋，这位身材敦实的东北汉子，一出现在西山少年宫的舞台上，学生就鼓起掌来。就像一篇文章要有一个精彩的开头，一幕戏剧要有一出诱人的引子一样，一堂课也必须有一个引人入胜的"开场"，才能在最短的时间内把学生的注意力引到课堂上来。吕宝刚的"亮相"就有这一特点。

认识张安龙，是 2006 年夏天，他在双城市第三中学上公开课，他课上得好，人也儒雅、英俊，一身才子气。转眼到了 2011 年暑假，我参与审核黑龙江省中小学申报全国"百佳教师"的材料，在材料中我发现有一卷宗特别厚，打开一看，原来是哈尔滨市南岗区花园小学张安龙的。佐证材料中有一本他的专著《行走在专业成长的道路上》，我简单翻了翻，那一张张书页，像清新的茗茶让我唇齿留香，余味悠长。于是，我迫不及待地给他打了电话，约定周日到学校当面要他一本大作，张安龙答应了。

周日上午，我如约而至。因为放暑假，学校空荡荡的，只有门卫一个人在看报。我说明了来意，径直登上四楼，来到四年二班，只听到教室里传出浑厚的声音："这节课就到这里，下课！"我推门一看，黑板上写着板书，课桌上放着参考书，张安龙手里捧着教科书，俨然正在给学生上课的样子。原来他要参加那年 9 月在宁夏银川举行的全国小学语文阅读教学大赛，正在备课。赶上了，我们一起研究教材，探讨教法，直到中午时分，我才告别学校。

在上个世纪末哈尔滨小学语文青年教师中，庞光辉堪称佼佼者。她，25 岁荣膺黑龙江省首届小学语文"十佳教师"称号；26 岁跻身于黑龙江省小学语文兼职教研员之列；27 岁夺得黑龙江省小学教师六项技能教学大赛第一名；28 岁创造了"庞光辉识字写字教学法"，以至"铁画银钩"的"庞光辉现象"出现了。人们不仅要问：一个涉足教坛不足十年的热血青年，为什么能蜚声哈尔滨，饮誉黑龙江？这的确是个谜。一天，这个谜我终于解开了。1997 年 12 月 5 日的哈尔滨电化教育馆大演播厅座无虚席，来自省、市、区教育界的领导、语文专家、教师，兴致勃勃地观摩了庞光辉一节二年级的识字写字课。黑板上整整齐齐、漂漂亮亮地排列着《初冬》一课11个生字的板书，如刀刻斧凿一般，遒劲挺拔，再加上她那挥洒自如、举重若轻的课堂教学风采，给我留下了极深的印象。原来，庞光辉天资聪颖，酷爱书法，勤奋好学，自幼读帖、摹帖、临帖，对汉字长短、大小、欹正、疏密、宽窄、肥瘦、开合、俯仰、向背的变化颇有研究。当庞光辉这颗新星闪烁在哈尔滨小语学界的天幕上时，她便以坚实的语文教学的"写字"能力，过硬的语文教学的"教字"能力和高强的语文教学"研字"能力博得学校领导的青睐和全体同仁的赞许。庞光辉是耕夫，是果实，也是种子。她手执教鞭，心系明天，在三尺讲台上运筹帷幄，在平凡岗位上默默奉献。

　　名师的成长大凡都有贵人，或迟或早，或远或近。王传贤拜全国著名特级教师靳家彦为师，靳氏的教育思想对王传贤德、识、才、学影响很大。在新课程理念的旗帜下，经过千锤百炼，"桐花万里丹山路，雏凤清于老凤声"，王传贤在哈尔滨小语界名声大震，迅速走红，跟靳家彦的指导是分不开的。

　　庞光辉在一篇文章中讲过一句话："我很幸运，因为几年来我一直站在人梯上向高峰攀登。"为庞光辉茁壮成长而无私奉献的人，其姓名有一大串，如哈尔滨市教育研究院的果乃玉、黑龙江教育杂志社的魏永生等都对她有过指教和提携。

　　对名师来说，语文是灿烂的先秦繁星，是皎洁的汉宫秋月，是珠走玉盘的琵琶，是推敲不定的月下门。为了语文教学改革，他们朝斯夕斯，"衣带渐宽终不悔，为伊消得人憔悴"。王传贤走上教师岗位之初，有人曾劝他：家有三斗粮，不当孩子王。取得成绩后，仍有人劝他别再继续当老师了。面对这样的好意，王传贤总是摇头一笑："作为老师，我流转不息的生命之河因为有了教育而澎湃。我平凡的生命，因为从事了教育而精彩。"

　　世事沧桑，往事已矣。回顾这些名师，有的退休了，有的随家人调往了外地，但大部分还坚守在小学语文教学第一线。教而优则仕，这里不排除有的名师当上了学校领导或做了教研员，不管情况如何，我以为，几代名师心灵相通，一脉相承，携手共进，后浪涌前浪，掀起了哈尔滨小学语文教学改革的滚滚大潮。

辑三 沙龙碎语

什么是语文？叶老说得很清楚：平时说的话叫口头语言，写在纸上的叫书面语言，把口头语言和书面语言连在一起说，就叫语文。语文教学干什么？叶老也说得非常明白：教会学生听说读写的本领。一句话，语文课是教师引导学生学习和运用祖国语言文字的课，而不是别的课，读读写写，写写读读，如此而已，岂有他哉？

我在书房与朋友交流

"语文"姓"语"名"文"字"实践"

"语文"究竟是什么？如何学习语文？

在深入学习、贯彻《语文课程标准》的今天，我想对语文说上几句。

1. 语文，姓"语"。

请注意，我这里说的"语"，不是"语言"，而是"言语"。心理学和语言学对"语言"和"言语"这两个不同的概念是有明确区分的。语言，是由语音、词汇和语法三个部分构成的，其中语音是语言的物质外壳，词汇是语言的建筑材料，语法是语言的组织规律。这是大家熟知的。语言是人类最重要的交际工具和思维工具，也是社会传递信息的工具。这也是大家常说的。那么，什么是言语呢？言语也称话语，是个体在特定情境中为完成特定的交际任务对语言的使用。例如《语文课程标准》中提到的"阅读""写话""习作""写作""口语交际"等，都属于言语活动。如果说语言是一种社会现象，那么言语则是一种个体行为。由此观之，"语言"和"言语"的内涵是不同的。我们学习语言，是掌握其语音、词汇、语法、修辞等知识及其规律；我们学习言语，则是提高运用语言进行听、说、读、写的能力。学习语文就是一个学习言语的过程。语文教材主要是现成的言语作品，要求学生读熟它，读懂它，模仿它，创造它。让学生读熟读懂，谓之阅读教学；让学生模仿创造，谓之作文教学。可见，以培养学生听、说、读、写能力为主要目标的语文教学，其实质就是言语教育。当然，学习言语也包括学习语言知识，但这些语言知识，从言语的角度看，是言语知识。学习言语知识，也只是感受、领悟，形成习惯，不能过分强调知识的系统性和完整性。

语文既然姓"语"，语文教育既然是言语教育，我们就不能把语文课上成思品课、社会课、科学课、政治课、历史课、地理课、微机课，或者其他什么课。我们要明确语文课的性质,牢牢把握语文教学的方向,把语文课真正上成言语训练课,全面提高学生的语文素养。

2. 语文,名"文"。

这里的"文",既不是单纯的"文字",也不是具体的"文章",更不是高雅的"文学",而是宽泛的"文化"。文化是人类在社会历史发展过程中所创造的物质财富和精神财富的总和。《语文课程标准》指出:语文"是人类文化的重要组成部分"。这就告诉我们,应当把语文视为一种社会意识形态,看作一种文化代码。掌握一种语文,就是接受一种文化价值。拿母语教学来说吧,学生从语文学科得到的不是一技之长,而是认识民族文化的丰厚,触摸民族文化的积淀,感受民族文化的底蕴,吸收民族文化的营养,接受民族道德观念的规范,建立起深厚的民族情感。为此,《语文课程标准》有一条规定,编写教材"要注重继承与弘扬中华民族优秀文化,有助于增强学生的民族自尊心和爱国主义感情"。

当然,这里说的"文化",不具有具体的实体性的内涵,它是通过语言文字、语言文章、语言文学等具体语文形态体现出来的。在教育序列上,小学阶段应侧重于语言文字,初中阶段应侧重于语言文章,高中阶段应侧重于语言文学。以识字教学为例,中华民族独有的汉字,是一种方块形的表意文字,它源远流长,形象优美。从结体上看,汉字具备疏与密、刚与柔、屈与伸、开与合、正与偏、藏与露等多种变化,造成音乐般的节奏与旋律,给人以美的享受。从章法上看,字距、行距相称,启承连断,大小向背,顾盼映带,往往显示出一种气韵,一种格调,也能给人以一种美的享受。汉字文化更是博大精深,它具有因义赋形,富于联想和书法艺术三大特点,在世界上独领风骚,十分有利于开发学生的智力。所以,识字教学应当牢牢植根于汉字文化的沃土,让学生充分认识到汉字是中华文化的瑰宝,是中华民族智慧的结晶。以往的识字教学大多都是浅层次的,底蕴不深,常常就是就字教字,方法简单,教者不愿寻绎汉字内部潜在的音、形、义各种规律,看不出中国传统文化的特点,这些都是不足取的。

3. 语文,字"实践"。

《语文课程标准》指出:"应该让学生更多地直接接触语文教材,在大量的语文实践中掌握运用语文规律。"我理解这句话的意思是,语文是实践性很强的课程,要注重培养学生的语文实践能力,而这种能力必须在丰富的语文实践中培养。这是因为：（1）语文是工具，而掌握任何工具的基本途径就是实践。模仿、记忆、积累、应用、揣摩、领会、吸收、理解，交互作用，往复循环，学习语文大体就是这样一个过程。语文学习绝不是先理解后应用的一个简单的过程，而必须"曲不离口，拳不离手"，反复历练，才能掌握语文这一工具。(2) 语文是能力型的学科，这就决定了语文教育必须对学生进行科学的、严格的个体基本训练。能力是个性心理特征，言语能力、言语行为是属于每个人的，具有鲜明的个体性。学习言语与学习游泳一样，必须亲自"下水"，在"游泳"中学会"游泳"。这是我们进行语文教学活动必须时刻牢记的。

强调语文学科的实践性，有助于治疗"以教师为中心"的教学痼疾，有助于打破传统语文的封闭格局，建立一个开放型的大语文教育体系。在语文教学中加强学生的语文实践，一要采取多种多样的形式，给学生创造尽可能多的实践的机会；二要不断开发、充分利用无处不在、无处不有的语文教育资源，使学生凭借丰富的资源和大量的实践，在学语文、用语文中渐渐习得语文学习规律，不断提高整体把握的能力。

亮出以上的观点，倒不是因为我当了多年的语文教研员，搞点标新立异的名堂，而是想在众说纷纭中，对语文教学保持一份理智，保留一家之言而已。

永远持守语文的本色

新课改 15 年了,面对蜂拥而至的"新理念",面对纷繁复杂的"新提法",面对五花八门的"新套路",不少语文教师感到无所适从。在"乱花渐欲迷人眼"中,一位教师上了这样一节语文课,此课实在让人不敢恭维。

学生:二年级; 课题:北京; 环节:六步;
具体步骤:
(1) 教师配乐朗读课文。
(2) 学生交流课前收集到的有关北京的各种资料,如天安门的设计、紫禁城的由来、圆明园的建筑、颐和园的美景等。
(3) 教师演示关于北京的多媒体课件,忽而雄伟的人民大会堂,忽而高大的英雄纪念碑,忽而壮观的国家大剧院,忽而美丽的"鸟巢",忽而靓丽的"水立方"。课堂上,听取"哇"声一片。
(4) 学生以自己喜爱的方式表达对首都的喜爱之情,或跳舞,或唱歌,或朗诵,或绘画,教室里好不热闹。
(5) 学生齐声读课文,畅谈收获。
(6) 教师小结:"这节课,我们'游览'了北京城,北京是一本厚厚的线装书,北京是一幅多彩的水墨画。同学们,快点长吧,长大后,去北京感受她的美丽和巨大的变化吧!"

这是一节与综合结过深的缘、与人文攀过近的亲、与媒体贴过密的心的变了味的语文公开课。太多的资料补充、太多的课件展示、太多的活动样式,使得课堂成了"满汉全席"的"大杂烩"。

莫让语文迷失自我，不为时尚丢弃永恒。无论课程改革的路走得多远，"星星还是那颗星星，月亮还是那个月亮"，语文课最本质的东西以及学生学习语言的基本规律是永恒的。

什么是语文？叶老说得很清楚：平时说的话叫口头语言，写在纸上的叫书面语言，把口头语言和书面语言连在一起说，就叫语文。语文教学干什么？叶老也说得非常明白：教会学生听说读写的本领。一句话，语文课是教师引导学生学习和运用祖国语言文字的课，而不是别的课，读读写写，写写读读，如此而已，岂有他哉？

恕我直言，现在的语文公开课剑走偏锋的简直太多了，其错位表现有三：一是虚，语言训练不落实，不到位；二是杂，非语文现象、非语文活动占据课堂；三是闹，在"放羊式"的教学中，假主体行为泛滥成灾。精彩的音像制品、热闹的合作探究、逼真的师生表演，让听课的老师眼花缭乱，而这恰恰丢掉了语文的本真。语文课的最大悲哀是语文本体的淡化与失落，真正的语文课必须做语文自家的事，以"语文的方式"走"语文的路"，凸显语文的个性，把对语言的感悟、品味、积累、运用放在首位。语文公开课无论怎样设计，一个根本的东西不能变，那就是教师心静如水，以教材为例子，指导学生在学习母语上下功夫，提高学生的语文素养。

为师不识语文味，教尽经典也枉然。一堂好的语文课，语文味应当表现在动情诵读、静心默读的"读味"上，圈点批注、摘抄录记的"写味"上，品词析句、咬文嚼字的"赏味"上。追求本色语文，就应该以"语"为本，删繁就简，返璞归真，努力做到"三实"：平实——平平淡淡教语文，扎实——扎扎实实教语文，朴实——简简单单教语文。持守语文本色，就是从学语文的角度，按照汉语的规律，实实在在地教语文。

"咬定'工具'不放松，立根原在'素养'中；千方百计学语言，任尔东西南北风。"这 28 个字应当成为语文教师的座右铭。

中国传统语文教育启示录

近读《中国语文教育史纲》，感触颇深。

中国传统语文教育刻有封建时代维护儒家道统的鲜明烙印，产生过不少流弊，诸如识字教学脱离儿童实际，阅读教学强调死记硬背，作文教学编凑八股文章，等等。对这些"积淀"与"糟粕"，我们必须加以否定。但是，在源远流长的中国传统语文教育中，先哲们也发表了不少真知灼见，也积累了许多有益的经验，对这些"活流"与"精华"，我们也必须予以把握和发展。

下面，略陈三点启示，以求争鸣。

启示之一：熟读。

古人常说："读书百遍，其义自见。"朱熹对这句话的解释是："读得熟，则不解说自晓其义也。"这说明，"熟读"是理解文章思想内容和语言形式的必由之路。只要诵读到十分精熟，定能达到"自晓其义"的目的。

古人对读的要求是十分严格的。每教一篇文章，在教师有声、有色、有情、有韵的范读后，要求学生微闭双眼，轻声吟诵，要读出文气，读出感情。学生在读书时，往往像唱歌一样轻松愉快，印象深，记得牢，一旦背熟，便终生不忘。

总而言之，中国传统语文教育不是靠什么架空的课文分析，而是依赖于朗朗上口的熟读。但愿如今的语文课堂教学少一点讲解，多一点书声。

启示之二：多作。

在作文教学上，古人提倡勤写多作。唐彪说："盖常作则机关熟，题虽甚难，为之亦易；不常作，则理路生，题虽甚易，为之则难。"

古代学塾大多规定日子作练写。如清代尤启瑞的《家塾课程》中制订："逢三、八日作文，初一、十五日作史论及诗赋。"这种细水长流坚持不懈的训练，能使写作技能逐步达到熟练的程度。

总之，要手笔熟，唯有多作，这是符合从实践中培养写作能力规律的。只靠课本有限的几次作文练习，是难以提高写作水平的。所以，我们要以多作为突破口，增加学生作文历练的次数，重视每次训练的质量要求。

启示之三：广游。

在我国广袤的国土上，有波浪连天涌的长江，有远上白云间的黄河；有"造化钟神秀，阴阳割昏晓"的泰山，有"气蒸云梦泽，波撼岳阳城"的洞庭；有"千里莺啼绿映红"的江南景色，有"瀚海阑干百丈冰"的塞外风光，从东到西，从南到北，不仅有美不胜收的自然风景，而且有丰饶富足的天然资源，历史悠久的文物古迹和丰富多彩的民情风俗。

正因为如此，古代的学者非常重视游历，他们把"行万里路"和"读万卷书"一同列为学习的重要课程。李白"五岁诵六甲，十岁观百家"，25岁时，"仗剑去国，辞亲远游"。他南泛湖庭，东游吴越，北上太原，西到巴蜀，漫游生活历时十多年，为阅读、创作奠定了坚实的基础。

当今中小学生，禁于课堂，囿于课本，脱离火热的生活，这不能不说是语文教育的一大失误。学生时期，虽不能"仗剑去国，辞亲远游"，但为了扩大视野，丰富知识，增加阅历，提高修养，一定要接触社会，"天地阅览室，万物皆书卷"，就是这个道理。

语文教育要创新。怎样创新？我认为批判地继承前人法度是推陈出新不可偏废的条件，熟读、多作、广游是有中国特色的、民族化的、科学化的语文教育之路。这就是我学习《中国语文教育史纲》的启示。

素养·语文素养·语文核心素养

培养学生核心素养已成为时代发展的迫切要求，也是我国教育综合改革的重大课题。我想就素养、语文素养、语文核心素养这三个问题谈谈粗浅的看法。

先说素养。

"素养"一词，《现代汉语词典》解释为"平日的修养"。素养是有个性差异的，不同的人有不同的素养。比如有的人在数学方面有一定水平，我们说这个人具有数学素养；比如有的人在音乐方面修养很高，我们说这个人具有音乐素养。翻阅各学科的义务教育课程标准，可以看到"素养"一词的运用十分普遍，如人文素养、科学素养、历史素养、地理素养、化学素养、物理素养、美术素养，其中，"科学素养"使用得最多。

再说语文素养。

在新课改过程中，伴随着语文课程功能的转变，以及对语文课程性质新的认识，于是，"语文素养"这个概念便应运而生了。《语文课程标准》指出："九年义务教育阶段的语文课程，必须面向全体学生，使学生获得基本的语文素养。"《课标》是从知识与能力、过程与方法、情感态度和价值观三个维度提出全面提高学生"语文素养"这一理念的。

语文素养，相对于传统意义上的语文知识与技能，具有更为丰富的内涵。它囊括了语文知识、语文能力、语文智慧、语言积累、人文精神、道德情操、审美情趣、个性风采、学习方法和学习习惯等，是一个多维的、立体化的课程目标。只有发展学生的"语文素养"，才能构成学生个体真正意义上的全面发展和终身发展的坚实基础。

最后说语文核心素养。

语文素养是《语文课程标准》的核心概念,"全面提高学生的语文素养"是《课标》的基本理念。需要指出的是,就基础教育而言,让学生获得的不是全部的语文素养,而是最基本的语文素养,即比较稳定的适应时代发展要求的听说读写能力,以及在语文方面表现出来的文化底蕴。那么,说到小学,在这个阶段,语文素养则更是基本的了,那就是语文知识、语言积累、言语技能三个方面。所以,笔者赞同"语文核心素养"的提法。

　　语文,是语言和文字及文化的简称,包括口头语言和书面语言。小学语文学什么?无外乎理解、积累和运用祖国的语言文字。把母语学好了,包括美育在内的思想政治教育的任务也就完成了。

　　小学语文应从哪些方面培养学生的核心素养呢?"字、词、句、篇、听、说、读、写"足矣。"字、词、句、篇"是语文知识,"听、说、读、写"是语文能力,在小学,这"八字宪法"便构成了语文核心素养的基本内涵。那么如何在教学实践中具体实施呢?中国传统的语文教学方法可以借鉴,那就是感悟、积累、运用。

　　在教学中,首先要对语言材料有所感悟,即人心与文心通融,产生感情共鸣。其次要善于积累语言,在语言的积累中,进一步受到情感熏陶。最后还要加强语言实践,适当地进行运用性的训练,以达到学以致用的目的。

　　请看,一位教师执教《白鹭》时,第五节的设计:

　　师:请同学们齐读第五段。
　　生:(齐读)那雪白的蓑毛,那全身的流线型结构,那铁色的长喙,那青色的脚,增之一分则嫌长,减之一分则嫌短,素之一忽则嫌白,黛之一忽则嫌黑。
　　师:你们静下心来,与课文"对话",一定会有很多收获。老师希望与你们交流,分享你们收获的快乐。
　　生:我非常喜欢白鹭,流线型的身段,雪白的蓑毛,铁色的长喙,青色的脚,像一幅天然的画。
　　师:你真会感受!
　　生:白鹭外形精巧如诗,作者语言优美如诗,"那……那……那……"的排比句式,语意贯通,语言流畅,节奏明快,读来朗朗上口。
　　师:是的,作者通过对白鹭的直接描写,展示了白鹭的精巧、和谐、匀称之美。从绘画的角度来说，这是一幅中国的水墨画，是白鹭的一幅特写，几笔紧扣特征的粗线条的勾勒，便充分展示了白鹭的静态之美。

生：我愿意"锦上添花"诵读这一节。（读得声情并茂，受感染的同学也情不自禁地轻声读起来）

师：读得好！如此精彩的语句，值得储蓄，让我们一起背下来，好吗？

生：（齐）好！

（学生背诵）

师：读也读了，背也背了，现在，请同学们模仿这段话的描写方法写一段话，好吗？

生：好。

几分钟后，大家展示自己的成果。其中一个同学写道："同学们都说妈妈为我编织的毛衣合体，增一点则嫌长，减一点则嫌短，宽一点则嫌肥，窄一点则嫌瘦。"

师：妈妈心灵手巧，女儿心灵"笔"巧。

这个片段的教学，面向全体学生，激发学习兴趣，较好地做到了"感悟、积累、运用"的有机统一，让每一个学生在其最近的发展区域得到了语文核心素养的提升。

课堂不妨多些涵泳

"涵泳"一词，在中国古代语文教学言论中经常出现。宋朝的陆象山说："读书切戒在慌忙，涵泳工夫兴味长。未晓不妨权放过，切身急要细思量。"清代的崔学古说："凡读文亦可略仿读书法探读数篇，篇只求明，不先求熟。明则自然易熟，明后复讲完篇。或正在读时提一句，责令自讲。讲后再读，熟后再温，得趣全在涵泳。"二位先哲语录中的"涵泳"意思一样，即身临其境，熟读成诵，细细品味。

"涵泳"是我国古代传统的语文教学方法。

"涵泳"的第一个要义是多读。石天基在《训蒙辑要》里记录了学塾中一天的教学活动：黎明齐集学堂，然后各就其位读书；巳刻写字；傍午由先生授书一段；下半日专门用于读书；薄暮或歌诗，或不歌诗。读书的时间占了一半以上，可见多读不仅仅是强调，而且确实得到了落实。

"涵泳"的第二个要义是熟读。唐彪在《读书作文谱》中说："读书须将本文读熟，字字咀嚼令有味。"熟读有什么好处？姚鼐在《与陈硕士书》中指出："大抵文字须熟乃妙，熟则利病自明，手之所至，随意生态，常语滞义，不遣而自去矣。"文章读熟了，才能体会到妙处，的确如此。

"涵泳"的第三个要义是思索。朱熹在《朱子学的》中说："读而未晓则思，思而未晓则读。"在《读书之要》中又说："观书先须熟读，使其言皆若出于吾之口，继之精思，使其意皆若出于吾之心。"边读边思，边思边读，读和思交织进行。熟读是深思的依据，不深思就得不到书中情味和理趣。

"从容涵泳，自有无形之益。"首先，涵泳有利于语言的积累。一篇文章在弄清立意布局的基础上，细细玩味，其语言的神韵、理义，必然深深地印入脑海。由于语感的作用，到铺纸濡墨时，恰切的词语和句子就会呼之即来。

"胸藏万汇凭吞吐，笔有千钧任歙张"就是这个道理。其次，涵泳有利于对文章的整体把握。只要反复讽诵，潜心琢磨，即可明达文义。所谓"读书百遍，其义自见"就是这个意思。这种教学方式体现了伦理型文化朴素的整体观念和直觉体悟的思维方法，它把综合作为认识的起点和归宿，避免人为分割所造成的认识局限。再次，涵泳有利于规范学生的语言。严格地说，绝大多数学生的语言是不准确的。在背诵过程中，学生通过反复诵读书上的规范化的语言，潜移默化地进行吸收，久而久之，原来不规范的方言土语及不良的语言习惯必然逐渐地被规范的书面语所代替。

综上所述，语文教学贵在"涵泳"。

现在，不少语文教师误认为上语文课就是要讲。一篇不长的课文，一讲就是两三节，作者介绍、时代背景、段落大意、主题思想、写作特点，没完没了，课文被冗长的分析支解得支离破碎，这种掰开、揉碎、嚼烂的教学，挤掉了学生读书的时间。"还我琅琅读书声"，对于课文中一些文字优美、情感强烈、意境深远的精彩片断和重点章节，一定要指导学生真心读懂、读好、读透，把一个个词，一句句话，一段段文，化为有声有色的事，有血有肉的人，丰富多彩的景，真挚感人的情，让学生在琅琅的读书声中熏陶，培植语感，吸取课文中丰富的营养，在熟读中获得记忆。一课书教完了，一定要把是否读熟，该背的是否会背，作为评价教学成败的首要标准。

语文课堂亟须去假归真

日前，我到国家教育部报送课题结项材料。之后，绕道去了语文出版社，美女编辑过超送我一本该社刚刚出版的《这个时代需要真语文》。当天，在回哈尔滨的火车上，7个多小时，我手不释卷，一口气读完了这本书。掩卷深思，在我的脑子里叠印出如下的字幕：这个时代确实需要真语文。用王旭明社长的话说，"别让语文教学时髦却虚伪"，语文课堂"亟须去假归真"。

语文，本身不存在真假之辨。然而，在教学的传播过程中，语文被异化和扭曲了，这是不争的事实。我当了40年小学语文教研员，听了无数节语文课，平心而论，假语文教学确实屡见不鲜，如今仍然涛声依旧。就拿阅读教学来说吧，在课堂上，就有如下的一些表现：随心所欲的导语，零敲碎打的提问，繁琐无聊的对话，浅层庸俗的探究，形式主义的合作，拿腔作调的朗读，嘻嘻哈哈的表演，眼花缭乱的课件，哗众取宠的板书，穿靴戴帽的说教，等等，这些表现实在不敢恭维。尤其是在一些大型的观摩课上，有的老师将上课当成了表演，令人啼笑皆非。举一个把语文课堂糟蹋得体无完肤的例子：一位教师执教《十六年前的回忆》，教者讲到李大钊被捕一段时，让学生演课本剧。给"李大钊"戴上礼帽，穿上长袍，给"特务"戴上墨镜，拿上玩具手枪。几个"特务"一拥而上，笑嘻嘻地喊道："不要放走一个！"其中一个"特务"把"李大钊"拽住，大声吼道："给我看好，别让他自杀，先把手枪夺过来！"说着，"特务"夺下"李大钊"的手枪，又把他全身搜了一遍。"李大钊"此时没有保持他惯有的严峻态度，而是"扑哧"一笑，随即课堂上乱套了。有的学生大笑，有的学生喊叫，有的学生鼓掌，教师完全失控了。

课本剧表演是一件严肃的事情。于内，要表现出人物复杂的情感态度；于外，通过肢体的演示和媒介物的变化来展示和传达人物的内心世界。由于教者的失误——没有指导学生关注藏在"戏"后的故事，及故事蕴藏的感情，所以我们看到宝贵的教学时间就在这样的热闹肤浅中白白浪费掉了。

虚、闹、杂、碎、偏是语文教学错位的表现，这种误区恰恰丢掉了语文的本色，为师不识语文味，教尽经典也枉然。语文课是什么？语文课是教师引导学生学习语言的课，是听、说、读、写的综合实践课，而不是别的课。就小学而言，学好汉语拼音，写一手漂亮字，识 3000 汉字，背 200 篇诗文，写 600 字作文，如此而已，岂有他哉！要想实现这样简单而具体的目标，教师就得"真教"，学生就得"真学"，惟其真教真学才称得上真语文。王旭明社长说："不用语文的方法教语文的语文课，我们都称之为'假语文'。因为假语文的存在，我们才提出真语文；因为假语文的猖獗，我们才提出真语文；因为假语文和求真务实的十八大精神相悖，我们才提出真语文。"此话石破天惊，一语中的，那就是莫让语文迷失自我，不为时尚丢弃永恒，真语文强调回归传统，我们应当找回本真，牢牢记住"字、词、句、篇、听、说、读、写"这"八字要诀"，简简单单教语文，本本分分为学生，扎扎实实求发展。

《这个时代需要真语文》为国内第一本全面阐释真语文理念的图书。该书对真语文的提出、内涵、主张、要求、策略、方法等问题都做了深入的阐述。我建议一线老师读读这本书，一书在手，你会豁然开朗——哦，原来上语文课竟然如此简单！

如实反思昨天，自信面对今天，理智掌握明天。我相信，被长期诟病的语文教学，一定会从少、慢、差、费的泥淖中走出来，在改革的大路上阔步前行。

莫让语文教学成蝜蝂

深夜。窗外，满天星斗；室内，鸦雀无声；灯下，我读《柳河东集》。

柳宗元在《蝜蝂传》中写道："蝜蝂者，善负小虫也。行遇物，辄持取，仰其首负之。背愈重，虽困剧不止也。其背甚涩，物积因不散，卒踬仆不能起。人或怜之，为去其负。苟能行，又持取如故。又好上高，极其力不已，至坠地死。"掩卷深思，由可怜的蝜蝂，我迁想到当前的语文课堂教学。

走进新课程以来，新课标小学语文课堂教学的新策略、新方法、新艺术层出不穷，着实令广大一线教师眼花缭乱。在各类观摩课、公开课和平时的语文教学实践中，在种种非语文手段的驾控之下，不少教师的"创新"与《语文课程标准》倡导的理念"形似神异"，出现了一些非语文现象和假主体行为。有些语文教学舍弃其"学科特征"并在自己不该"管辖"的科目中跳踉行走，将语文课上成了"文化民俗课""地理常识课""历史知识课""科学实验课""手工制作课""美术绘画课""思想品德课""戏剧表演课""风光旅游课"，搞得花花哨哨，非驴非马，不伦不类。有的课，不以教材为凭借，不以学生的知识和能力为基础，任学生无边想象，高谈阔论，表面看上去热热闹闹，红红火火，结果一节课下来，学生没识几个字，连短短的一篇课文都没有读熟。这样的语文课多么令人悲哀！

我曾经在省一级教学大赛中看过这样一节语文课：第一步，读诗歌《赠汪伦》。第二步，请学生看课文情境课件。第三步，选择学习：（1）凭想象分组表演各种赠别的情景；（2）喜欢美术的学生画一画赠别的画；（3）爱好音乐的学生到电脑中点击适合表现赠别的乐曲，并配乐朗读。第四步，齐读两首赠别的诗。第五步，学生总结收获，合唱一曲《朋友啊朋友》。一位长期从事语文教学的老教师看了这节课深有感触地说："现在的语文课不知怎样上了,真是月朦胧、鸟朦胧,语文越教越朦胧。"

语文是什么?语文究竟学什么?语文课到底该怎样教?我在案前深深地思索。

语文姓"语",不姓"杂",更不姓"繁"。语文教学决不能像那个"善负小虫"的蝜蝂,"行遇物,辄持取",什么东西都往语文"背"上放。

关于语文是什么,叶圣陶先生有一经典阐释:"口头为'语',书面为'文',文本于语,不可偏指,故合言之。"《语文课程标准》中的"语文"取义,按叶圣陶先生的解说,该为口头语言和书面语言的统称。"语文"一词涵盖了人们语言交际的听、说、读、写所有行为,因此,新课标说:"语文是最重要的交际工具,是人类文化的重要组成部分。"

语文学什么?我的认识是:语文是工具学科,但它不同于其他的工具学科。语文这个工具是社会交际的工具。数学也是工具,但它是量化的工具,而不是交际工具。学习语文和学习其他学科不一样,学习其他学科主要是学内容(外语除外),如数学要学方程式、公式、定理等。学习地理也一样,不管是人文地理,还是自然地理,学的都是内容。语文则不同,学习语文主要是学习文本本身所具有的言语形式,就是说,学习语言和文字。所以,我们在语文课堂上要恪守语文姓"语"不动摇,切不可丢掉语言文字这个本体,忽视对文本语言的感受、领悟、揣摩、积累和运用,这是人们对语文教育进行了痛彻心扉的反思之后取得的共识。为此,我们应该让学生有充分的时间去读书,有足够的空间去思考,有较多的机会去实践,不能以放弃基础知识为代价,也不能以削弱语文能力的培养作砝码,更不能被"语文的外延"之类似是而非的口号所迷惑,去"肥别人的田,而荒自己的园",要专心致志地耕好自己的"一亩三分地",把学生塑造为能书善写、能言善辩、求真向善的语文小能人。

语文课到底该怎样教?我非常赞同这样的一句话:"语文教学的根在听、说、读、写,是听、说、读、写之内的挖掘与创新,而不是听、说、读、写之外的花样翻新。""知识与能力"是语文学科的核心目标,字、词、句、篇、听、说、读、写是语文课程区别于其他课程外显的标记,同时也是过程与方法、情感态度与价值观的依托,舍此依托,过程与方法、情感态度与价值观就成了无源之水、无本之木。为此,我主张帮助学生正确理解和运用祖国的语言文字,就要简简单单教语文,本本分分为学生,扎扎实实求发展。要想让学生学到实语文、活语文，一辈子管用的语文，必须做到以下四点：

第一，字要规规矩矩地写。

中华民族独有的汉字，是一种方块形的表意文字，它源远流长，形象优美。从结体上看，汉字具备疏与密、刚与柔、屈与伸、开与合、正与偏、藏与露等多种变化，由这些变化，造成音乐般的节奏与旋律，给人以美的感受。从章法上看，字距相称、启承连断、大小向背、顾盼映带，往往显示出一种气韵，一种格调，也能给人以一种美的享受。汉字文化更是博大精深，它具有因义赋形、富于联想和书法艺术三大特点，在世界上独领风骚，十分有利于开发学生的智力。所以，识字教学应当牢牢植根于汉字文化的沃土之中，让学生一出手就做到书写规范、端正、整洁，并有一定的速度，小学毕业就应当写一手好字。

第二，书要仔仔细细地读。

读书是学习语文的基本途径，古人云："书读百遍，其义自见。"文章读熟了，文章的词法、句法、章法，必然会被读者在反复吟哦中逐步地掌握，文章中字里行间所显示的深刻含义和深厚感情，一定会被读者在反复诵读中所领悟，以至与作者产生共鸣。文章需要朗读。所谓朗读，就是朗朗有声地读，要求正确、流利、有感情。美的地方要读得心驰神往，丑的地方要读得深恶痛绝，乐的地方要读得忍俊不禁，悲的地方要读得蹙眉落泪。文章更需默读。所谓默读，就是默默无声地读，要求"见于书，入于目，发于心"，做到"字求其训，句索其旨，章探其意"。读书时，在不理解的地方画上问号，关键的地方点上点，用得好的词语画上线，在书页的空白处加注解，这叫"不动笔墨不读书"。

第三，话要清清楚楚地说。

口语交际能力是学生在语文学习过程中要具备的一种重要能力。在科学技术迅猛发展的今天，随着人们生活方式和传统习惯的改变，社会对学生的口语交际能力提出了新的要求。《语文课程标准》提出："学会倾听、表达与交流，初步学会文明地进行人际沟通和社会交往，发展合作精神。"这个语文课程目标告诉我们，在口语交际过程中，学生要做到：（1）发音要准确，口齿要清晰，能用普通话清楚地表达自己的思想。（2）在口语交际中，要注意对象，考虑场合，讲究文明礼貌，不随意打断别人的话。（3）养成边听边想和先想后说的习惯，听话说话时，体态要大方，打手势要自然。

第四，文要认认真真地做。

作文是学生认识水平和文字表达能力的具体体现，是字、词、句、篇的综合训练。良好的作文行为习惯应该是"勤"字当先，学生要做到勤观察、勤思考、勤动笔。平时要多参加一些有意义的活动，对自己亲身经历的生活要认真观察。在观察的同时，要培养学生积极思考，注意捕捉事物特性的好习惯，并让他们随时把个人的见闻感想记录下来，写成日记。在写命题作文时，要引导学生对文题进行周密深入的分析思考。审题后学生要编拟写作提纲，把流动的思路用文字的形式固定下来。这样有了作文的骨架，学生就能成竹在胸，意在笔先。俗话说："三分文章七分改"，所以起草后一定要让学生修改文章，在修改文章的实践中锤炼学生的思想，提高学生的认识能力。

当然，教学有法而无定法。要上好语文课，教师要有扎实的功底，精彩的设计、真挚的情感。教师要蹲下来，同孩子一起看世界。

总之，语文教学的理论，无论说得如何高深莫测，归根结蒂无非是帮助学生识字、写字、听话、说话、读书、作文，从而获得一种可以终身受益的能力。真理有时就在眼前，刻意求诸远，反而会失之交臂。我们要冷静反思，努力克服语文教学中的"蝤蛴现象"，让小学语文教学轻装上阵，不能再搞那些舍本逐末、喧宾夺主的愚蠢行为了。

让语文教学回归本位

课改初期,也就是2003年5月,我听了一位教师教二年级《北京》这篇课文。时隔三年,记忆犹新,教学环节大体是这样的:第一步,教师配乐范读课文。第二步,学生交流课前搜集到的有关北京的各种资料,如天安门的设计,紫禁城的由来,圆明园的建筑,颐和园的美景,等等。第三步,映示关于北京的多媒体课件,忽而是雄伟的天安门,学生大呼"哇,好美啊!"忽而是壮观的立交桥,学生大呼"哇,好美啊!"第四步,学生以自己喜欢的方式表达对首都的赞美之情,于是,学生或舞蹈、或唱歌、或绘画,课堂好不热闹。第五步,齐读课文,畅谈收获。第六步,教师小结:"这节课,我们'游览'了北京城。北京是一本厚厚的线装书,北京是一幅多彩的水墨画,北京是祖国的心脏。同学们,快点长大吧,快去北京感受她的美丽和巨大变化吧!"

课后,我与教者进行了坦诚的对话。我开诚布公地说:"您这节课非语文现象和假主体行为过多,出现了一些误区。一是虚。语言训练没落实,不到位,生字哪里去了?'矗立'是什么意思?学生茫然。二是闹。表面看上去热热闹闹,红红火火,实际上学生没有认真读书,花哨的东西不少。三是杂。忽而音乐,忽而美术,忽而舞蹈,教学内容被开发得纵横无度,语文课被异化成了'大杂烩',令人眼花缭乱。四是偏。这节课随心所欲,想干什么就干什么,脱离了听说读写这些最基本的最简单的语言训练,没有凸显语文个性,偏离了语文教学的发展方向。"教者反驳说:"您的意见我不敢苟同。我这节课贵在创新,重在综合,突出人文,尊重主体,带有很强的艺术性。开讲,'未成曲调先有情';环节,'一枝一叶总关情';讨论,'不及林间自在啼';教具,'大珠小珠落玉盘';氛围,'山雨欲来风满楼'。为设计这节课,我是煞费苦心。"我们各执一词，讨论得非常激烈，争论得面红耳赤，最后不了了之。

日前，我又听了这位教者的一节语文课，无独有偶，恰巧，他讲的还是《北京》这篇课文。这次，他没有盲目综合，无度开放，而是返璞归真，突出了语文教学的本质特点，加强了语言文字训练。教学环节如下：

1. 理解语言的训练。

教学一篇课文，进行理解训练的内容实在太多了，可以从思想内容的角度设问，可以从思维训练的角度设问，可以从语言文字的角度设问。学习第三自然段，教者是从理解语言表达方法的侧面提出问题的："课文是怎样将北京的马路和立交桥的美介绍给读者的？"这个问题提得好，抓住了课文所体现的值得学习的遣词造句等语言表达方面的规律，实实在在地提高学生的语言水平。学生经过认真读书，答道："'北京有许多又宽又长的柏油马路。''许多''又宽又长'，通过这两个词语，我们就知道了北京的马路不但多，而且宽阔平坦，反映了北京的交通四通八达。"有的说："'立交桥的四周有绿毯似的草坪和拼成图案的花坛。'作者把草坪比喻成绿毯，这个比喻特别恰当，把北京的绿色风采给写出来了。"

2. 积累语言的训练。

这篇课文共 226 个字，短小精悍，语言优美，适合于背诵。在教学过程中，教者让学生在熟读的基础上，练习背诵课文三、四自然段，效果非常好。我们知道，小学生正处于语言发展的最佳年龄，他们词汇贫乏，掌握的句式也非常有限，对于他们来说，扩大词汇量，熟悉各种句式，发展自己的语言是其学习语文的主要任务。教者深谙此理，将课堂有效的时间还给学生，令其熟读成诵。书，只有牢牢记在心里，那才是学问。

3. 运用语言的训练。

目前，语文教学中学生学习语言，往往只达到"理解"这一水平级，无论是词语教学、句子教学，还是段落、篇章教学，教学目标大多是定位在"理解"这一层面上。我们知道，语言是一种交际工具，是一种技能，理解是运用的基础，积累是运用的前提，只有会运用语言才是语文教学的终极目的。这位教者在课文教学过程中，拿出一定时间指导学生进行表达训练：

读一读，用下面的词语说两三句话，能用几个用几个。

绿树成阴　鲜花盛开　风景优美
名胜古迹　高楼大厦　川流不息

　　总之，这节课教者摈弃了繁琐分析，注重了咬文嚼字，强化了熟读背诵，体现了迁移应用，是一节本位回归的好语文课。

　　两相对照，我们不难看出，前者舍本逐末，喧宾夺主，教者曲解了课程标准的教学要求，将语文课弄得不伦不类；后者一扫语文教学"浮华"之风，简简单单教语文，本本分分为学生，扎扎实实求发展，教者在提高学生的语文素养上下了很大功夫。洗尽铅华见本色，冷静思考前几年"似雾，似风，似雨"的语文教学，确实是乱花渐欲迷人眼。当前，我们的语文教学正处在一个清醒期、转型期，莫让语文迷失自我，不为时尚丢弃永恒，在课改中我们千万不能丢掉语文教育的传统和本真。语文确实具有多重的育人功能和广泛的奠基作用，但这决不能成为我们忽略或虚化甚至淡化语言的学习和吸收的借口，我们只有紧紧抓住语言训练这条主线，求是，崇实，鼎新，才能使语文教学在实施素质教育的进程中发挥不可替代的重要作用而不至于误入歧途。

语文教学的本位

何谓语文教学的本位？新课标赫然写道："工具性与人文性的统一，是语文课程的基本特点。"

工具性是语文学科的本质属性，人文性是语文学科的特有属性，就语文而言，二者水乳交融，浑然一体，是客观地存在于文章之中的。语言文字中已经蕴涵了丰富活泼的情感和意趣，蕴涵了广博丰厚的文化积淀，掌握了语言文字，理解了文本的内容，学会了表达形式，形成了语文能力，那么，情感、态度、价值观即自在其中。当然，语文课堂上，无论是情感激发、态度培育，还是价值引领，都应该如春风入夜般悄然，春雨润物般无声。《桂林山水》这篇课文，语言是很优美的，写作艺术也是很高超的。教学时，通过有感情的朗读，将学生带入情境，在此基础上，再品味桂林山水"奇""秀""险"和"静""清""绿"的语句，最后沉浸于"舟行碧波上，人在画中游"的仙境。学生学了这一课，就像到桂林游览了一趟，他们不仅学习了语言文字，而且情不自禁发出感叹：桂林山水真美！热爱祖国山河的思想感情油然而生。

原来，语文教学就这么简单！

语文是唯一以言语形式为教学内容的学科，而语文学科中人文就在于语言本身。作者为什么这样写而不那样写，作者为什么要这样说而不那样说，如果学生对此类奥妙有所感悟，人文熏陶也就水到渠成了。如《曼谷的小象》这句话："从橘红色的晨雾中飘来一阵悦耳的银铃声。"为什么用"飘"，而不用"传"？品字析词，凿开顽璞，取出玉石，我们知道了一个"飘"字把铜铃声由远及近，晨雾的飘渺、空灵，树林的静谧凸显得淋漓尽致。而"传"字就显得平铺、直白。字斟句酌，涵蕴品味，人与文已融为一体。

文章的精髓离不开字词句篇的表达，教学中如果离开语言文字去讲析思想内容，文章精髓必然会失去光泽。因此，在语文教学中，要引导学生重锤敲打那些言简意赅、言简意深、言简意丰的关键词句，使其中饱含的思想内蕴溅出耀眼的火花，照亮学生的心灵。《董存瑞舍身炸暗堡》有这样一句话："在这万分紧急关头，董存瑞昂首挺胸，站在桥底中央，左手托起炸药包，顶住桥底，右手猛地一拉导火索。"此句"猛"是关键词语，说明时间紧迫，不能犹豫，必须使炸药包快一点爆炸，威力大一些。这个"猛"字正好表达了董存瑞对敌人的恨，对人民的爱，以及那种大无畏的革命精神。所以，只有弄清楚这个词语，同时联系"昂""挺""站""托""顶""拉"等几个动词，才能使学生既领会作者用词准确，又在思想上受到深刻的教育和感染。

工具性是人文性的载体，人文性又是工具性的灵魂，二者合一，方能绽放异彩。一位教师教《飞夺泸定桥》，有这样一个教学片段：

师：红四团发起总攻后，二连担任突击队，22位英雄表现怎样呢？（学生默读课文）

生：22位勇士不畏艰险，一往无前，表现了红军战士的大智大勇。

师：请同学们把有关词语圈出来，并联系课文说说这些词语用得好在哪里。

生："拿着""背着"这两个词语用得很恰切，因为红军飞夺泸定桥，武器装备必须轻便。

生：带着短枪马刀，可以看出他们夺桥后，将与敌人短兵相接，展开拼死搏斗。

师：联系上下文理解，讲得好。课文为什么不说挂着短枪呢？

生：因为桥头守敌在疯狂扫射，勇士们边夺桥边还击，因此说拿着短枪。

师：是啊，桥头有两个团敌人守城，红军夺桥可真艰难，要消灭守敌，因此勇士们还带着——

生：（齐答）带着手榴弹。

生：我想，战士们腰缠手榴弹，冲到桥头，可用来炸毁敌人的工事。

师：有些词语，我们还可先想想它们的词义，再放到情景中体味。

生：我认为"冒着""攀着"用得更好。桥头敌人把守，枪林弹雨。

"冒"是不顾的意思，勇士们早把生死置之度外。这里的"冒"是红军战士抓住铁索向前爬，而下边又无桥面，可想而知，红军夺桥多艰险啊！
　　生：这些词语表现了红军英勇战斗、一往无前的精神。
　　师：这种伟大的力量来自什么地方？
　　生：他们忠于革命。
　　生：他们对长征充满必胜的信心。
　　生：红军是毛主席领导的革命队伍，他们能压倒一切敌人。

　　循循善诱地启发，巧妙地点拨，师生配合默契，情感水乳交融，教学效果水到渠成。可以看出，教师在指导学生学习重点词语时，进行了扎实的思维训练和语言训练，在理解词义、句意和用词匠心所在的同时，深刻地体会到红军战士的崇高精神，受到了强烈的思想感染，使语言文字的教学过程成为思想教育的过程。

　　然而，在当下的语文界，智慧不足情感补，用"人文精神"的表演来掩盖自身语言功底差的事实，这种现象太多了。把语文泛化、虚化、情感化，离开语言文字和表现形式，架空分析，旁征博引，任意拔高，搞微言大义，把学生弄得哭一阵，笑一阵，时而怒发冲冠，时而咬牙扼腕，也大有人在。

　　什么是语文教学的失败？没有厘清语文的专业范围，脱离文章的字词句篇，学生的听说读写能力不过关，这才是语文教学的失败。

　　由于缺少"语文学"层面的理论指导，"乱花渐欲迷人眼"，语文学科在工具性、人文性之间，左右摇摆，反反复复，教学改革走的是一条"剪不断，理还乱"的路子。"工具"共"人文"一色，毕竟是语文教学理想之境，要让语文课堂全面达于此境，不可能一蹴而就，还需广大教师付出艰苦的探索。

有一种智慧叫倾听

网上流传着这样一个故事：

美国有一位知名的主持人叫林克莱特，在一次电视直播现场，他采访了一名年仅4岁的小朋友："你长大后，想干什么呀？"小朋友天真地回答："嗯，我要当一名飞行员。"林克莱特接着问："如果有一天，你的飞机飞到太平洋上空，所有引擎都熄火了，你会怎么办？"小朋友想了想，用他那稚嫩的声音说道："我会先告诉坐在飞机上的人绑好安全带，然后我挂上自己的降落伞跳出去。"当现场的观众笑得前仰后合时，林克莱特继续关注着这个孩子，万万没有想到，接着孩子的两行热泪便夺眶而出，这才使得主持人发觉这孩子的悲悯之情远非笔墨所能形容。于是，林克莱特以试探的口气问他："你为什么要这么做呢？"小孩子的回答透露出一个儿童真挚的想法："我去拿燃料，还要回来的！"此时，演播大厅的笑声顿时停止了，所有的观众目瞪口呆，不知道此时该说些什么，空气仿佛凝固了，瞬间全场爆发出长久而热烈的掌声。林克莱特抱起这位小朋友，深情地吻着那淌满泪水的小脸蛋说："你是一个英雄！"

这个故事给我们的不啻是启发，简直是震撼。

林克莱特之所以能成为知名的主持人，是因为他有良好的职业素养，他的与众不同之处，在于能够让孩子把话说完，并且在"现场的观众笑得前仰后合时"，仍保持着倾听者应该具有的一份亲切，一份平和，一份耐心，正是这份亲切、平和、耐心，让林克莱特听到了这名小朋友最善良、最纯真、最澄澈的心语。假如他草率地、武断地终止了小朋友的表达，如此经典、真挚的故事恐怕是难以寻觅的。

由这个动人的故事我想到了课堂教学。

课堂是让生命充盈着灵气、智慧、活力、激情和成长的地方。课堂上，回答问题是重要的教学环节，老师们也因此非常重视。可是，学生回答问题不可能每次都完全正确，当出现"旁逸斜出"的时候，有的老师便以"错了！请坐。""不对，谁再来？"这些语言来否定学生的发言，并期盼其他学生的正确发言。我认为，这种马上"判刑"的做法是不足取的。须知，课堂教学既是一门科学，又是一门艺术。科学需要严肃认真，一丝不苟；艺术需要丰富多彩，熠熠生辉。答问时，教师应当是机敏的倾听者，要沉住气，舍得让学生把话说完，千万不要急于打断学生的发言。因为用心倾听学生的心声，意味着还其思维的自由，意味着对其人格的尊重。当然，在认真倾听的同时，还需适时点拨，运用巧妙、机智的语言来纠正、鼓励学生的回答，并注意情绪导向，做到引而不发。在这方面，贾志敏老师堪称典范。一次，贾老师让学生用"姆"字组词，有个学生说："'养母'的'母'……"学生卡壳了，课堂上哗然一片。贾老师微笑着示意学生静下来："你们别急，他没说错，只是没说完！"接着又转向那位学生，"你说得对，是'养母'的'母'……"学生在贾老师的点拨下顿悟了，连忙说："是'养母'的'母'加上一个女字旁，就是'保姆'的'姆'，我组的词是'保姆'。"在贾老师不动声色的巧妙的引导下，避免了这位学生在课堂上遭遇的尴尬，小心翼翼地保护了他的心灵，这样的老师任何一个学生都会打心眼里佩服的。

有时，学生说错了，贾老师会说："说错是正常的，老师最喜欢说错的孩子。没关系，再说一下。"有时，学生重复了前几个同学的回答，贾老师也不会指责学生没认真听课，而是笑笑说："噢！你认为这很重要，再强调一下，对吗？"这正印证了苏霍姆林斯基的那句名言："教育的全部技巧在于如何欣赏和爱护儿童。"

叶澜教授曾说："要学会倾听孩子们的每一个问题，每一句话语，善于捕捉每一个孩子的思维火花。"是的，倾听是一种责任，倾听是一种引导，倾听是一种智慧，让我们多些耐心和爱心，尊重学生的发言权，从自己的每一堂课做起吧！

艺谚与教学

我国民间文学宝库中的谚语,像一串串明珠,瑰丽多姿、光彩夺目。谚语中有一部分是艺谚,它科学地总结了前人艺术实践的经验,概括了艺人谈艺的精华和卓见。其中有些艺谚韵味隽永,言简意赅,可以借鉴到语文教学中来。下面采撷几条,结合文艺家轶事,略陈己见。

1. 台上一分钟,台下十年功。

程砚秋是著名的京剧表演艺术家。一天,他在北京前门大街看见几个人抬轿子,脚步走得十分稳健和谐。心想:如果京剧青衣的台步能走得这样稳,那该多好啊!回家后,他立即在院子里练开了。他头顶一碗水,一步一步地练,累得腰酸背痛,还是走得不像样。可是他仍不懈劲,坚持苦练,每天走几十次,上百次,经过半年多的时间,终于达到了能行走如飞而水不洒的程度,创造了一套稳重、端庄、灵活的台步,为表演增添了不少美感。

如果说唱、念、做、打是戏曲演员的基本功的话,那么,听、说、读、写则是语文教师的基本功。语文教学的根本目的就是使学生掌握语文知识,形成语文能力。因此,从事语文教学特别需要一套足为范式的语文能力,那就是,听能得要领,说能得人心,读能得真谛,写能得佳文。要想在那三尺讲台40分钟有限的空间和时间内,达到纵横捭阖、游刃有余的完美境界,实现理想的创造,需要教师不断努力,不断求索,否则,名优教师的桂冠与你无缘。

2. 演戏碰了钉,方知艺不精。

抗战刚结束,著名评剧演员新凤霞在青岛演《法门寺》,她饰戏中的赵廉。由于一时疏忽,把戏演砸了,台下喝起倒彩声。新凤霞从小就有犟脾气,"哪里丢了哪里找"。她在《法门寺》这出戏栽了,硬要在这出戏上挽回影响。

从此,她硬功夫学练上马、抖袖、捋髯、甩发、台步,早晨起来就穿上厚靴子,苦学苦练。功夫不亏人,不久她又演《法门寺》,因为功夫扎实,博得了满堂喝彩声。

教学千古事,得失寸心知。我们上课不可能堂堂成功,由于种种原因把课上"砸"了,学生或昏昏欲睡,或无精打采,教学气氛呆滞沉闷,教师自己也怅然若失,感到有说不出来的遗憾。"教然后知困","知困,然后能自强也"。一些在教学艺术领域不懈地追求、不断进取的教师必然在遗憾中反思,在遗憾中积累,在遗憾中苦练,在遗憾中提高。

3. 十戏九不同,追求贵在恒。

一代京剧表演大师梅兰芳在演出《霸王别姬》的过程中,由于对戏剧情节和角色性格认识上的不断深化,曾对表演细节做过多次改进,达到了精益求精的程度。例如《巡营》一场,项羽在帐中休息,更夫在营外巡更。初演时,虞姬在这里作睡态。后来他觉得项羽进帐前曾嘱咐过虞姬:"妃子,你要惊醒了!"于是改为坐在那里守卫着。看来,这种处理更合乎情理,更符合艺术的真实。

艺无定法,技无定规。语文教学的生命在于创造,"年年岁岁教此课,岁岁年年法不同"就是这个道理。比如,适合朗读的文章,就可以让学生去读;需要讲解的文章,就可以大胆去讲;适合自学的文章,就可以放手让学生自己去看;较为浅显的文章,可以来个浅文深教;比较艰深的文章,也可以深文浅教;篇幅较长的文章,可以长文短教,短小精悍的文章,可以细嚼慢咽。总之,教师要根据所教课文的特点确定教师的教法和学生的学法。只有辨证施教,才能克服千课一式,千人一面的程式化的弊端,使语文教学虎虎有生气。

练好多读多背的童子功

当下小语界,有些人对死记硬背学语文嗤之以鼻,并且罗列了许多罪名,这些罪名概括起来就是:死记硬背是小和尚念经有口无心,必然导致食而不化,加重学生课业负担,于语文教学有百害而无一利。这纯属无稽之谈,在这里我有话要说。

死记硬背不是洪水猛兽,而是学习语文最简单的方法。

众所周知,语文教学的主要任务是学习语言。语言是人类所特有的用来表达情意、交流思想的工具,是一种特殊的社会现象。它是以语音为物质外壳,以词汇为建筑材料,以语法为结构规律而构成的体系。学习语言不外乎两个方面:一个是外部语言的内化,一个是内部语言的外化。外部语言的内化主要靠背诵;内部语言的外化主要是说写。学习语言,打人文底子,是绕不过要背要记的,死记硬背是可以内化为人文素养的。设想一下,一个能背出一千首诗歌、两百篇古文,读过几十部小说的人,语文素质会不高吗?这是其一。

其二,人类学家和心理学家研究表明,一个人的记忆力发展是自 0 岁开始的。1~3 岁即有显著的发展,3~6 岁其进展更为迅速,6~12 岁达到一生记忆力的最高峰。12 岁以前也是儿童学习语言文字的最佳期,反复诵读是他们的自然喜好,背书,更是他们的拿手好戏。一首诗,一段文章,读上几遍,他们便能倒背如流。这是因为 12 岁之前的儿童对声音极为敏感,只要所听者正确,即能发出正确之音。

其三,中国传统语文教育特别注重记和背。从《三字经》《百家姓》《千字文》,到《古文观止》《唐诗三百首》,无一例外地要求学生诵读如流。在书院和私塾里,教师有声、有色、有情、有韵的范读后,要求学生微闭双眼,轻声吟诵，要读出文气，读出感情，并且当堂背诵，下次上新课前，还要检查学生旧课背诵情况，背得不熟不上新课。

另外，从我个人学习语文的经历来说，死记硬背也是值得肯定的。

六年级下学期，我学习毛主席诗词《浪淘沙·北戴河》，当时不懂，只是背下来而已。后来，随着年龄的增长，阅历的丰富，不断反刍，不断融会，在一个偶然的机会，我才恍然大悟。

说来话长，参加教育工作不久，有一年暑假，我去北戴河旅游。那天中午，北戴河海滨游人如织，蓝天、碧海、红帆，美极了。我正要下水游泳，让人始料不及，突然下起雨来，沙滩上的红男绿女们纷纷找地方避雨。这时，雨越下越大，岸边只剩下我一个人，在滂沱大雨中，我想起了《浪淘沙·北戴河》，并大声地朗诵起来：

　　大雨落幽燕，
　　白浪滔天，
　　秦皇岛外打鱼船。
　　一片汪洋都不见，
　　知向谁边？

　　往事越千年，
　　魏武挥鞭，
　　东临碣石有遗篇。
　　萧瑟秋风今又是，
　　换了人间。

此时，我茅塞顿开：我们的事业，不正如那无边的大海，雄伟壮观，气势磅礴，是历史上任何"英雄人物"的功绩所不可比拟的吗！

人生是花，语文是根。语文学习的规律本是"死去活来"，没有死记硬背，便无以入其堂奥。为此，我上语文课非常简单，那就是从整体训练入手，多背书，少做题，在死记硬背过程中，培养学生"日诵千言"的多读习惯，"娴熟于心"的熟读习惯，"虚心涵泳"的诵读习惯。背的东西多了，蓄积在胸，便如那老泉城，掀石为泉，掘地为井，汩汩滔滔，不可遏止。

当前语文教学"讲风"不息。一篇课文，掰开、揉碎、嚼烂喂给学生的现象屡见不鲜；一问一答的"启发"之风更是越刮越盛，一堂课"十万个为什么"几乎成了语文教学的顽症；课堂上为了应试而去追求知识点的落实，把完整的课文内容"碎尸万段"，进行没完没了的分析。这都是那些打着反对"死记硬背"之人所为，这些人还有什么资格对死记硬背说三道四呢？

12岁以前的语文是童年的语文，是积累的语文，是种子的语文，是为一生奠基的语文。种庄稼，农时不可违；习母语，学时不可违。让我们把握语文学习最佳期，练好多读多背的"童子功"吧。

板书设计应该注意的几个问题

何谓板书？板书就是教师上课时在黑板上所写的文字或其他符号。板书是学生感知知识信息的视觉渠道，是学生思维的指挥棒，是发展学生智力的桥梁和工具。板书的设计，直接影响到教学的效果。任何事物都有两面性，即积极的一面和消极的一面。为了避免板书设计的消极影响，在备课和上课时应该注意以下几点：

1. 在动机上，注意不能随心所欲。

所谓随心所欲，就是板书缺乏通盘考虑，兴致勃发，眉头一皱，信手写来，东一摊，西一条，横七竖八，杂乱无章，犹如满天星斗。随心所欲的板书，会导致学生对教学内容领会支离破碎，学生笔记凌乱不堪，难以形成思维的条理性、严密性。因此，板书设计要有计划、有目的。教师上课之前，对板书内容出现的先后顺序、文字符号的详略大小、布局位置的虚实配合等，都要做到心中有数，手中有法，目中有人。

2. 在内容上，注意不能喧宾夺主。

所谓喧宾夺主，就是板书本末倒置，繁简失当，内容庞杂，甲乙丙丁，ABCD，面面俱到。把不该板书的内容板书了，把不该突出的内容突出了，把不该强化的内容强化了。喧宾夺主的板书，会导致学生对主要教学内容印象淡漠，要点不明，主次不分。因此，板书设计要有鲜明的针对性，从实际出发，因文制宜，因人制宜，因课制宜，要充分显示教学内容之精华，突出课文重点之所在，起到画龙点睛、月明星稀的作用。

3. 在形式上，注意不能哗众取宠。

所谓哗众取宠，就是脱离教学内容，违背课文实质，为板书而板书，为形式而形式，为艺术而艺术，搞一些中看不中用的花架子。就拿板书造型来说吧，就有"台灯式""阶梯式""鱼贯式""雁行式""宝塔式""纺锤式""扇面式""荷花式"等花哨的东西。哗众取宠的板书，会导致学生注意力分散，影响对教学内容的理解。内容决定形式，形式为内容服务。因此，板书设计不能单纯追求形式，滥用彩色的粉笔和蹩脚的简笔画。

4. 在态度上，注意不能生搬硬套。

所谓生搬硬套，就是不顾教学实际，贪图方便，采取"拿来主义"的办法，将教学参考书上看到的，或是在观摩他人教学中发现的优秀板书，盲目地搬用到自己的课堂上。这种削足适履的做法，很难收到良好的教学效果。因此，我们在学习借鉴时，一定要弄清他人为什么这样设计，做到不仅"知其然"，而且"知其所以然"。在经历一番理解、加工、改动、取舍后，方可用到自己的教学中来。否则，会贻误教学，贻误学生。

5. 在书写上，注意不能龙飞凤舞。

所谓龙飞凤舞，就是板书笔画潦草，字体不整，大则如斗，小似蝇头，行款不拘，胡涂乱抹。龙飞凤舞的板书，会导致学生视书写潦草为正当，视错字别字为正常，视笔顺舛误为正规。久而久之，学生笔下的字也会"飞"起来，也会"舞"起来。因此，板书的字要写得端正整齐，美观大方，清清爽爽，合乎规范。字体大小服从全局，图形要画得符合实际，各种符号要书写得准确，使学生"见贤思齐"，提高他们的书写质量。

"看似寻常最奇崛，成如容易却艰辛。"被誉为课堂教学"集成块"的板书，既是一门科学，又是一门艺术，一定要书之有用，书之有据，书之有度，书之有序，书之有时，书之有质，尽量科学、精当、醒目、规范，这样才能达到应有的教学效果。

板书乱象的背后

日前,我看了一节小学语文公开课,教学内容是文言文《杨氏之子》。30分钟的微课,真可谓行云流水,在多媒体课件的配合下,教师教得轻轻松松,潇潇洒洒。可是,回过头来细细品味这节课,作为教研员的我实在有话要说。在这节"高端"的语文课上,传统的黑板板书给丢了,取而代之的是精心制作的课件和教具。那么,具体的教学流程到底怎样呢?且听我慢慢道来。

在"合作学习,读懂文本"的环节中,教者开始了"板书":

学习"梁国杨氏子九岁,甚聪惠"这句时,教者把一块印有"甚聪惠"的纸板粘在黑板上;学习"为设果,果有杨梅"这句时,教者把一块印有"有礼貌"的纸板粘在黑板上;学习"儿应声答曰"这句时,教者把一块印有"反应快"的纸板粘在黑板上;学习"未闻孔雀是夫子家禽"这句时,教者把一块印有"会说话"的纸板粘在黑板上。然后,教者再用一个大大的"{"把这几个词语联在一起,就形成了如下的板书设计:

甚聪惠 { 有礼貌 反应快 会说话 }

另外,"禽"是本课的生字,教者用多媒体课件演示了这个字的结构、笔画和笔顺。接着在大屏幕的田字格上指导学生书写,笔画自动出现,画面清晰,色彩鲜艳,夺人眼球。总而言之一句话,这节课,鼠标轻轻一点,纸板轻轻一粘,动态的和静态的文字便替代了教者的板书,学生在"入我彀中"之后,本堂语文教学就顺利地结束了。

课上，教者在黑板上只字未写，凭借信息技术和纸板教具的介入，从表面看来，确实给教学带来诸多的便利。但是，恰恰就在这些环节上削弱了教师的主导作用，也暴露了教者的"藏拙"问题。这是一位青年教师，大概很难写出一手漂亮的字，怕自己歪歪扭扭"惨不忍睹"的板书影响教学效果，于是乎，她就用精美的课件和教具加以掩饰，这种扬长避短的做法实在不可取。语文教师的课堂板书，是对教学内容提纲挈领式的演示，可以帮助学生更好地理解、记忆教材要点，是课堂教学的重要组成部分。好的板书，老师一手流畅、潇洒的粉笔字，对学生的书写更具示范作用，同时也是一种美的熏陶。制作再好的课件和教具也不能替代老师的板书，因为板书有相当的随意性，往往随着课堂上学情的变化和新的教学内容的生成，要灵活地调整原来的板书设计，一旦做成了课件和教具，便已铁板钉钉，不容再作任何变动了。

在这里，我想对青年教师说的是，板书是洞察教材的"窗口"，是开启思路的"钥匙"，是排疑解难的"桥梁"，是实施教学的"蓝图"，好的板书能撬开学生智慧的大门，给人以志得神怡的艺术效果。语文老师至少应该关注一下自己的书写，能写一手大体过得去的板书，尤其不要忽视板书对学生书写乃至语文学习和审美情趣潜移默化的作用。我看过不少小语界名家的课，其中包括斯霞、霍懋征、袁瑢、支玉恒、贾志敏、于永正、靳家彦等，现代信息技术无论使语文教学发生了怎样的变化，这些名家始终没有忘记教室里的那块黑板。书写课题、教学生字、答疑解难、板书设计，他们的粉笔字就像一个个跳动的音符，一幅幅动人的图画，在课堂上熠熠生辉，令学生难以忘怀。向语文教学名家学习吧，赶快练一手好字，让传统的板书在语文课堂上永放光芒！

跟于永正学范读

在《做一个学生喜欢的老师》一书中，于永正写道："学生喜欢我的课的一个重要原因，是我'朗读得好'（学生语）。"著名小学语文教育专家周一贯先生不止一次地说："听了于永正的朗读，至少可以少讲三分之一。"从朗读作用的角度讲，此话一点也不为过。请看《高尔基和他的儿子》的教学片段：

师：想不想听于老师来读？
生：想。
师：听一听于老师读的和同学们读的有什么不同，仔细听。
（师范读课文，生鼓掌）
师：谢谢同学们的鼓励。再听一遍，这一遍不看书，看于老师的脸。为什么看于老师的脸呢？因为脸上有表情。表情表情，能表情达意，表达感情，一边听一边看于老师脸上的表情。
（师表情丰富地朗读课文，全场鼓掌）
师：于老师读的和你们读的有什么不同？
生：老师读得有感情。
师：谢谢！
生：您读得有一种亲切感。
师：能听出"亲切"二字不得了，握手。这儿的同学交流一下。（去另一组）
生：读得很自然。
师：语气很自然，是吧？谢谢。不过我要告诉你，这点是跟他们学的。（师指刚才朗读的学生）

生：段与段之间有充分隔离。

师：不仅段与段之间有较长的时间隔离，而且……

生：句与句之间也有。

师：握手啊，你很厉害，这课我在3个班上过，没有一个学生听出这一点来，你听出来了。于老师读的句号停顿时间比较长，段与段之间停顿更长，记住啊，要学老师这一点，注意停顿，不过这一点不是马上能学会的，要慢慢练习。

生：您脸上的表情很丰富。

师：握手！（该生伸左手。师说：伸右手，左手不礼貌。）表情是表达感情的，这很重要。谢谢大家的鼓励。

从这一教学片段不难看出，于老师确实很会范读。在理解课文内容、感悟文章情感的基础上，指导朗读技巧，停顿、语速、语调都让学生在比较与练习中自己悟得。肌理清晰，充满智慧，颇具章法，不愧为语文大家。

在于老师的语文教学中，"范读"是不可缺少的重要环节。他的范读时间大体可分为课始、课中、课末3个阶段。

课始范读一般是读全篇，目的是帮助学生感知课文内容。这时的范读平稳、慢速，让学生边听边想，尽量与学生思维同步。课中范读一般是读片段，目的是指导学生掌握课文的重点和精华。这时的范读，他经常插入精要的评点和提示，以便加深对课文内容和读法的体味。课末的范读一般也是读全篇，目的是指导学生欣赏课文，提高鉴赏能力。这时的范读，声情并茂，读出形，读出情，读出神。这正是，范读犹如登山。课始范读，像在山底，仰望山势，目有全貌；课中范读，像在山腰，流连一石一涧，一草一木；课末范读，像在山顶，举目远眺，悠然自得。

走进新课改十多年，不知为什么，在课堂上很少看见教师的范读，不会？不敢？不会不要紧，不敢也不要紧，跟于永正老师学习，听他是怎么说的："我的朗读能力一半是听来的，一半是跟着老师、播音员练出来的。听别人读非常重要。然后跟着模仿，一句一句地学。模仿到一定程度，他们的语气、语调乃至情感，便化为自己的了。再加上备课时认真的练习，所以朗读水平日渐提高。"

最后，模仿郑板桥《咏竹》诗，写下4句话，与广大青年教师共勉：

咬定范读不放松，
立根原在备课中。
年年月月反复练，
不信教坛无东风！

美女教师的"爪子脸"

新学期开学的第二天，我与同事踏着初春的残雪来到一所小学调研。

校长特别热情，在百忙中接待了我们。

上午，我们随机听了一堂三年级习作课。这是一节单项训练课，老师指导学生练写人物外貌。课堂构架新颖，先说后写，指向明确，气氛活跃。遗憾的是，开始动笔的时候，问题出现了。有不少学生写字姿势不规范，无论是握笔还是坐姿，随意性很大。就拿握笔姿势来说吧，有的是大拇指包扣式，有的是拇指内侧贴夹式，有的是指尖捏笔式，五花八门，不一而足。很多学生在书写过程中，身体姿势也不正确。他们或是头部严重左倾，几乎枕在肩膀上；或是身体严重前倾，几乎趴在桌子上；或是身体整体右倾，几乎躺在胳膊上。看到这些，我简直不敢相信自己的眼睛，孩子的写字姿势竟然如此不规范，令人惊讶。

下课了，我拿着几本习作本回到办公室，认真看起来。总体上说，习作内容还是蛮具体的，不论是写大人，还是写小孩，孩子们都能抓住人物的外貌特点进行描写。30分钟，能写出百余字的习作，且有血有肉，有的甚至文采飞扬，辞藻华丽，真是难能可贵。可问题又出现了，错别字不时跳入我的眼帘。拿错字来说吧，有的增添笔画，如，考试的"试"，右半部多了一撇；有的删减笔画，如，衬衣的"衬"，把"衤"字旁写成"礻"字旁；有的改变形近部件，如：敲门的"敲"，右半部写成了"支"。再拿别字来说吧，也有"一箩筐"：有误用同音字的，如，头发浓密的"密"，写成了蜂蜜的"蜜"；有误用形近字的，如，端端正正的"端"，写成了瑞雪的"瑞"；有误用"的、地、得"的，百字习作平均超过3个。

更让人啼笑皆非的是，有一篇习作是这样描写班主任肖像的："我们的老

159

师很美丽,她是女的,长着一张爪子脸。"听课时,我咋没发现呢?很显然,这个学生把"瓜子脸"误写成了"爪子脸"。老师批改这篇习作时,非得把鼻子气歪不可。

以上这些现象表明,这所小学汉字书写教育状况堪忧。

针对小学生书写暴露出来的问题,我们围炉论道,就地召开了一个微型研讨会。

校长:我感到内疚,学生写字姿势不规范责任在学校,我们应该提高认识,加强教学卫生工作。悠悠万事,树人最大,教育为先。小学生正处在生长发育的关键时期,以正确的姿势书写,不仅有利于书写的规范,也有利于学生的健康成长,否则会导致近视和脊柱弯曲。

老师:我应当自责,"教不严,师之惰",这节课给我敲起了警钟,我要从中吸取经验教训。今后,我要严格要求学生,把好书写关,一定,一定!正确的书写姿势应该是:拇指、食指捏在笔杆下端,垫在中指的第一节,眼离书本一尺远,胸离桌子一拳远,手离笔尖一寸远。

主任:小学生正处在一个感知觉发展的特殊过渡时期,错别字的形成和小学生的心理特征有着密切的关联。如感知不精确,辨析不准确,注意力不稳定,记忆不清晰,学习负迁移,思维定势影响,等等。认真学习小学教育心理理论,势在必行,作为教导主任,我要起带头作用。

同事:社会环境的影响不可小觑。如父母的错别字给孩子的"榜样作用",亲密同伴交往中错别字的"相互作用",各类媒体错别字对学生的误导等,所有这些都是小学生写错别字的外在因素。特别是随着电脑时代的到来,汉字书写也正在有意或无意地被弱化,这是事实。

笔者:汉字是用笔画构成的形音义的综合体,是中华民族文化的符号,它以形体的方正、数量的庞大、笔画的繁复著称于世。尽管一字一形,结构复杂,再加上众多的多音字和同音字,确实给书写带来一定的困难,不过,在写字时如果稍加注意,有些错别字是完全可以避免的。

校长的内疚,老师的自责,主任的决心,弄得我们怪不好意思的,其实大家都有责任,包括上级教育行政部门和业务部门,甚至整个社会。研讨会虽然人数不多,时间不长,但是很有质量,言简意赅,都说到了点子上。

冷静审视目前小学生的书写现状，绝不是我们调研的那一所学校的问题，毫不夸张地说，这种语文教学的缺失是普遍的，也是严重的。据《南方日报》的报道，在近年的语文测试中，广州市小学生的错别字使用率逐年递增，已经从个别现象演变成普遍现象，引起了有关部门的关注。

2015年1月19日，《新晚报》几乎用了一个版面，刊发了记者董艳春写的特稿。文章说，哈尔滨市小学生汉字书写能力呈不断下滑的趋势，最新调查显示，习作百字错字率，2010年为3.17%，2011年为3.32%，2012年为4.01%，2013年为4.29%，写字姿势完全正确的孩子不足一成。多么可怕的一种教育现象呀！

《九年义务教育语文课程标准》中这样写道：

识字、写字是阅读和写作的基础，是第一学段的教学重点，也是贯串整个义务教育阶段的重要教学内容。

每个学段都要指导学生写好汉字。要求学生写字姿势正确，指导学生掌握基本的书写技能，养成良好的书写习惯，提高书写质量。

第一、二、三学段，要在每天的语文课中安排10分钟，在教师指导下随堂练习，做到天天练。要在日常书写中增强练字意识，讲究练字效果。

抓好小学书写教育刻不容缓！但愿学校领导和老师牢牢记住这些话，从我做起，立刻行动起来，共同破解汉字书写的难题，为孩子的人生打下美好底色。

使用教参有门道

日前，我到一所小学听了两节二年级语文课，两位教者讲的都是《黄果树瀑布》。

第一位教者首先用谜语导入新课："悬崖挂块大白布，千手万脚捉不住。远听千军万马吼，近看银泉飞下谷。"然后引导学生采用默读、轮读、分组读、赛读的形式熟读课文。接着角色表演，学生当小导游，举着导游旗，用自己的话向"游客"介绍黄果树瀑布的水帘洞。最后，检查识字，推荐阅读叶圣陶先生创作的诗歌《瀑布》。

第二位教者如法炮制，也是用谜语导入新课，接下来的教学环节与流程和第一位教者一模一样，甚至教学用语也毫无二致。

这两节课对学生来说无所谓，两个班教学效果都一样，阅读课文是对主体课文的补充、丰富和发展，这样的设计倒也不错。可是对我来说，听第二节课不免让人有些索然无味了。这样的"双胞胎课"绝不是集体备课的产物，很可能是教参"惹的祸"。可不是吗，一打听才晓得，二位教者的教学设计都是搬用同一本《语文教师教学用书》，只字不差。

对此，我倒想饶舌几句。

现在有些青年教师特懒，备课时，课文还没有读透，就急急忙忙抄教参，把教参照搬到备课本上，又从备课本上照搬到课堂里，甘心充当一名"二道贩子"。这样的做法，我很反对。教学参考书作为教师教学的指导用书，其价值、作用是不言而喻的。可是，具体到每位教师在教学中用或不用，多用或少用，应根据教师的具体情况而定，不能一概而论。"天机云锦用在我，剪裁妙处非刀尺"，剪裁时，必须从实际出发，考虑地区间、教师间、学生间的差异，努力追求属于我"这一个"的特点与风格，寻求适合面对的"这一群"

学生的有效的方法和策略。比如，上述的"谜语导入"不妨改为"激趣导入"：同学们，我们刚刚学过一首描写瀑布的古诗，谁来背一背？（学生背《望庐山瀑布》）我国有许多有名的瀑布，庐山瀑布只是其中的一个，而我国最大的瀑布是贵州的黄果树瀑布，它比庐山瀑布更壮观更有名。今天，让我们看一看一位作者是怎样描写这个瀑布的吧！

再比如，上述的"小导游"表演，不妨改为"伙伴互动"：假如你是《黄果树瀑布》的作者，请你穿越时光隧道，与喜欢游览祖国大好河山的唐代大诗人李白通电话，向他推荐黄果树瀑布这个旅游胜地。（一个学生扮演作者，一个学生扮演唐代大诗人李白，两人进行对话）

这样一改，就跳出了教参设定的藩篱，避免千篇一律、千课一面了。如何使用好教参，这将直接影响一个语文教师的成长与发展。如果老师总是作教参和学生之间的"中间人"，必将在年复一年的"贩运劳动"中把自己变"傻"，知识贫乏，思维枯竭，能力退化，不会"赤手空拳"解读文本，不会个性化教学，更不会创造。现在有不少语文教师缺乏独立钻研和处理教材的能力，一旦离开教参，便寸步难行，这事听起来有点匪夷所思，却是不可否认的事实。

40年前，我刚做语文教师时，只有一本语文书。一篇课文教什么，怎样教，重点在哪儿，全凭自己拿主意。这就逼得我备课时不得不痛下工夫去钻研课文，解读文本的基本功就这样慢慢地给逼出来了。后来即便有了教参，我也仅作参考而已。尽管教参是教育权威部门组织教学行家里手编写的，但我也不唯上，不盲从，既不妄自菲薄，也不盲目尊大，而要对其中的观点和设计进行一番去粗取精、去伪存真的筛选，最后再恰当地加以运用。

记得有一次，我给外校老师辅导杜甫的《春望》。其中有这么两句："白头搔更短，浑欲不胜簪。"当时的教参是这样解释的：由于诗人总是忧烦，不免老搔头，头上的白发越搔越短，简直连簪子也别不住了。在去学校的路上，我反复琢磨这两句诗，头发怎么会越搔越短呢？即便是老杜满头银发，也不能越搔越短啊？想着想着，突然"短斤少两"这个词语出现在我的脑际。"短"和"少"并用，这里的"短"不就是少的意思吗？"白头搔更短，浑欲不胜簪"这两句诗正确的解释应当是：满头的白发越来越少了，简直连簪子也别不住了。给老师辅导时，我说出自己的见解，他们一致认为这样理解是有道理的。回家之后，我翻阅了《古汉语实词例释》一书，果然有这样的解释：短，少也。这正应了胡适说的那句话："做学问要善于在无疑处有疑。"

当下，有些教师把教参奉为圭臬，对它迷信到无以复加的地步，一旦备课就迫不及待地捧起来，珍馐也好，鸡肋也罢，一律当成至宝，我不赞成这种做法。对教参要有质疑精神，不能用教参束缚自己，更不能用教参束缚学生。

叶圣陶先生1959年10月5日在《答孙文才》的信中说："我很知道，一部分教师极需要参考书的帮助。但是我也希望教师不要完全依靠参考书，最要紧的是自己在教学工作中逐步改进教法，创造经验，足下一定会同意我这句话吧？"我也同样相信，大家一定会赞同叶老这句话的。既然同意叶老的观点，就不要再做教参的"二道贩子"了。

和青年教师谈听课

  随着新课改的全面铺开和深入推进,各地、各校为了让青年教师尽快接受新的教学理念,实施新的教学行为,将听课评课活动作为帮助青年教师提高业务能力的捷径而开展得如火如荼。不少青年教师通过听课评课,进行业务交流、切磋互动,习得自己所需,促进了优势互补。

  有道是"行家看门道,外行看热闹"。同样是听一堂课,有的教师对课堂的把握要深刻得多,看到了别人没有看到的情况,对现象的分析独到精辟,由此阐发的认识也入情入理,给人耳目一新的感觉;相反,有的教师是老生常谈,评课时,先讲两句鼓励的话,诸如"这节课教得不错,教学思路清晰,课堂组织合理,语言生动流畅",然后再提点儿不痛不痒的问题,诸如教者板书如何,声音大小,教态怎样,拿教鞭的姿势,图表悬挂的高低等等。总之,评议肤浅平淡,只注意教师在课堂上的行为表现,揣摩不到教者教学设计的匠心,触及不到问题的实质。

  这里就涉及一个"课感"问题。什么是课感呢?所谓课感就是在听课过程中听者能敏锐捕捉到教者用过心思设计的某些环节,包括对教学原则的把握,教学艺术的运用,教学组织的技巧,以及师生互动交流等。通过观察,深刻揭示其中的内在关联,挖掘出行为背后的立场、观点和价值追求。譬如一位教师观摩了著名特级教师窦桂梅执教的《圆明园的毁灭》,她紧紧抓住了这节课的闪光之处,作了如下的分析评价:

  窦桂梅老师执教《圆明园的毁灭》,以"走近圆明园——走进圆明园——走出圆明园"为线索,围绕"毁灭的是什么?""没有毁灭的是什么?""永远毁灭不了的是什么?"三大问题,引领学生与历史展开积极主动的对话，从而将"国耻"二字以及近代中国的贫弱引起的反思深刻地烙在学生的心中。从多媒体的利用到板书的设计，从资料的选择到教学的组织，背景之丰厚，设计之巧妙，令人折服。窦老师一边重复着"就这样毁于一旦"，一边将满满一黑板的板书几乎全部擦去的情景现在我还历历在目，设计之巧妙在细微之处可见一斑。

这位老师听出了门道，抓住了实质，评出了水平，令人心悦诚服。这叫"善观察者可见常人所未见，不善观察者入宝山空手而回"。

"会当凌绝顶，一览众山小。"要想具备比较高的听课能力，就该站在现代教育理论的高度，用新课改的理念居高临下地去观察事物，分析问题。课堂上几乎包含了全部的教育学，课堂将科学、技术、艺术和人的希望、梦想集为一体，它既是复杂的，又是神秘的。因此，听课者除了要树立先进的教育理念，还要具备听课的潜质，包括一定的教学经验，专一的心力，如耳听、眼看、脑想、手记、鼻嗅等。不仅要"听其然"，更要"思其所以然"，既看授课教师的招式、套路，还要看教师教学活动背后的玄机，听出教师教育的智慧。另外，不仅注目于上课老师的行为，更要注意学生的表现，如学生的精彩发言，独到见解，思索疑惑等，同时还要看教学的细节，如一个眼神、一个动作、一个表情、一个手势等。可以说，细节虽小，却能透射出教育的大理念，表现出教学过程的变化、灵动和创造。现在有一种现象，叫"戏不够，课件凑"，这个"戏"就是文本，钻研文本的功夫不够，就用很多课件去补充，形式上挺"精彩"，挺"华美"，其实这是花哨的课，我们在听课中千万要注意。

听课是一门学问，学会听课也是教学智慧的展现。愿我们的青年教师在听课中不断提升自己。

学我者生，似我者死

2009年央视春晚小品《不差钱》给观众留下了深刻印象。剧中，小沈阳饰演苏格兰情调酒店服务员，惟妙惟肖地演唱了刀郎、阿宝的两段歌曲，震惊四座，掌声雷动。我不免为小沈阳高超的模仿天才而叫绝，捧腹大笑后，我从"模仿秀"想到了语文课堂教学的问题。

我有几个徒弟，他们都很年轻，在语文教学中，这些年轻人都喜欢模仿我，尤其是他们看了我的作文公开课《白老师变魔术》和语文综合活动课《为中华之崛起而读书》之后，更是一招一式地学我，对此，我想唠叨几句。

弟子们认真学习、执著追求的精神让我非常感动。但是，他们亦步亦趋地模拟我的教学，套用我的做法，我认为是不足取的。

学习他人，必不可少。在大多数情况下，没有模仿的过程，独创几乎是不可能的。以学习创作为例，许多有成就的作家在他们学习写作之初，都经过模拟练习的阶段，就是在他们有了很高的写作水平的时候，为了学习某种新的表现手法，也要模仿。白居易的诗句"安得万里裘，盖裹周四垠"，就是由杜甫的"安得广厦千万间，大庇天下寒士俱欢颜"脱化而来的；王勃的名句"落霞与孤鹜齐飞，秋水共长天一色"则是由庾信的"落花与芝盖齐飞，杨柳共春旗一色"点化而成。这些大家之所以能够成名，是因为他们在创作上绝不停留在最初的一步，而是以此为出发点，"摩体以定习，因性以练才"，向前又走了百步，千步。

咱们再回头谈谈语文课堂教学这个问题。

每位教师都有自己不同于别人的生理特点、人格精神、学识才能、思维品质、个性气质、审美情趣、艺术追求等。就拿我来说吧，我是"老三届"，"文革"期间插过队，赶过大车，扛过脚行，练过武功，学过戏法，在公社文艺宣传队表演过相声,当过"挣工分"的民办教师。开始教体育,后来教小学语文、中学语文,还在师范学校教过《现代汉语》和《写作》,又做了40年的小学语文教研员,与此同时,在县里任了两届政协副主席。我没上过大学,没受过专业教育,是个"土八路",靠读书和自学弥补了我的先天不足。我还有过一段失败的婚姻,在生命的进程中,苦辣酸甜、悲欢离合我都尝过,这种独特的人生经历是谁也不具备的。

另外,我有喝啤酒的习惯,在单位"豪饮传天下",是有名的"酒人"。我性格古怪,生活简朴,业余时间喜欢"爬格子","站着教书,坐着写书,躺着看书"是我的人生座右铭,所有这些决定了我独特的教学风格——激情飞扬。我认为,激情是课堂的血肉,没有激情的课堂就像一口古井,在课堂上真诚释放生命的激情,努力让自己的"精、气、神"感染学生,便构成了我的课堂教学特色,这是任何人学不了的。课即人,人即课,我的课堂风格,正是我的人格表现。从风格的本质看,它是个性化的结果,而个性则是以独立性为前提的。

认识自我与发现自我是战胜自我、超越自我的基础。古希腊智慧神庙大门上的一句箴言是"认识你自己"。老子《道德经》也说,"知人者智,自知者明;胜人者有力,自胜者强"。所谓认识自我,包括认识生理自我、心理自我、社会自我。在教学中,善于解剖自己,从自己的实际出发,根据自己的特点,扬长避短,发挥优势。这是我上《白老师变魔术》和语文综合活动课《为中华之崛起而读书》的理论基础。

教师教学风格的颐养,除了自身的因素,还需要外部的土壤。年轻的时候,我常常模仿别人的教学方法、教学语言和教学风格,经常搬用别人的教学经验,甚至举例、手势、教态等也打上受别人教学影响的烙印。在师范学校任教时,我认识一位老师,他上课不带教本,讲课旁征博引,滔滔不绝,放纵恣肆。他讲李白的《将进酒》,雄辩滔滔,唾沫横飞,旁若无人,信马由缰地整整讲了一上午。我非常佩服这位老师,那时我认为"博学强记"是最好的教学方法。从此,我便模仿他,一年之后,我连走路的姿势、说话的语调都渐渐与他变得极其相似。

后来,这位老师调到省城一所大学教书了。临走的时候,他语重心长地对我说:"模仿不能流于形式,不能只学得'皮毛',而要取其'精髓',须达到形神兼备。要记住叶圣陶先生的话,无论别人的经验多么好,总该领略它的精要，结合自己的具体情况，灵活运用，要是生搬硬套，学习好经验可能得到坏结果。"他还送我一本书，是他的一本学术专著，在书的扉页给我写了8个字——学我者生，似我者死。这是齐白石的名言，这句话告诫我，完全模仿，生搬硬套，是没有出息的。

通过这件事，我明白了，模仿在教学之初，尤其对青年教师来说是必要的。如同小学生习字"描红"一样，先要"入格"，再"合格"，再"出格"，熟悉了教学之后，就要逐步克服消极的模仿，能从模仿中迅速升华，增加创造的成分。另外，还要切忌盲目模仿，以免误入歧途。要注意选择那些卓有成效的教学风格作为模仿学习的对象，要注意与自己的教学个性、潜质相一致。如果只是简单地照抄照搬，满足于转借和移植，易出现公式化、形式化倾向，从而使教师的教学个性受到埋没或销蚀，甚至出现自我迷失的境况。

同时，我还懂得了教学模仿，不能拘泥于一家，要博采众长，只有在广泛汲取一切优秀教学艺术成果的基础上，根据自己个性和才能的特点，熔百家于一炉，出吾体于众师，然后才能层楼独上，独树一帜。

耗散结构理论认为，一个系统在形成后，总是向外开放的，同外界进行能量、信息等方面的交换，不断由紊乱、差别走向平衡，再走向新的紊乱新的平衡。教学艺术风格作为一个系统也必然如此。所以，青年教师们应该不断有新的追求，以发展自己的教学艺术风格。否则，你们也就成为"老油条"式的"教书匠"了。

教学是一门科学，科学的价值在于求真；教学也是一门艺术，艺术的生命在于创新。愿我们的青年教师在教学中不断扬弃，不断革新，做一个不甘寂寞的思想者、探索者。

听于永正唱京剧有感

我早就晓得著名特级教师于永正会唱京剧。他宗梅派，唱的是旦角。2002年10月20日他在杭州上的《梅兰芳学艺》，有两个教学环节给我留下了深刻印象。

镜头1：

上课伊始，于老师便对学生说："我知道你们都很喜欢听音乐，今天我要让同学们听一段京戏。"于是就播放了梅兰芳在《宇宙锋》中的几句唱词。优美动人的旋律，独具韵味的唱腔，激起了学生的极大兴趣。老师问："好听吗？"学生都说："好听。""你们知道这是谁唱的吗？""梅兰芳。"于老师在屏幕上打出梅兰芳的大幅照片，说："这就是梅兰芳。他是四大名旦之一，是著名的京剧大师。他的戏唱得这么棒，是勤学苦练的结果。他9岁那年，跟一个姓吴的师傅学戏，师傅说他眼睛没神儿，不是唱戏的料子。他没有灰心，下决心练好基本功，终于成为世界闻名的京剧艺术大师。想不想知道他是怎样唱戏的？""想！"一段唱腔，一幅照片，几句颇能勾起悬念的开场白，激起了学生学习这篇课文的兴趣。

镜头2：

课快要结束的时候，于老师说："我从小就喜欢京戏，二三年级刚开始学的时候，老师也说我的嗓音不好，声音不亮，但是我不服气，我反复地练习，唱了一遍又一遍，后来老师夸我说，于永正，你唱得还真行！你们想不想听我唱？"学生说："想！"接着，于老师唱了梅兰芳代表剧目《霸王别姬》中的南梆子"看大王在帐中和衣睡稳"唱段。他嗓音脆亮，甜美，这种以假乱真的男喉女声赢得了听课的老师和同学们的热烈掌声。

京剧是浓缩的生活，浓缩的历史。作为国粹，它代表中国传统人文精神的一种艺术形式。一段京剧唱词就是一首优美的诗，一部京剧大戏就是一本东方美学的书。博大精深的京剧给了于老师很多灵性和悟性。他说："如果我身上有一点灵性，比别人多一点悟性，我想，与我学京胡唱京剧，热爱艺术有很大关系。"于老师与京戏结缘，提高了他的艺术修养，使他具备了演员的某些素质。这种素质又无形中渗透到了语文教学之中，使他的语文教学有了更多的成功。

　　由此我想到，语文教师除了语文教学之外，还应该多懂得点艺术，如书法、绘画、音乐、舞蹈、戏剧、曲艺、电影等。语文教学不仅是知识与能力的传授、培养过程，也是进行审美教育的过程。在教学过程中，师生的审美活动贯穿始终。教材及生活是美的源泉，教师则是美的使者。教师具备了一定的艺术修养，极利于陶冶情操，开发智力，培养意志，增进健美，能潜移默化地给学生以美的熏陶。否则，教师备课就挖掘不出美，讲课就传达不出美，就无法以美启真，以美怡情，以美育人，只能机械地肢解课文，从而严重损伤语文教育特有的美。

慎用多媒体教学设备

××校长：

你好！

今年4月，第43届"创新杯"全国优秀青年教师教学艺术大赛将在厦门举行。你准备带领语文教师去大显身手，展示一下哈尔滨现代信息技术先进校的风采。厦门之行，你们的语文课，想必是做足了多媒体功课。对此，老朽想和你说几句贴心话，也许这些话有些尖锐，但我还是要说出来，与你共勉。

你们学校是一所现代化学校，先进的教学设备在全省数一数二，这一点老朽为你骄傲，也为你点个赞。有老师告诉我说，你刚参加工作的时候，把多媒体使用作为课堂的一种时尚元素去追求，甚至达到了"走火入魔"的程度。你外出讲课，在感情升华处，常常附以音乐、影像，造成轰动效应，坊间有"电教小生"之称。如今你当校长了，听说你把用PPT、视频、音频等当成对老师教学设计考核的一项重要内容，要求必须使用，否则要扣除分数，甚至没有资格参加各种教学比赛。这是否有点过了？

语文的现代化并不等于声光电并用，多媒体课件只是实现教师教学灵魂的手段，而不是与教学内容的有机整合，在语文课堂教学中，最重要的媒体还是我们语文老师自己。绝对不是说，使用多媒体的课就是好课，不用多媒体的课就不是精彩的课。老朽听过几位语文大师的课，他们的课没有音乐，没有画面，没有那些强大的视觉、听觉的冲击。听他们的课就像在品闻着茉莉淡淡的幽香，每一缕中都散发着教师的智慧，体现着教师的水平，学生在无声的细雨滋润中学会了，这才是实实在在的课堂。

老朽也听过一些多媒体课件演示不当的课。

在一次百余名教师参加的观摩活动中,一位青年教师执教《飞夺泸定桥》,她充满激情地带领学生朗读下面的句子:

"22位英雄拿着短枪,背着马刀,带着手榴弹,冒着敌人密集的枪弹,攀着铁链,向对岸冲去。"

随后,课件打出了十八勇士强渡大渡河的画面,教师声情并茂地说:"让我们再回到这幅画面,面对这些英勇的红军战士,你想说什么?把你想说的话写下来吧。"

伴着学生的动笔,教师播响了《长征组歌》。"红军不怕远征难,万水千山只等闲……"乐声中,雄浑高亢的男高音响彻了整个礼堂。

试想一下,在这样配有歌词的乐曲中,孩子们能够静心思考,写出自己想说的话吗?

再说一个教例。

这是一年级的课,讲秋天大丰收,苹果挂满枝头,稻子金黄,棉花雪白,田野里一片繁忙的秋收景象。老师做的课件很漂亮,一点击,大苹果挂满枝头,学生"哇"一声。又一点击,出现了雪白的棉花,学生又"哇"一声。课堂里,稻花香里说丰年,听取"哇"声一片。在眼花缭乱、铺天盖地的课件中,学生光顾"哇"了,那"棉"字,那"稻"字都会写了吗?这个教学片段,学生不是跟文本对话,而是跟多媒体对话,他们的"懂"是看课件看懂的,而不是读书读懂的。一味依赖音像、沉溺于多媒体的豪华包装,不能不对文本的解读造成遮蔽。

读高尔基的《海燕》,100个孩子心中有100只海燕,但如果用视频展示,那就只剩下1只海燕了。为此,有专家呼吁,语文课要少用声光电,这些东西破坏了学生对语文的感受,使本应由大脑想象的东西变成了视觉和听觉,这是代替孩子去思考甚至剥夺孩子的自主思维,会削弱学生对语言文字的感知能力。

一言以蔽之,要恰切用多媒体这些非语言方法教语文。要记住,语文姓"语"名"文",多媒体的使用,一定要围绕"字、词、句、篇、听、说、读、写"这几个最基本的语文关键字进行,切忌喧宾夺主,切忌越俎代庖,决不能滥用。否则,将会与语文教学改革精神背道而驰。

以上这些碎语，仅供你参考，容后再叙。
预祝你们的老师厦门赛课取得好成绩！

白金声

2016年3月6日

贾志敏的拿手绝活

在全国小语界，贾志敏是一个响亮的名字。这位年近80岁且身患重病的老人，为祖国语文的健康与发展不断奔波、劳顿，真可谓"春蚕到死丝方尽，蜡炬成灰泪始干"。

了解贾老师的人都知道，他的语文课朴实无华到了极致，一支粉笔，一块黑板，一张嘴巴，如此而已。就在这本真、简约、灵动的课堂上，他有一项独门绝技，那就是眼观六路耳听八方，在转瞬即逝的学生发言中，能及时捕捉到语病，并给予准确的纠正。如此敏锐的语感，令人叹服。

请看贾老师执教二年级的《居里夫人小时候》一课，指导小朋友用"挑选"造句的一个教学片段。

师：小朋友，句子造好了吗？谁愿意把造好的句子念给大家听一听？

生：（念）小华挑选了两个最大的苹果送给爷爷、奶奶吃。

师：大家说，这个句子造得好不好？

生：（齐）好！

师：是吗？我看这个句子有点儿毛病。（老师又把刚才学生造的句子复述了一遍）谁能把毛病找出来改一改？

（全班学生无一举手）

师："两个最大的苹果"？"最大的"只能有一个呀！

生：（恍然大悟）把"两个"改为"一个"——小华挑选了一个最大的苹果送给爷爷、奶奶吃。

师：（微笑地）爷爷、奶奶吃一个苹果，显得小华多小气呀！再说，两人吃一个，你咬一口，我咬一口，也不卫生呀。（生笑）能不能把

"最"字去掉，再换一个词语呢？

　　生：小华挑选了两个又大又红的苹果送给爷爷、奶奶吃。

　　师：改得多好啊！送给爷爷、奶奶两个又大又红的苹果，一人一个，可见小华的一片孝心。

　　北京市东城区小学语文教研员吴琳是贾老师的弟子，她讲了这样一个故事：有一次，杂志社要刊登吴琳写贾老师的一篇文章。由于贾老师年纪大了，视力不好，在发稿前她一句句念给贾老师听。当读到最后一句"贾老师以丰厚的文化底蕴、出色的创造才能和高尚无私的品德，谱写了他美丽的教育人生"时，贾老师突然说："我还没死呢！"吴琳一头雾水。贾老师说："把'了'字改成'着'。"吴琳恍然大悟，羞愧难当。用她的话说，真是一字之差，失之千里啊！

　　语感是比较直接、迅速地感悟语言文字的能力，是语文水平的重要组成部分。它是对语言文字分析、理解、体会、吸收全过程的高度浓缩。语感是一种经验色彩很浓的能力，其中牵涉到学习经验、生活经验、心理经验、情感经验，包含着理解能力、判断能力、联想能力等诸多因素。

　　境界咸归书本，乾坤自在学堂。贾老师极佳的语感能力，与他长期大量的阅读是分不开的。贾老师订了不少报刊，即便退休了，他每天从早上起床，就坐进书房，一天要读书、写作近十个小时，真可谓台上一分钟，台下十年功，修炼功夫全在诗外。

　　看看周遭的青年语文教师，有这样看家本领的人简直太少了。课堂上，学生发言有语病，老师听不出来，即使听出来了，也不能及时纠正，习惯用一个"好"字让学生坐下；批改中，学生作文有语病，老师看不出来，即使发现了，也不能准确修改，习惯用一个"阅"字一笔带过。"好"也罢，"阅"也罢，都是语感能力太差的表现，不得已而为之。语文教师其实是一名"语言教练"，也是一名"语言医生"，咬文嚼字是基本功。要想练就摆弄文字过硬的本领，必须天天做课，日日练功，否则是不能登堂入室的，正所谓"要学惊人艺，须下死功夫"。

　　师天下者天下之师，法万物者万物之法。向贾老师学习吧，以身相许教语文，身怀绝技教语文，名师的梦想一定会实现的！

朗读教学须注意"五有"

《语文课程标准》特别强调要加强朗读教学，明确指出要把朗读贯穿于各学段的目标之中。因为朗读是培养语感的最佳方式，也是学生走进文本与文本对话、融入文本的重要途径。朗读成为了当前阅读教学中的共同趋势，老师们十分重视朗读，甚至有的老师还提出了"以读为本，'读'占鳌头"的口号。这说明阅读教学回归了本真，让人欣慰。为了更好地发挥朗读在语文教学中的作用，当下，我们还应当注意以下几个问题：

1. 注意读有目标。

任何一种教学行为都是有一定指向的，朗读亦然。教师指导学生朗读要有明确的目标，不能"想怎么读，就怎么读"，"想读到哪里，就读到哪里"，这种朗读内容选择的随意性和朗读目的的模糊性如天女散花似的教学，是随意、凌乱、漂浮的。在朗读教学中，我们要注意每读一遍都要有不同的目的，并针对不同的目的进行有效的指导。请看孙双金执教的《只拣儿童多处行》的案例：

课始，孙老师让学生朗读课题，根据课题鼓励学生质疑问难，学生提了很多有价值的问题。正是在这个时候，孙老师抛出了"读"的教学。

师：是啊，是什么经历使她有这样的感受呢？下面请同学们带着你们刚才提出的问题来读课文，要读得字字响亮，句句通畅。请你们朗读一遍，我听听能不能做到。（学生齐读）

师：我听后的感受是比较通畅，但还不够响亮，还能再响亮一点吗？声音响亮代表自信。再读一遍。（学生再齐读）

师：这一遍比第一遍好多了，但有一个字的字音，在读的时候个别同学稍有问题。（教师板书：嚷）这个字读什么？这个字单读时读第三声，在课文里要读第一声。读一遍，再读一遍。闹嚷嚷是什么意思？

评析：

当学生根据课题提出问题后，孙老师借这个机会让学生带着问题朗读课文，一遍又一遍有目的地读，一遍就有一遍的效果：第一遍，学生声音不够响亮，是因为学生还没有读通，对文本还不熟，对朗读没有信心，所以孙老师评价说不够自信，其实孙老师别有用心，目的是让学生再读书。读第二遍时，孙老师是个倾听者，认真听学生朗读，因为学生读得不通畅，孙老师就知道学生对这个词不理解，于是对读错的音和字及时纠正，纠正的时候不是简单的说教，而是结合文本和生活来理解。

2. 注意读有层次。

朗读是把无声的文字化作有声的语言，凭借声音、语调领会作者思想感情的阅读方法，"正确、流利、有感情"是朗读的基本要求。要使儿童正确地读，教师应充分利用汉语拼音这个工具有重点地对声、韵、调进行正音。指导学生流利地朗读，首先要指导学生读好词，读好句，只有这样才能克服"逐字念读"的现象，才能为准确地句读打好基础。"有感情地朗读"是朗读训练的最高目标，它主要是指能正确读出抑扬顿挫，显示出文章的风格神采。从读得正确，到读得流利，再到读得有感情是一个纵向提高的过程，我们的老师不能躐等求进，不顾学生和教材的实际，盲目教学。请看一则失败的案例：

一位教师教二年级的语文课《北京亮起来了》，其中有这样一个片段：

师：这么多同学喜欢环形路，谁能把自己的喜爱读出来？（学生读）

师：你读得真流畅，谁能读得美一些？（学生读）

师：他读得怎么样？

生：他读得声音洪亮，挺好的。

师：你能比他读得更美吗？老师给你提个建议，你可以读得慢一些，感情丰富一些。（学生读）

师：真不错！谁还能读得更美一些？

（学生尖着嗓子，夸张地读了起来，孩子们忍不住捂着嘴窃笑。）

师：你读得可真美，请同学们像他这样美美地读一读。

评析：

"美美地读一读"是时下很多语文老师的口头禅，到底什么是美读呢？我想，美读应该是读者有读文章的强烈欲望，情浸其中，以读为美，它应该更适合一些文质兼美的散文。《北京亮起来了》是一篇比较枯燥的写景文章，美感是有的，但整个文章的情感基调是中性的。孩子们朗读时，没有情动于心，没有强烈的美感体验，教师就一味地让孩子"读得美一些"，岂不是在为难孩子吗？像那个男孩子那样，装腔作势地读，一定味同嚼蜡，哪里还会有美感体验呢？教师这样不顾文章内容，不顾角色情境，不顾自身体验，一律要求美读，不仅是走进了朗读的误区，对孩子们的个性又何尝不是一种压抑呢？

3. 注意读有指导。

朗读的过程是学生借助书面语言，运用形象思维，唤起自己的内心表象，把文中的人、事、景、物变成可以看到、听到、闻到、触到的客观事物，在想象中产生情感体验，从而达到与作者感情共鸣的过程。在新课程改革中，我们的语文课堂教学注重了朗读，出现了许多朗读方式，这不能不说是对文本的重新认识，教学观念的改变。但是，课堂上，不从问题的主线或重点、关键入手加以指点，不"导之以思"，而是泛化朗读，儿童像小和尚念经那样有口无心地傻读呆读盲读，长期如此，会造成学生对朗读的漠然和厌倦情绪。如何防止"漫无边际"的朗读，怎样及时点拨、深化呢？请看支玉恒教《第一场雪》的案例：

师：（指一个男生）你来选一个读得最好的男同学当代表，（学生点名贺特松）走到前面来。（问一个女生）你选一个读得最好的女同学当代表，（学生点名谢丽梅）走到前面来。（对男生）你把那种壮阔的景色读出来。（对女生）你把那种细腻的情感读出来。听一听怎么样。

（男生开始读："大雪整整下了一夜……嗬……"）

师：（打断）我怎么教的他给忘了。（众笑）"嗬"是内心的惊叹，不要往远处喊。

（男生读"推开门……粉妆玉砌的世界"）

179

女生："落光了……彩虹。"

师：嗯（对男生），女同学比你读得好（众笑），对吗？

男生：对。

师：可能有一个原因，你这段文章确实比较难读，是可以原谅的。好，再接着努力读吧。（请两位同学回座位）咱们集体再练习一次。尤其是男同学，好好看着我的手势。

（男生齐读，教师配合手势）

师：（打断）不要着急，推开门一看，他吃惊得都说不出话来了，半天才"嗬"了一声，舒了一口气，说"好大的雪呀"，这样才有意思。接着一起读"大雪整整"，开始。

男生："大雪整整……粉妆玉砌的世界。"

评析：

该段课文是写雪后美景的。既然是一个美景，一个场面，就有不同的特征。如写整体的，写细部的，写人的感受的。对不同的景况和不同的人，当然读起来不一样。支老师正是根据这一特点，指导男生把雪景读得壮阔一些，雄浑一些；要求女生用轻柔细腻的语调来读，以表现事物的纤巧美丽。此片段着重指导一个"嗬"字的读法。因为是人物内心的赞叹，所以不能像一般的叹词那样读得高亢外扬，而要读得低沉、内向。这个字读起来难度较大，但它的表现力也极强。支老师这样不厌其烦地指导，让学生反复朗读，目的是建立形象，进入情境，体验感受，从而对文章有更深的领悟，对美丽的大自然更加热爱。

4. 注意读有示范。

范读，就是教师示范性的朗读。教师的范读在语文教学中有着重要的作用，好的范读能够真实地生动地表达出课文的思想内容，创造性再现课文中各种人物的性格特征，把学生带到课文所描写的境界中去，引起想象，激发情感，加深印象。范读的基本要求是诱导性。范读的诱导性在于教师在把文字作品变成有声语言的过程中，浓缩朗读者的深刻体会、独特感受、熟练技巧和声音魅力。伴随着声音传入耳鼓，那深邃的思想、高尚的情操、美好的憧憬、纯真的心灵，也就同时流入学生的心田。请看窦桂梅教《皮斯阿司和达蒙》的案例：

（投影出示课文当中的一句话：但，茫茫人海，就有一个人不怕死，而且真的愿意替别人坐牢，他就是皮斯阿司的朋友——达蒙）

师：听老师读，想想听出了什么。

（教师重读这句话：但，茫茫人海，就有一个人不怕死……）

生：我知道了，这个世界上并不是所有的人都是怕死的，达蒙就是其中一个。

生：生命属于人虽然只有一次，但是只要是为了朋友，为了朋友之间的真正友谊，死也是值得的。

（教师又重读这句话：……而且真的愿意替别人坐牢……）

生：这样读，突出了达蒙为了朋友皮斯阿司，愿意替他坐牢。

生：我知道了，达蒙相信他的朋友皮斯阿司没有罪，而且相信皮斯阿司是守信用的，所以他来替皮斯阿司坐牢。

（教师还是读这句话，重读：……他就是皮斯阿司的朋友——达蒙）

生：这个不怕死、愿意替别人坐牢的人是皮斯阿司的朋友，他叫达蒙。

生：我想皮斯阿司的朋友可能很多，但不怕死，愿意替他坐牢的只有达蒙一个人。达蒙是皮斯阿司的真朋友。只有在最困难的时候帮助你的人，才是你真正的朋友。

评析：

一节好的语文课离不开老师声情并茂的范读，老师高水平的范读，不仅可以为学生树立良好的榜样，更能让学生透过老师的范读深入地了解课文内容，体悟课文的思想感情并引发共鸣。可以说，朗读是活的，是赋作品以生命。好的朗读示范能让学生心中产生一种涌动，感受到朗读的魅力。从以上这则案例中，我们看到了窦老师通过反复朗读"但，茫茫人海，就有一个人不怕死，而且真的愿意替别人坐牢，他就是皮斯阿司的朋友——达蒙"这句话，让学生一步一步加深对朋友的理解。正是有了独特的理解，学生才能读出更深的感受。

5. 注意读有成效。

新课标指出，学习是学生的个性化行为，要尊重学生的个性差异，珍惜学生的独特体验。这一教学理念的提出，对教师的教学观念、教学方式产生了巨大的冲击。于是乎，在小学语文朗读教学中，诸如"喜欢怎么读就怎么读"，"喜欢读哪段就读哪段"之类的教学用语层出不穷。这固然意味着小学语文对人文的回归，对学习自由的拓宽以及对个性的尊重，但在这些教学用语的背后，我们看到的是时下对"个性化"理解的偏颇以及如此"个性化"所带来的弊端。请看一位教师教《泉水》的失败案例：

师：这些调皮可爱的泉水娃娃们来到阳光灿烂的世界，它们会去哪儿玩呢？又会遇到谁？你们知道吗？

师：请小朋友们自己读读课文2—5段。思考：泉水来到哪里？遇到了谁？

（学生自读课文）

师：谁来说说你知道泉水来到了哪儿？遇到了谁？（教师相机板书）

生：泉水来到静静的山谷，遇到了画眉鸟。

生：泉水来到山间的平地，遇到了杜鹃。

生：泉水来到果园，遇到了果树。

生：泉水来到水池里，遇到了山里的姐姐。

师：其他小朋友找对了吗？（学生举手）你们养成了边读书边思考的好习惯。

师：如果你就是文中的泉水，你想流到哪儿？

（学生纷纷举手）

生：我想流到平地。

生：我想到山腰的水池里去。

生：我想去果园里。

生：我想流到山谷。

评析：

这一教学意在落实课改观念——尊重学生个性，鼓励学生自主选择喜欢的学习内容，给学生增加自由的空间。对泉水"流到哪，遇到谁"这一问题，几个学生先后回答了5、3、4、2自然段的内容。从表面上看，学生答问似乎是自由了；可从实质上看，这反映了学生思维的无序混乱。试想，第一位学生脱口而出到了山谷,一下子拎出第五节内容,第二位学生忽而拎出第三节内容,等等,既非文章的顺序,也非什么内在的逻辑,这是其一。其二,对"你想流到哪儿"的选择,如果说第一个学生是真心所选,那第四个学生就是别无选择了——因为前三项已被他人选走,而孩子是"乖巧的",是能"领会教师心意的",无论喜欢与否,他都会作此选择。"喜欢"二字就很难谈得上了。这种既窒息学生灵性又败坏朗读名声的低水平的朗读教学是要不得的。

总之,朗读是我国传统语文教学的宝贵的财富。我们要明确朗读的目的,创设朗读的情境,讲究朗读的方法,激发朗读的情趣,突出朗读的过程,让朗读教学走在健康的轨道上。

古诗背诵当戒有口无心

到基层学校听课，常见小学生在课前一两分钟由班长带领背诵古诗。或"白日依山尽"，或"春眠不觉晓"，或"床前明月光"，不管什么年级，也不管哪个班级，学生往往不带任何表情，他们一边整理学具，一边哼哼呀呀。时间到了，教师呼停，便打开书本上课。看到这个场景，我不由得想到一句歇后语：小和尚念经——有口无心。

说也巧，一天晚上，我和老伴看电视，有这样一个镜头映入眼帘：

在古代寺庙里，晨钟暮鼓，一群沙弥微闭双眼，盘腿而坐，手敲木鱼，诵读经书，一样的声调，一样的表情，一样的动作。时间到了，他们站起身来，嘻嘻哈哈地散了。看到这里，不禁让人哑然失笑。我说："这个场面和我看到的小学生课前背诵古诗何其相似乃尔。"老伴笑道："你怎么把小学生与小和尚相提并论呢？"我说："我不敢责怪学生，因为他们毕竟是孩子，我想说的是有些教古诗的老师，已经陷入语文教学的泥淖里了，不知道背诵古诗的过程，实际上是'情感交流，灵魂对视'的过程。"关了电视，我给老伴讲述另外一个真实的故事——

"文革"期间，我在生产队干活，有一位老者常在歇气时背诵毛主席诗词。这位老者是下放户，据说早年在省广播电台当过播音员，个子不高，满脸沟壑，汉字书写极具个性。比如写朗读的"读"字，不是左右结构，而是上下结构，上面是一个"口"字，下面是一个"心"字。他说，背诵也好，朗读也罢，都得动口动心，有口无心那是不行的，这心就是感情。

深秋的一天，社员们在地里下玉米棒子。歇气了，在我的提议下，他给大家背诵了《采桑子·重阳》：

人生易老天难老，
岁岁重阳，
今又重阳，
战地黄花分外香。

一年一度秋风劲，
不似春光，
胜似春光，
辽阔江天万里霜。

　　这苍老而浑厚的声音在秋野中回荡，在场的社员无不为之而动容，并且报以热烈的掌声。此时的老者，已经泪流满面，不能自控了。
　　老伴听了我的讲述，不免哽咽起来，连声说道："动情了，动情了。"
　　审视当前小学古诗教学，问题比较多，有口无心的傻读傻背便是其中的一种表现，孩子们不晓得"凡歌诗，须要整容定气，清朗其声音，均审其节调"的道理。
　　"教不严，师之惰"，看来有些话得和老师好好说一说。
　　古诗是我国优秀传统文化的瑰宝，更是小学语文教学的一项重要内容。《语文课程标准》指出："诵读优秀诗文，注意通过语调、韵律、节奏等体味作品的内容和情感。"诗歌讲究韵律和谐，平仄相对，隔句押韵，具有音乐美、节奏美、音韵美，只有通过诵读才能品味到诗歌艺术之美。而诵读讲究字正腔圆，感情充沛，需要融情于诗，用心感悟诗人的情思，把情感体验用声音传达出来，从而实现诗歌艺术的再创造。故王守仁主张："讽诵之际，务令专心一志，口诵心惟，字字句句，绅绎反复，抑扬其音节，宽虚其心意，久则义礼浃洽，聪明自日开矣。"
　　教语文，学养是第一位的。倘若我们的语文老师平时多储备一些知识，多增长一些学问，具有一定的国学底子和文学才华，在古诗教学中，对学生多做一些指导，多一些示范，孩子们就不至于在背诵中出现"有口无心"的毛病了。

作文教学的经典传统

作文是一门古老的学科。在未有文字之前，我们的祖先就开始了作文。正如鲁迅先生在《门外文谈》中所说："假如那时大家抬木头，其中有一个人叫道'杭育杭育'，那么这就是创作。"毫无疑问，这是人类历史上第一篇石破天惊的口头作文。文字既出，写作实践得到空前发展，且不说灿若繁星的不朽之作，就是那些用甲骨文为记录符号的占卜、天象，描写征战、畋猎的辞片，也是稀有之作。至于写作理论，林林总总，千汇荡荡，其中有些观点千余年来一直熠熠生辉。

多读多写，利病自明。

传统的作文训练，很重视多读多写。有人问苏轼，"学文如何？"他回答说："前辈但看多作多读而已。"欧阳修也说："无它术，唯勤读书而多为之，自工。"看来多读多写虽是"笨"方法，却是行之有效的。有故事为证，据《欧阳修全集》记载："先公四岁而孤，家贫无资，太夫人以荻画地，教以书字。多诵古人篇章，使学为诗。及其稍长，而家无书读，就闾里士人家借而读之，或因而抄录。抄录未毕，而已能诵其书。以至昼夜忘寝食，唯读书是务。自幼所作诗赋文字，下笔已如成人。"

古人又认为，"读"不能代替"写"，要写好文章，一定要常写。唐彪说："盖常作则机关熟，题虽甚难，为之亦易；不常作则理路生，题虽甚易，为之则难。"他认为："人之不乐多作者，大抵因艰难费力之故，不知艰难费力者，由于手笔不熟也。"总之，要手笔熟，唯有多写，这才符合从写作实践中培养写作能力的规律。

文字频改，工夫自出。

古人有"文不厌改""日锻月炼"之语，勤写还需与多改配合。多改，目的在于深入揣摩，一方面可以更牢固地掌握语言文字的运用方法，同时养成严肃认真、一丝不苟的写作态度和习惯。贾岛"推敲"的传说，欧阳修改定《醉翁亭记》第一句的故事，王安石的"春风又绿江南岸"的炼字佳话，都是脍炙人口的轶闻美谈。这一类的典故，不胜枚举。

多改，并不是依赖老师给改，而是要求学生自己修改，不是只指个别词句的润饰，而是指通篇文章的检点。唐彪在《读书作文谱》引武叔卿的话说："如文章草创已定，便从头至尾，一一检点。气有不顺处，须疏之使顺；机有不圆处，须炼之使圆；血脉有不贯处，须融之使贯；音节有不叶处，须调之使叶。如此仔细推敲，自然疵病稀少。"

有些人不但要求学生认真修改自己的文章，还提倡看别人怎样修改文章，从中体会写作方法，吸取有益的经验，所以有这样的传说：

> 黄鲁直于相国寺得宋子京唐史稿一册，归而熟观之，自是文章日进。此无他也，见其窜易句子与初造意不同，而识其用意所起故也。

模仿先哲，精妙自来。

古人认为，儿童作文是从模仿开始的，模仿是沟通读与写的桥梁。刘知几说："夫述者相效，自古而然。"又说："若不仰范前哲，何以贻厥后来？"许多有成就的作家在他们学习写作之初，都经过模仿练习这一阶段，就是在他们有了很高的写作水平的时候，为了学习某种新的表现手法，也需要模仿。白居易的诗句："安得万里裘，盖裹周四垠"就是由杜甫的"安得广厦千万间，大庇天下寒士俱欢颜"脱化而来的；王勃的名句"落霞与孤鹜齐飞，秋水共长天一色"则是由庾信的"落花与芝盖齐飞，杨柳共春旗一色"点化而成的。

模仿什么，怎样模仿？古人的一些主张是值得重视的。归纳起来有两条：一条是模仿名家名篇。朱熹说："大率古文章皆是行正路，后来杜撰的，皆是行狭隘邪路去了。而今只是依正的路脉做将去，少间文章，自会高人。"研究历史上大作家成"家"的过程，可以看出，他们总是学了前世名家的文章，吸取其所长。另一条是不袭古人诗文，王守溪说："所为文必师古，使人读之不知所师，善师古者也。韩师孟，今读韩文，不见其为孟也；欧学韩，今读欧文，不觉其为韩也。若拘拘模仿，如邯郸之学步，里人之效颦矣，所谓师其神，不师其貌，此最为文之真诀。"模仿古人，不袭古人，这是学习古人的正确路子。因为古人写的是彼时彼地的人和事，而学生写的是此时此地的人和事。借鉴古人的写作方法来表达今天的内容，文章是自己的，而抄袭古人则是毫无意义的，也达不到练习作文的目的。

先放后收，路子自通。

古人一向主张训练学生作文要经过"先放后收"的过程。首先鼓动学生大胆地写，等到有了一定的基础之后，再要求精炼严谨。谢枋得说："凡学文，初要胆大，终要心小——由粗入细，由俗入雅，由繁入简，由豪荡入纯粹……初学熟之，开广其胸襟，发舒其志气，但见文之易，不见文之难，必能放言高论，笔端不窘束矣。"欧阳修在《与渑池徐宰》中指出："作文之体，初欲奔驰，久当撙节，使简从严正，时或放肆以自舒，勿为一体，则尽善矣。"古人认为，学生练习作文，必须经过一个由放到收的过程，在这个过程中，文章逐步由粗入细，由俗入雅，由繁入简，由奇到平，作文水平也就逐步提高了。这是符合学习作文的一般规律的。初学者由于不会作文，不免有畏惧情绪，如果鼓动他们大胆地写，尽情地写，发挥其想象，扩展其胸臆，会打消他们的畏惧情绪。文章的形式虽然粗糙，但内容都比较丰富，在这个基础上再引导学生提炼，就会逐步提高。如果违反这一规律，学生刚练习作文，就在文章上作很多规定，提出过高的要求，这样，不仅会使他们感到作文很难，而且也不可能达到要求。

历史上大文学家在指导初学者作文时是按着这个路子指点的。欧阳修给徐较秘的回信中有这样一段话："所寄近著甚佳，议论正宜如此，然著撰苟多，他日更自精择，少去其繁，则峻洁矣，然不必勉强，勉强简节之，则不流畅，须待自然而至也。"苏东坡在给李豸的回信中也说了类似的话："惠示古赋近诗，词气卓越，意趣不凡，甚可喜也，但微伤冗，后当稍收敛之，今则未可也。"文学家之见略同。

作文批改应提倡"一文一得"

清人唐彪说:"文章不能一做便佳,须频改之方入妙耳。此意学人必不可不知也。"可见文章"入妙"是"频改"的结果,因而在"频改"过程中也最容易领悟文章"入妙"之法。

由唐彪这句话,我想到了当下的小学作文批改问题。好作文是改出来的,此话千真万确。那么作文由谁来改?我不赞成完全甩给学生操作,因为小学阶段的儿童无论从知识结构、认知水平、生活阅历、心理特点、思维能力、文字功夫哪方面来看,他们都很难将整篇文章改好。由此看来,作文批改乃教师之事,天经地义,责无旁贷。

毋庸讳言,批改作文是一项费时费力的繁重的脑力劳动。批改的高投入低效率一直困扰着广大语文教师。全班学生四五十人,每次作文批改从思想内容到篇章结构,从语言文字到标点符号,从行款格式到书写质量,巨细不遗,这样的大批大改,说实在的,作文本上那一道道殷红的笔迹,往往是劳而无功的。

对小学生的作文,面面俱到,精批细改,试图一次批改解决所有的问题,是不切实际的做法。那么怎样批改效果比较好呢?我的观点是:大道至简,放弃是一种智慧。

第一,目标单一,对解决问题较易奏效。

吕叔湘先生在回忆他的老师批改作文的方法时说:"张老师批改作文有一个特点,就是对不同的人有不同的批改重点。有人错别字多,就着重批他的错别字;有人说话啰嗦,就着重批他的啰嗦;有人说话不照顾前后,就着重批他的失于照应……当然着重点不是一成不变的,一个缺点克服了,另一件事又提到日程上来了。现在回想起来,这确实是个好办法,学生的注意容易集中，不至于闹浑身是病，不知道如何下手。"

另外，批语也要因学生知识水平、个性特点的不同而不同。如《夏夜趣事》这篇习作，有个学生开头这样描写："这是夏天的一个晚上，明月高悬，繁星闪烁，爽风吹来，非常宜人。"这段描写意在为写趣事服务，但小作者考虑不周，因而出现了"明月高悬，繁星闪烁"的矛盾之处。如果小作者是学习比较好的学生，可以这样批："以美景衬托趣事，好！请细心读一读，发现并改正描写中的错误。"如果小作者是学习比较差的学生，可以这样批："学会用写景为写事服务，这是好的。问题是'明月高悬'时会不会'繁星闪烁'呢？你平时可能没有留心观察吧，请修改一下。"这样在语言的深浅、褒贬的程度和留下的作业等方面都因人而异，保证各有所悟，各有所得。

要有所得，就必有所失，失去一些要求，是为了更好地达到一个要求。批改中的这个得与失的辩证法，是值得提倡的。

第二，批改要围绕一个中心，力求给学生留下深刻印象。

每次作文都有特定的教学目的和要求，据此确定每次批改的重点。如《我最敬佩的人》，习作要求是"选择有代表性的几件事，写出人物的优秀品质，注意段落之间的联系。"在批改时，就应围绕这要求进行，至于开头结尾的方式，人物的外貌、心理描写等，就不要求作为批改的重要内容。

再如教科版五年级下册第一次习作要求是："在学校里，我们每天和老师相处，他们的音容笑貌、一举一动都给我们留下了深刻的印象。请以《我的老师》为题，选择一两件事，写一篇习作，注意写出老师的外貌特点。"

批改这篇习作，不必全面开花，眉毛胡子一把抓，应突出外貌描写这个重点。如有一篇作文是这样开头的：

> 王老师虽然不曾是我们的班主任，也不是我们的主课老师，可是只要一提起她，同学们不禁会啧啧称赞。她在我们的眼里是一个既严肃而又和蔼可亲的老师。五十上下的年龄，中等身材，目光温和而有神，嘴边略挂着微笑，用一口半生半硬的普通话，为我们讲解生动有趣的自然科学知识。这一切都使我们感到格外的亲切。

请看教师的修改：

把"她在我们的眼里是一个既严肃而又和蔼可亲的老师"，改为"她在大家心目中是一个既严于教学而又和蔼可亲的好老师"。经这一改，把"眼里"改为"心目中"，更加深了对王老师的爱戴之情；把"严肃"改为"严于教学"，与后面的"和蔼可亲"相接更能刻画出良师的形象。同时又把"半生半硬"改为"带有上海口音"。

　　批者，评也；改者，正也。作文批改是一项艰苦、细微的创造性劳动，它要求教师本人舍得把自己的心血和才智，溶注在批改作文的笔尖上。只有这样，作文批改才能达到最高的境界。

小学生喜欢什么样的习作批语

对学生习作的思想内容、篇章结构、语言文字或写作态度做出的评价，谓之批语。批语写得精当，对于调动学生写作积极性具有很大的作用。茅盾上小学时，老师在他的《宋太祖杯酒释兵论》的文末，写下这样的批语："好笔力，好见地，读史有眼，立论有识，小子可造。"在《秦始皇汉高祖隋文帝论》的文末，该老师的批语更为精彩："目光如炬，笔锐似剑，洋洋千言，宛若水银泻地，无孔不入。"读着这样的文字，我们可以想象少年的茅盾该是如何受其感发和激励。

有资料显示，当下的小学生对老师写的批语，不看的占45%，大体看一下的占33%，能仔细琢磨的只占22%。究其原因，大概与学校流行的套话批语有关，如"中心明确，内容具体，语言通顺，望你百尺竿头更进一步"，等等，这种千篇一律公式化的批语怎能让学生喜欢？

那么，小学生喜欢怎样的习作批语呢？

1. 赏识性的批语。

什么叫赏识？指认识到别人的才能或作品的价值而予以重视或赞扬。古今中外因被人赏识而成大器的人不乏其例。我国古代著名文学家左思写的《三都赋》被皇甫谧发现，为之作序，才使左思的文章获得"洛阳纸贵"的盛誉。默默无闻的刘勰，为名重当朝的沈约赏识，《文心雕龙》才得以传世。白居易得到顾况的赏识，终能诗满天下。俄国著名诗人普希金得到茹可夫斯基的赏识，后来成为"俄罗斯文学之父"。列夫·托尔斯泰青年时写的《童年》得到涅克拉索夫的肯定，才使他有信心攀登世界文豪的宝座。我国现代著名作家丁玲在回忆自己的创作道路时说，自从叶圣陶发表了她的第一篇小说，便激发了她对文学的热情，选定了文学创作为她的终身事业。所以，赏识能激发人的心理需求,是一种积极的强化手段,使人自尊、自信,化成一种动力,实现人的自身价值。

请看两则赏识性的批语。

一位老师看了学生的习作《家乡的秋天》,觉得不错,她写道:

　　在你的笔下,秋天是多么美啊!老师从你的作文中看到了那高远而深蓝的天空,看到了金黄的稻田、南飞的北雁和那飘零的黄叶,这一切,无不让我感受到秋天的美丽与神奇。我多么想对秋天说:秋天啊,化腐朽为神奇的秋天,你使学生的习作多么优美啊!

另一位老师看了学生的习作《我的父亲》,觉得挺好。他写道:

　　文中对父亲的介绍是全面的,从外貌到内心,从工作到生活,写得非常具体;对父亲的介绍又是有重点的,重在写父亲的感情,人物形象丰满、真实,富于生活气息。为这样的父亲自豪吧,继续努力,不要辜负父亲的期望!

这两则批语饱蘸感情,用"以文会友"的方式,书写了对学生的期望、关怀与抚爱,在肯定、鼓励、赞扬、嘉许中,使学生从中获取了进步的信心和力量。

当然,写赏识性批语要实事求是,注意掌握分寸,考虑分量,不能把赏识变成廉价颂扬。如:"你很有天才,希望努力精进,定能成为第二个高尔基!""读你的文章,使我感到:得天下之英才而教育之,乃人生之幸事!""你的文章气魄很大,有大文豪的胸襟!"这样的批语是要不得的,它会使学生飘飘然,自命不凡,狂妄自大。

2. 鼓励性的批语。

有这样的一个故事:一位私塾老先生在批阅学生作文时,发现有三篇不同寻常的卷子,他分别给它们加上批语。第一篇写了标题后,只写了一个"夫"字就没了,他批曰:"大有作文之势!"第二篇仅有标题,连"夫"字也没有,他批曰:"引而不发,妙也!"第三篇干脆白卷,连标题都没写,他还是给他加上一个批语:"清白可喜。"这当然是个笑话,带着某些讽刺意味。

但笑过之后，逆向思考一下，我认为它还颇有一些启示意义，那就是写批语时要注意掌握一些鼓励的学问。

小学生由于知识浅，经验少，写出来的文章不可能不发生错误，但一篇文章不管怎样糟糕，总归不至于全篇都要不得，也绝不至于一无可取，即使是一个词用得妥当，一句话说得中肯，也要给予鼓励。鲁迅先生在《这个与那个》一文中曾经打过这样一个比喻："孩子初学步的第一步，在成人看来，的确是幼稚、危险，不成样子，或者简直是可笑的。但无论怎样的愚妇人，却总是以恳切的希望的心，看他跨出这第一步去，绝不会因为他的走法幼稚，怕要阻碍阔人路线而'逼死'他；也绝不至于将他禁在床上，使他躺着研究到能够飞跑时再下地。因为她知道，假如这么办，即使长到一百岁也还是不会走路的。"我们小学语文老师一定要"以恳切的希望的心"，去看自己的学生"跨出这第一步去"。

请看两则鼓励性的批语：

虽然写作对你来说并不是很喜欢的事，但你却像蜗牛一样踏踏实实走好每一步，坚持写作，从不辍笔。你的精神着实令人钦佩，以你的个性定会闯出自己的一片天地。

老师很喜欢看你的文章，可就是文中没有一个标点符号，如果能改掉这个小毛病，你的文章会更加精彩！

学生习作中出现这样那样的毛病，是不足为怪的，需要老师耐心搀扶。从某种意义上说，好习作不一定是老师教出来的，但可能是老师鼓励出来的。教育的艺术，说到底是一种鼓励的艺术，写习作批语也是如此。

有的老师看到比较糟糕的文章，就大发雷霆，挥笔乱涂"不通""废话连篇""词不达意"，甚至写上"遍地荆棘，你叫樵夫如何下手！"这样的粗暴斥责，不仅会挫伤学生的积极性，而且还会使他们丧失信心，产生自卑心理，甚至有的学生撕了习作本，结果老师的辛苦批改化为乌有。

3. 启发性的批语。

启发性评语是指，为学生留下思考的空间和时间，让学生揣摩批语的言外之意、弦外之音，以欲言又止的语言技巧引导学生反复推敲、修改自己的习作。正如叶圣陶先生所指出的："至于批改，无论全班改，轮流改，重点改，必须使学生明晓教师之用意，且能用之于此后之实践，乃为有效。"经验证明，要使批语真正发挥作用，就要设法使学生理解和消化批语，让学生对自己习作中出现的问题，既知其然，又知其所以然，从而真正领悟到为什么"应该那样写"而"不应该这样写"。

例如，有个学生记大院里的一位叔叔冒着酷暑，将生病的邻居老大娘及时送医院抢救的感人事件。习作的内容无疑是应予肯定的，但学生一段到底，错别字不少，主要情节不具体。批语指出："这件事很感人，可惜许多事没写清。比如当时老大娘病情危急是什么样的，为什么只是这位叔叔一人背去？背去医院途中又遇到一些什么困难，到了医院人们又怎么说的？假如你能把这些改具体，把错别字消灭，一定能成为一篇佳作的。"

有人说，老师的批语应该像树上挂着的桃子一样，总在吸引学生，只要跳一下，就能摘得到，每跳一次就有一次收获。这一比喻，令人赞赏，此则批语就起到了这个作用。

批语不宜多用诸如"优点是什么""缺点是什么""应该这样""不应该那样"一类注入式提法，而应采用富于启发性的批语，或是多方设问，或是采用商量的口吻、交谈的语气去激发学生积极思考，开启他们的心扉，使他们在积极思考中去寻求答案。这样做，效果常常会超出老师的预料。

4. 幽默性的批语。

德国著名学者海因·雷曼麦说："用幽默的方式说出严肃的真理，比直截了当地提出更能为人接受。"此话千真万确。就拿批语来说吧，对学生在习作中出现的缺点和错误，老师要对其进行批评和指正，若批语用得不恰当，常会引起相反的作用。幽默的批语就可以恰到好处地解决问题，使学生在欢愉兴奋中充分而真实地认识自己的错误。譬如有个学生一篇作文中就有近20个错别字。于是老师批道："你这篇文章从内容到构思都挺不错，就是错别字太'猖狂'了。"学生看到批语后，"扑哧"一笑，心悦诚服地认识到自己的问题，之后作文中的错别字明显减少了，显然是多加注意了。如果采用训人的口吻或者惩罚的办法去对待学生，就不会有这样好的效果了。

风趣的批语，令人玩味，启人深思，犹如吕洞宾的指头——具有"点石成金"的神奇功能。有位学生，文章写得好，但字写得"毛"。这位老师就下了这样的批语："好马须配好鞍，这样美的文章，没有整齐的文字相配，多不相称啊!"一则幽默诙谐的批语,使这位学生在忍俊不禁的心理状态下警醒、震悟,获得教益。

必须指出,批语语言的形象、幽默一定要掌握分寸,否则会误使学生认为老师在讽刺他,从而产生抵触情绪,这样就弄巧成拙了。例如一个学生书写时,总习惯把撇、捺、竖写得特别长,文面很不整洁,老师的批语是这样写的:"看你的字真累人,长枪短棒,刀光剑影,弄得人心惊肉跳,你能把字写规范吗?"

还有一则批语是这样写的:"错别字多得像马蜂窝,你已经是四年级学生了,怎么还可以用拼音代替不会写的字呢?你的字典是不是在睡觉?"

这样的批语有点幽默过分,不利于民主、平等的师生关系的建立。

5. 规范性的批语。

批语是老师写给学生看的,是对习作和做人的评点和指导,其目的之一就是要给学生做出一个榜样。所以老师在写批语时,各方面都要做到合乎规范,要求学生做到的事,老师首先要做到。老师写的批语,卷面要干净、整齐,使人看了感到舒服;遣词造句要力求准确、生动,富有启发性;标点符号的使用要恰当,合乎规范;书写汉字要正确、工整,不写不规范的简体字。如果老师写字龙飞凤舞,字迹不工整,很难想象学生会从中获得什么有益的启示。

笔者看过一些老师写的批语,有的字迹潦草杂乱,似"蟹爬",将"考虑"写成"老虎",把"武"写成"或",学生难以辨认。有的随心所欲,开头不空格,写完一句话随便一点,不是顿号也不是句号。有的语句不符合语法规范,还存在着错别字。所有这些都是不足取的。

备课也要备自己

语文教学是艺术，艺术必须千锤百炼，必须作认真的准备，没备课怎么能进课堂呢？教了40多年的书，我深感备课的重要。谈到备课，我首先考虑的不是教学内容和学生的问题，而是我自己，那就是要求学生做的，我一定先去做一做，在"下水"的过程中，提高自己的语文能力。

1. 要求学生读的我先读。

我指导学生学习语文喜欢有感情地朗读课文。叶圣陶把"有感情地朗读"称之为"美读"，他认为"读得很美了，也就理解得差不多了"。的确，读到有情时，文也通大半。要求学生有感情地朗读课文，备课时我先练习朗读。如陆游的《秋夜将晓出篱门迎凉有感》：

> 三万里河东入海，五千仞岳上摩天。
> 遗民泪尽胡尘里，南望王师又一年！

这首诗，诗人把对祖国的热爱，对敌人的痛恨，对卖国朝廷的失望，对沦陷区难民的关怀，写得无比深切动人。全诗感情沉重，气势悲壮，层次有序，我是这样读的——

首联景色壮阔，诗人以合理的夸张、工稳的对仗、鲜明的节奏，描绘出了祖国山河的雄伟壮丽。读这一联时，情感激越豪迈。"三万里"与"五千仞"分别连读，这样音节紧凑，气势连贯。"河"，用强气流送出，"岳"，读得浑厚有力，"河"与"岳"后都作心理停顿。"东""上"表示方向，分别作状语，语调上扬，稍微拖长一点，为后面二字蓄势。"入"和"摩"重读，以突出黄河汹涌澎湃、一泻千里之势和华山突兀峻拔、磅礴雄伟之貌。全联语势到此上升到最高点，以便与下联的悲凉心情形成鲜明对比。

2. 要求学生背的我先背。

一套语文课本，就是一个琳琅满目的美的世界。论内容，古今中外名作荟萃，久经时间考验，历来脍炙人口；谈形式，有诗歌、散文、童话、寓言，新颖活泼，娱人耳目。游览语文课本，不难发现，名篇佳作之所以流芳后世，经久不衰，语言优美是重要的原因之一。小学语文教材，语言准确，鲜明生动，一句话，一个字，如珠落玉盘，流动自如，咀嚼起来，余味无穷。观有绘画色彩美，听有音乐韵律美，读有铿锵节奏美。我备课，总是从读入手，披文入情，先把课文背下来，然后沿波讨源。《燕子》一文中，有一段是描写燕子栖息情态的："嫩蓝的天空，几痕细线连于电杆之间，线上停着几个小黑点，那就是燕子。这多么像正待演奏的曲谱啊！"这是作者对燕子的赞美，同时，也是全文颇具魅力的收束。这段话设喻形象含蓄，富有神韵，它预示着行将到来的"百花争艳的盛会"，将使春意更浓，春光更美，在这支春的交响曲中，活泼可爱的小燕子是一个十分重要的音符。这篇课文既不是诗，也不是画，但读后却使人感到如诗如画。只有将其背下来，才能感到作者柔毫上蘸的不是墨，而是春的鲜艳色彩。

3. 要求学生写的我先写。

苏东坡有句名诗——"春江水暖鸭先知"。在习作教学中，我身体力行，不光让学生写，自己也写，亲自尝尝"梨子"的滋味。一次，我指导学生写《〈我的战友邱少云〉读后感》，收上习作本一看，百分之九十的学生所写的开头大同小异：

读了《我的战友邱少云》，我的心像大海里的波涛一样，久久不能平静，热泪夺眶而出，我受到了一次深刻的严守革命纪律的教育。

这样的开头不错，可惜千篇一律，除了"心像大海里的波涛"，"热泪夺眶而出"这些描述自己感受的话，就没有别的语句、别的开头方式了吗？我将学生的开头略作分析之后，当即出示了自己的"下水"片段：

（1）今天，一口气读完了《我的战友邱少云》，我的心被这位具有钢铁意志的勇士的感人事迹深深地打动了。

(2)《我的战友邱少云》这篇课文记叙了在抗美援朝的一次战斗中,邱少云为了整个战斗的胜利,严格遵守纪律,在烈火中壮烈牺牲的英雄事迹。读了这篇课文,没有谁不被邱少云英勇顽强的精神所感动。

　　(3)《我的战友邱少云》是一篇好课文。我读了一遍又一遍,仍舍不得放下。全文不到1000字,字字映照出邱少云严守纪律的崇高品质;全文38句话,句句表现出邱少云顾全大局的崇高境界;全文9个自然段,段段反映出邱少云为了战斗的胜利,宁可牺牲自己的崇高精神。

　　我出示的这三个开头,有的是从写自己的感受入手的,有的是从简介课文内容入手的,有的是从热情赞美邱少云的高尚品质入手的,角度各异。学生看了,开阔了眼界,受到了启发。在修改他们所写的开头时,不再是千人一面,而都在"新"字上下功夫了。

小学语文课堂教学无效劳动 10 种表现

提高语文课堂教学效率，一直是广大教师关注的焦点，也是难点，更是教师追求的境界。

什么是效率？单位时间内完成的工作量。对于课堂教学来说，就是 40 分钟课堂真正完成的教学任务。有专家调查发现，目前中小学教师的无效劳动大约占 50%，这一调查结果虽然有些夸张，但有一点可以肯定，那就是无效劳动的现象普遍存在。最近，笔者到基层学校调研，在听课中发现一些问题，现就小学语文课堂教学无效劳动现象做一简要述评。

1. 零敲碎打的提问。

教师在课堂教学中根据教学目的和教学要求，针对具体的教学内容，向学生提出一些问题，要求学生略加思考后予以回答，这是教师经常运用的一种教学方法。可是，有的教师将好端端的整体性课文掰碎提问，以多取胜。他们提的多是表层的问题，字面内容十分浅显，提的问题均是课文的前半句，让学生答后半句，学生随着课文一串就答对了。例如《乌鸦喝水》一课，教师问："乌鸦看见了什么？"学生回答："瓶子。""瓶子里有什么？"教师又问。学生回答："水。"教师问："水多不多？""不多。"学生回答。"瓶口怎么样？""小。""喝着没有？""没有。"……这样的提问，越问越窄，教师用问题牵着学生走，无需动脑，平淡乏味，犹如嚼蜡，课堂气氛怎能不沉闷？

好的课堂提问，能揣摩学生难于领会的问题，抓住关键之处，要言不烦，相机诱导，不仅可以启发学生领会教学内容，还能培养学生的创造性思维能力。

2. 繁琐无聊的对话。

对话亦称问答，是课堂教学中师生之间的一种互动性行为，它由提出问题和解答问题两个主要的环节构成，在这两个环节中，问题是师生互动行为的焦点。问题主要由3个要素构成。第一是给定。给定是指呈现出来的，已经明确知道的，关于问题的各种条件的指述。第二是目标。目标是指对问题结论的明确描述，即问题要求的答案。第三是差距。差距是指问题的给定与目标之间直接或间接的距离。人们必须通过一定的思维活动和实践活动才能找到答案，从而解决问题。有的教师与学生对话针对性不强，语言不准，指向不明，没有启发性。一位教师在教《刘胡兰》时，与学生进行了这么一段对话：

师：这篇文章是写谁的？
生：是写刘胡兰的。
师：你是怎么知道的？
生：题目就是刘胡兰。
师：这个故事发生在什么时候？
生：1947年1月4日。
师：你怎么知道的？
生：课文第一句话就是这么写的。
师：这个云周西村在什么地方？
(有的学生说是在陕北，有的学生说是在延安)
师：云周西村在革命根据地。
(课文中，有敌人对刘胡兰说了这么一句话："你说出一个共产党员给你一百元钱。")
师：谁知道那时花的是什么钱？
(有学生答是银圆，有学生答是铜板，而另有一位学生则说，那时候的钱中间是有窟窿的)
教师最后总结说："反正那时候的钱比现在值钱。"

这是一种典型的表层对话，是毫无价值、毫无意义的对话。这种无聊的对话不能达成教学目标，也绝非教学艺术，纯粹是浪费学生的宝贵时间。

3. 浅层庸俗的探究。

探究性学习是指在教学过程中以问题为载体，创设一种类似于科学研究的情景和途径，让学生通过自己搜集、分析和处理信息来实际感受和体验知

201

识的产生过程,进而了解社会,学会学习,培养分析问题、解决问题的能力和创造力。探究性学习关键在于"探究",自己去探索,去辨析,见解独到,而不是人云亦云。这是一节低年级识字课。

师:小朋友,怎样记住"菜"字?
生:菜,上下结构,上面是草字头,下面是"采"字,合起来是"菜"字。
师:还有其他的方法吗?
生:菜,上面是草字头,下面是彩色的"彩"去掉三撇,合起来是"菜"字。
师:很好。还有其他的方法吗?
生:菜,上面是辛苦的"苦"去掉"古"字,下面是彩色的"彩"去掉三撇,合起来是"菜"字。
师:很好。还有其他的方法吗?
生:菜,上面是"花"去掉"化"字,下面是彩色的"彩"去掉三撇,合起来是"菜"字。
师:很好。还有其他的方法吗?
……

这是创造性思维训练吗?这样的"讨论"和"启发"有必要吗?这种千篇一律的探究有意义吗?无需探究的问题硬去探究,这样的教学会导致探究的泛化、浅层化和庸俗化。

4. 形式主义的合作。

《语文课程标准》倡导合作学习。合作学习对增加教学容量,提高参与广度,发挥个性特点,达到面向全体,增加教学效果极有好处。然而,有些小组合作学习却流于形式,形式上热热闹闹,内容却乱七八糟,该讲的没讲清,该听的没听懂,课堂秩序失控。一位一年级教师执教课文《画家乡》,课文分5段,第一段由教师示范,引导学生朗读,学习生字,理解重点词语,概括段落大意。然后教师说:"现在大家合作学习2〜5段。"学生4人一组,围成一圈,每人都在张嘴,各执一词,叽里呱啦,谁也听不清谁在讲什么。教师在一旁任其"探究",最后选组汇报,小组代表汇报完,老师刚要总结两句,下课铃就响了。

　　合作学习的目的，是为了激发学生的创造力，培养学生的合作意识、合作技能和学生之间交流沟通的团队精神。而上述的合作学习却出现了误区：合作之前不思，交流之时不听，放手合作不导。正确的做法应当是，学生合作之前必先独立自学，交流时要学会倾听，教师应加强巡视，随机点拨，适时评价。

　　5. 有口无心的傻读。

　　有人说，"书读百遍，其义自见"；也有人说，"熟读唐诗三百首，不会作诗也会吟"。于是乎有人提出语文教学要"读"占鳌头，"读"领风骚。有的教师挖空心思，变着法儿追求课堂教学的"读"，绞尽脑汁在教学的环节上加上齐读、个人读、小组读、男生读、女生读……学生就这样一遍又一遍地读，没完没了地读，直到把自己读烦为止。比如，"请带着忧伤的感情读"，"请带着高兴的语气读"，"请你重音读这个词"，"哪里读得要快一些？哪里读得要慢一些？"一位教师讲《再见了，亲人》，课堂上，她就是这样要求学生的。诚然，读是我国传统语文教学的宝贵财富，也是学生走进文本与文本对话融入文本的重要途径。课堂上没有书声是语文教学的悲哀，但课堂上出现"小和尚念经"现象也是语文教学理论的退化，是对语文教学的一种作弄。"书声琅琅"，秩序井然的表象往往掩盖了学生思维的贫乏和肤浅，以及才智的消磨。我们提倡多读，但不是傻读。读要有目标，要有层次，要有质量，在读中教师还要说，还要讲，还要训练，还要指导，否则，语文教学就失去存在的意义了。

　　6. 嘻嘻哈哈的表演。

　　孩子是课堂的主人，课堂是放飞孩子想象的地方。课堂应当有活动性质和游戏精神，活动和表演能够让学习充满情趣和活力。所以，很多教师都喜欢运用表演手段再现课文的情境。然而，有的表演却把语文课堂糟蹋得体无完肤。一位教师执教《十六年前的回忆》，教者讲到李大钊被捕一段时，让学生演课本剧。给"李大钊"戴上礼帽，穿上长袍，给"特务"戴上墨镜，拿上玩具手枪。几个"特务"一拥而上，笑嘻嘻地喊道："不要放走一个！"其中一个"特务"把"李大钊"拽住，大声吼道："给我看好，别让他自杀，先把手枪夺过来！"说着，"特务"夺下"李大钊"的手枪，又把他全身搜了一遍。"李大钊"此时没有保持他那惯有的严峻态度，而是"扑哧"一笑，随即课堂上乱套了。有的学生大笑,有的学生喊叫,有的学生鼓掌,教师完全失控了。

表演是一件严肃的事情。于内,要表现出人物复杂的情感态度;于外,通过肢体的演示和媒介物的变化,来展示和传达人物的内心世界。由于教者的失误——没有指导学生关注藏在"戏"后的故事及故事蕴藏的感情,所以我们看到宝贵的教学时间就在这样的热闹肤浅中白白浪费掉了。

7. 眼花缭乱的课件。

有些公开课,为了吸引学生的眼球,教师花大量的时间和精力制作课件,结果课件代替了大脑,形式代替了思考。一位教师讲《语言的魅力》,她做了一组美丽的春天图画,配上音乐让学生欣赏。随着音乐声,屏幕上出现了蓝天白云、绿草红花、流水人家,学生完全沉浸在春光明媚、鸟语花香之中。在一组春天的画面之后,屏幕颜色变暗,出现了那个行乞的盲老人,背景音乐变成二胡曲《二泉映月》,给人一种悲凉、凄惨的感觉,甚至有的学生听了以后就哭了起来。当老师问学生有什么感受的时候,学生有的说:"如果我是行人,我会把我身上的钱都掏出来给这位盲人。"还有的说:"我爸爸是医生,我要让我爸爸给他治病。"整个课堂转向了"我们要有同情心""要同情这个盲人",而不是对"语言的魅力"的理解。可以这样说,这堂课上刺激学生学习的,是五彩缤纷的多媒体课件,而不是学习本身。这个教例无疑是缘木求鱼,劳而无功。

多媒体课件的功能到底是什么?我想最大限度地提高教学效率,实现教学资源的最优化组合,帮助学生实现在最短的时间内达到最深刻的意义建构,是我们应用多媒体课件的实质。否则,除了帮助教师"作秀",又有多大意义呢?在全国大型的观摩课上,许多大家的课堂教学基本上不用多媒体课件,一支粉笔、一块黑板、一张嘴照样让学生如痴如醉。他们的课之所以受到欢迎,靠的是内功,而不是华美绝伦的多媒体课件。当然,以上所述,并非拒绝多媒体,多媒体本身没有错。多媒体的使用,一是要恰到好处,二是要因地制宜,不能舍文本而外骛,用多媒体代替文本。

8. 哗众取宠的板书。

板书是洞察教材的"窗口",是开启思路的"钥匙",是排疑解难的"桥梁",是实施教学的"蓝图"。好的板书,能撬开学生智慧的大门,能给人以心旷神怡的艺术享受。

所谓哗众取宠的板书,就是脱离教学内容,违背课文实质,为板书而板书,为形式而形式,为艺术而艺术,搞一些花架子。哗众取宠的板书,会导致学生注意力分散,影响对教学内容的理解。因此,板书设计不要撇开教学重点而单纯追求形式,滥用彩笔勾、画、圈、连,滥用蹩脚的简笔画、图表等等。

板书设计要书之有用,书之有据,书之有度,书之有质,尽量科学、精当、醒目、规范,达到应有的教学效果。

9. 随心所欲的导语。

导语是课堂教学重要组成部分,运用得好,能一语破的,引起学生学习兴趣,创造一个良好的学习气氛,增强教学效果;运用得不好,会增加学生的无效思维,分散学生精力。

一位教师教《乌鸦喝水》,她是这样开讲的:"这节课学习《乌鸦喝水》。大家都认识乌鸦,乌鸦就是老鸹。目前学术界对乌鸦还有争议,有的认为它是吉祥的鸟,有的则认为它是不吉祥的鸟,至今还没有得出一致的结论。文学作品对乌鸦也有描述,伟大文学家鲁迅的《药》的结尾一段就描写了乌鸦。"

这几句导语谈天说地,晦涩繁琐,不仅没有收到应有的教学效果,倒起了相反的作用。什么"吉祥鸟""不吉祥鸟",什么"鲁迅的小说《药》",一连串的疑问把学生的脑子搅得一塌糊涂。其实,乌鸦究竟是"吉祥鸟",还是"不吉祥鸟",本身就是违反科学的。至于鲁迅的小说《药》,一年级的小学生根本不可能理解,即使理解,它和本课教学又有什么关系呢?也是赘语。这与开阔学生视野和教学的高难度有本质的区别。不考虑学生的年龄特点和知识水平,漫无边际地引证,是违反教学规律的。

10. 絮叨没完的结语。

新学期,新课本,我听一位新老师讲课。一节课40分钟,或讲解,或朗读,或提问,或板书,这位老师非常卖力气。下课铃声已响,他还在兴头上,刹不住"车"。此时,有不少学生要上厕所,可是,老师还在洋洋洒洒地讲个没完。"不知东方之既白",待到下一节课的老师推门入室,他才如梦初醒,面有愧色。

拖堂,表面看教师在尽心尽职,牺牲自己为学生服务,而实际上是好心做了坏事,对学生危害极大。究其原因,小而言之,是教师缺乏时间观念,对课堂教学时间安排不当所致；大而言之，乃教师的教育观、师生观、课程观的问题，绝不能等闲视之。

为了避免拖堂，上课时尽量做到像古人论述写文章有"凤头、猪肚、豹尾"之说那样，开头要美丽，中间要浩荡，结尾要响亮。结课要突出两个字，一个是"短"——言语不烦，干净利落，在一个短暂的时间内，用尽量少的话语使讲课的主题得到升华；另一个是"快"——"快刀斩乱麻"，紧扣目标，提纲挈领，画龙点睛，严格掌握时间，按时下课。

总之，语文课堂教学是有效还是无效，是正效还是负效，是高效还是低效，主要看是否体现了学科的本质，学生是否学有所获。让我们从少、慢、差、费的语文教学误区走出来，简简单单教语文，本本分分为学生，扎扎实实求发展吧，别再折腾了。

辑四 课堂留痕

在 15 分钟内，围绕一个"死"字，我领着学生做足了文章。我敢说，这是不掺杂质的语文课，一刻钟的教学，清晰地指向一个目标：提高学生正确理解和运用祖国语言文字的能力。在语文课愈来愈不像语文课的当下，坚守语文这块"一亩三分地"，让语文教学的精髓、真谛、本源得到保护，我做到了。

我与学生在一起

动物大世界

教学目标：
1. 积累有关动物的词语，进行语言训练。
2. 了解动物与人类的关系，增强保护意识。
3. 开发课程资源，拓宽语文学习天地。

课前准备：
搜集有关动物方面的成语、谚语、歇后语，制作多媒体课件。

活动过程：

1. 谜语导入。

教师说出两条谜语，让学生猜：

（1）头戴大红帽，身披五彩衣。好像小闹钟，清早催人起。（公鸡）

（2）上肢下肢都是手，有时爬来有时走。走时很像一个人，爬时又像一条狗。（猴子）

2. 偏旁组字。

给下面的 10 个字加上同一个偏旁，就可以使这些字都变成动物的名称，你知道应该加什么偏旁吗？

师　苗　者　句　星　瓜　良　袁　章　包（加反犬旁）

3. 猜动物谜。

全班分成 3 个小组，给每个小组发一张谜语卡片，小组长说谜面，大家猜，再说说这种动物的本领。

（1）胡子不多两边翘，开口总说妙妙妙。黑夜巡逻眼似灯，厨房粮库它放哨。（猫）

猫的胡子就像一把尺子，可以测量通道的宽窄和洞口的大小。

(2) 粽子头，梅花脚，屁股挂把指挥刀，坐着反比立着高。（狗）

狗的鼻子特别灵，不管走出多远，也不管是白天还是黑夜，它只要闻着自己撒过的尿的味道，就能够准确地找到家。

(3) 生来性暴躁，身穿黄皮袄。自称山中王，别猜它是猫。（虎）

老虎身上的斑纹是它的保护色。

4. 说同义词。

你能说出这些动物"叫"的同义词吗？

犬（吠）　虎（啸）　狮（吼）　马（嘶）　狼（嚎）　鸟（鸣）　猿（啼）

5. 填写动词。

表示下面这些动物动作的词该用哪一个？

(1) 鱼在水里（游）得很快。

(2) 乌龟在地上（爬）得很慢。

(3) 长颈鹿的脖子（伸）得很长。

(4) 大象的鼻子能（卷）起很多东西。

(5) 青蛙一会儿（跳）出水面，一会儿（钻）进水里。

(6) 猴子在树上（跳）来（跳）去。

6. 动物成语。

让学生看大屏幕，说出每种动物的有关成语。

(1) 水族馆：

青蛙、鱼、虾、鲸、龙、蟹、鳖。

(2) 飞禽馆：

鹦鹉、仙鹤、鸡、燕子、麻雀、乌鸦。

(3) 走兽馆：

狐狸、羊、狗、虎、兔、马、牛、鼠、象。

（井底之蛙　如鱼得水　虾兵蟹将　蚕食鲸吞　龙飞凤舞　虾荒蟹乱　瓮中之鳖　鹦鹉学舌　鹤立鸡群　鸡鸣狗盗　莺歌燕舞　鸦雀无声　乌合之众　狐假虎威　亡羊补牢　狗仗人势　虎视眈眈　兔死狐悲　车水马龙　牛头马面　鼠目寸光　盲人摸象）

7. 成语故事。

把全班分成3个组，每个小组准备一个成语故事，先在组内练说，再为全班同学讲述。

(1) 守株待兔;(2) 叶公好龙;(3) 狐假虎威。

(每个故事讲完后,再说一下寓意)

8. 十二生肖。

请学生试说十二生肖歇后语。

(1) 老鼠过街——人人喊打。

(2) 牛角抹油——又尖又滑。

(3) 老虎嘴里拔牙——冒险。

(4) 兔子的尾巴——长不了。

(5) 龙王跳海——回家。

(6) 打蛇七寸——找要害。

(7) 马尾搓绳——不合股。

(8) 挂羊头卖狗肉——有名无实。

(9) 猴子照镜子——得意忘形。

(10) 鸡蛋碰石头——不自量力。

(11) 狗拿耗子——多管闲事。

(12) 猪八戒照镜子——里外不是人。

9. 动物谚语。

背一条谚语,再说一说这条谚语的意思。

(1) 笨鸟先飞早入林。(比喻勤能补拙)

(2) 不见兔子不撒鹰。(比喻要看准机会才下手)

(3) 苍蝇不叮无缝的蛋。(比喻自身没有缺点,坏人就没有空子可钻)

(4) 得志的猫儿欢似虎。(比喻小人当了官,盛气凌人)

(5) 好马不吃回头草。(比喻认准方向就一干到底,绝不返回)

(6) 狼在梦里也想羊。(比喻坏家伙每时每刻都没有放弃做坏事的念头)

(7) 按倒的母鸡不下蛋。(比喻不按照客观规律办事就达不到目的)

(8) 池浅不能养大鱼。(比喻单位小容纳不了大人物)

10. 动物之最。

全班分成三组,每组介绍一个动物之最。

(1) 世界上最大的动物是蓝鲸,一条蓝鲸,可抵得上 30 多头大象,它的心脏像小汽车一样大。

(2) 世界上最耐渴的动物是松鼠，在缺少水的条件下，它能活上 3 个月。

(3) 世界上奔跑最快的动物是猎豹，每秒可跑 30 多米。世界上最高的动物是长颈鹿，最高可达 6 米。

设计理念：

很多动物都是人类的好朋友，它们为地球做了大量的有益的事情。如：啄木鸟是森林的医生，青蛙是庄稼的保护神，猫头鹰是捕鼠的能手，等等。此则教案一方面让学生了解动物知识，另一方面增强学生保护动物的思想意识。如"猜动物谜语，晓动物本领"这一教学环节，告诉学生每种动物都有自己的特殊本领：有的嗅觉灵，有的触觉好，有的有保护色，等等。动物的这些本领都是为了适应环境，保护自己，是一种生存需要。

语文教学的主要任务就是引导学生理解和运用祖国语言文字，使其具备终身受用的听说读写能力。这则教案让学生说有关动物方面的谜语、成语、谚语、歇后语，目的是扩大学生的词汇量，感受汉语言的博大精深。如，歇后语就是"语末之词隐而不言"的意思，它具有形象具体、生动活泼、诙谐幽默、浅显易懂的特点，学生说十二生肖歇后语，就能体会到劳动人民创造的这种语言的生活气息。另外，说动物"叫"的同义词，写动物动作的词语本身就是一种很好的语言训练。介绍动物之最，讲动物成语故事又是培养学生口头表达能力的有效方法。

语文至美，语文学习是快乐的，让学生幸福地享受语文是这则教学设计的又一个目的。从偏旁组字到猜动物谜语，从看图说动物成语到讲动物故事，从说动物之最到说动物谚语，无不和动物有关，整个设计充满了情趣和活力。看大屏幕上那么多的飞禽走兽，空中飞的，地上跑的，水里游的，个个栩栩如生，让学生熟练地掌握、记忆这些动物成语，他们必然兴趣盎然。

咬文嚼字课

《语文课程标准》指出："语文课程应培育学生热爱祖国语文的思想感情，指导学生正确地理解和运用祖国语言，丰富语言的积累，培养语感，发展思维，使他们具有适应实际需要的识字写字能力，阅读能力，写作能力，口语交际能力。"在"无错不成书"，"无错不成报"，广告文理不通，街头告示洋相百出，电视节目主持人别字连篇，中小学生语文水平日趋下降的今天，我们的语文教师要像保护自己的眼睛一样，保卫母语的纯洁性。治理语文应用中的混乱现象，消除语文生活中的不良倾向及其影响，实现语言文字规范化和标准化，是每一位语文教师义不容辞的责任。基于这种认识，日前，我给小学毕业班的学生上了一节语文课，重点是引导他们咬文嚼字。

1. 课首笑话。

新课伊始，我给学生讲了一个笑话：

有个人想吃杏，当地买不到，他便修书一封，托老丈人做采购员。老丈人接到书信后，横看竖看，不明所以。原来，此人写字龙飞凤舞，极难辨认。尤其是这个"杏"字，看上去至多是个"否"。丈人爱婿心切，四处打听，哪里有卖"否"的，结果一无所获。后来揣测其意，买了一筐杏寄去，并附诗一首，诗中写道：

贤婿来信要买"否"，

急得老汉满街走。

买了一筐小黄杏，

不知是"否"不是"否"？

学生听到这里哄堂大笑。我说："字形是书面语言的载体，字形书写的规范与否直接影响到书面交流的效果，我们不能等闲视之。谁还能讲一个类似

的笑话?"我的话音刚落,一只胖乎乎的手举了起来,原来是个戴眼镜的男生,他站起来笑眯眯地说道:

某医院候诊室,病人正在排队等候就诊。其中有位女病人,姓白,名月坡——这是个很有诗意的名字:一轮明月从山坡爬上来,清辉万里。然而,不知是她自己还是护士把她的名字写得龙飞凤舞,特别是"坡"字,字形分了家,左面的"土"字离"月"字非常近。在轮到她时,护士高声叫道:"下面一个,白——肚——皮!白肚皮在不在?"学生笑得前仰后合。

2. 揭示课题。

师:刚才的两个笑话够逗人的。接下来我们上一节语文课,来"咬文嚼字"。(板书:咬文嚼字)什么是"咬文嚼字"呢?请大家用手中的字典查出以"口"为部首的这六个字:咬、啃、含、嚼、咀、咽。

生:(学生查字典。咬:上牙和下牙对住压碎或者夹住;啃:把东西一层一层地咬下来;含:嘴里放着东西,不吐出来也不吞下去;嚼:用牙齿磨碎食物;咀:含在嘴里细细玩味;咽:吞食)

师:通过查字典,大家明白了,"咬文嚼字"就是把某些文章或某些语句"咬"住,把其中的某些字"啃"下来,先"含"在嘴里,然后再细细"嚼",慢慢"咀",对它的音、形、义进行一番玩味,最后把它"咽"到肚子里消化。"咬文嚼字"是学好语文的一项重要基本功,我们千万不能掉以轻心。

3. 不妨一试。

(1) 不少播音员、节目主持人、演员,常常将一些经常用的字的声调读错,听起来很是别扭。你能将下面的词读准吗?

比较 挫折 氛围 曲折 几乎 肖像 结婚
召开 尽管 质量 危险 教室 复习 浙江

(2) 请你找出下面成语的错别字,每个 10 分,你能得到 100 分吗?

穿流不息 迫不急待 唇枪舌箭 黄梁美梦 再接再励
见利望义 一愁莫展 滥芋充数 甘败下风 通宵达旦

(3) "启发""启示""启迪"是 3 个近义词,它们都有指点、开导,使之有所领悟的意思,但在含义和用法上也有所区别。你能准确地将这 3 个词填在下面的括号里吗?

A. 历史,不仅仅记载着过去,还给现在和将来以深刻的( )。

B. 这部动画片,通过生动的动物形象和引人入胜的故事情节,说明了许多深刻的道理,给我们很多的(　　)。

C. 我们老师讲课时,非常善于(　　)大家积极思考问题。

4. 辨字析词。

在课堂上,我让学生写两个词,一个是"冒险",另一个是"篮球",结果绝大多数学生都把"冒"上头写成"曰",把"篮"写成"蓝"。我告诉他们,"冒"字上头不是"曰",写时要注意两横左右都不靠。你可别说我太那个,指导学生书写就要严格要求。为了避免学生以后再把"篮球"写成"蓝球",我给他们讲了一个故事。我说:"篮球运动始于美国。1891年,有个名叫詹姆斯·奈史密斯的教师,见到学生由于怕冷,在冬天不敢到户外活动,他就想出一个有趣的游戏。他弄来两个盛梨用的竹篮子,把它们分别钉在学校体育馆二楼走廊两边的护栏上,让学生把球往篮里投。就这样,随着篮球运动传入我国,'篮球'一词的意译也就进入了汉语,沿用至今。"用"寻根溯源法",追寻字义形成的渊源,搞清字形的来历,以加深学生对字形、字义的印象,效果非常好。

5. 向你挑战。

"向你挑战"这种形式,轻松活泼,生动有趣,兼具知识性和趣味性,但难易要适度,否则容易事与愿违。为了让学生乐于接受"挑战",我出了这样一道题:

说出20个所以"然",每个5分,看谁得分多。

(　)然于心　(　)然不同　(　)然大波　(　)然成风
(　)然无恙　(　)然心动　(　)然悔悟　(　)然一新
(　)然无味　(　)然大怒　(　)然而生　(　)然不顾
(　)然纸上　(　)然有序　(　)然正气　(　)然如故
(　)然开朗　(　)然大物　(　)然起敬　(　)然大悟

6. 语文门诊。

(1) 标点改错。

我不知道这条路谁能走通?但我一定要坚定不移地走下去。

"这条路谁能走通"虽然有疑问词,但它是"不知道"的宾语,整个句子是一个动宾结构的陈述句,故不能用问号。

(2) 修改病句。

这时时间是晚上8时30分。

这句话叠床架屋，语意重复。"这时"中的"时"，即"时候"，指时间的某一点，因此，其后的"时间"一词应该去掉。

7. 向我开炮。

这一环节非常有意思，学生纷纷拿出自己的作文本，进行自我求"疵"。他们有的"即""既"错用，有的"带""戴"不分，有的"连""联"误写，有的"二""两"相代，有的"在""再"混淆，有的"作""做"难辨，"咬"得有声有色，"嚼"得有滋有味。在"引火烧身"中，最有趣的是，一个学生说在他的作文本有一句话："我哥哥去年上大学，享年 16 岁。"学生哈哈大笑。"享年"是敬辞，称死去的人活的岁数。多指老人而言。学生说："'享年'用得极不恰当，这句话应该为'我哥哥去年上大学，年仅 16 岁。'"

8. 压轴大戏。

俗话说，编筐编篓，全在收口。下课前，我又让学生做这样四道题：

（1）成语人物。

汉语中的不少成语都和历史上的人物有关，如"铁杵成针"这个成语讲的就是李白的事儿。我让学生说出下列成语的主人公。

四面楚歌　望梅止渴　完璧归赵　三顾茅庐

负荆请罪　高山流水　煮豆燃萁　初出茅庐

（2）古诗积累。

古诗中有很多比喻，如白居易的《暮江吟》："可怜九月初三夜，露似珍珠月似弓。"诗人用"珍珠"比喻绿草上滴滴露水，写出了露珠的圆润，用"弓"来比喻镶嵌在深蓝色的天幕上的一弯新月，给读者以美的感受。我让学生写出下列古诗的比喻字。

①洞庭春尽水如（　　）（唐·柳宗元）

②清歌一曲月如（　　）（唐·高　适）

③子规声里雨如（　　）（宋·翁　卷）

④燕山雪花大如（　　）（唐·李　白）

⑤天街小雨润如（　　）（唐·韩　愈）

⑥中原北望气如（　　）（宋·陆　游）

⑦官仓老鼠大如（　　）（唐·曹　邺）

⑧鸭头春水浓如（　　）（宋·苏　轼）

⑨高城望断尘如（　　）（宋·秦　观）

⑩春来江水绿如（　　）（唐·白居易）

（3）广告指谬。

当今，在市场经济大潮里，广告宣传花样繁多，铺天盖地。广告用语中，盛行"成语新编"，有时"编"得让你目瞪口呆。我让学生指出下列广告用语的错误。

①天尝地酒　　（烧酒坊广告语）
②有杯无患　　（磁化杯广告语）
③咳不容缓　　（止咳药广告语）
④一明惊人　　（眼镜店广告语）
⑤鳖来无恙　　（保健品广告语）
⑥鸡不可失　　（烧鸡店广告语）
⑦饮以为荣　　（饮品摊广告语）
⑧肠治久安　　（肠胃药广告语）

（4）春联整理。

春节将至，工会的小李请人写了不少春联，一时匆忙，把上下联全搞乱了，我请学生帮小李把上下联整理在一起。

东风化雨山山翠　　向阳花木早逢春
万里山河添异彩　　政策归心处处春
勤俭人家先致富　　桃李杏春风一家
爆竹声声辞旧岁　　喜临门第门生辉
松竹梅岁寒三友　　梅花朵朵迎新春
春夏秋冬春为首　　人寿年丰福无边
春到人间人增寿　　千年历史写新篇
山青水绿春常在　　梅桃李杏梅为先

简评：

这是一节别开生面的语文课。这节课很好地体现了工具性和人文性的统一，且富有挑战性。教者通过字、词、句、篇和语、修、逻、文的巧妙设计，引导学生在兴趣盎然中咬文嚼字，把语文课堂教学与社会语言文字应用有机地结合起来，在批评语文生活时弊的同时，教育学生运用语言文字不得自行其是。

或许有人说，这节课过宽，过广，过深，远远地超越了课堂语文教学的界墙。是的，这节课不拘泥于课本，上下左右有效地利用了课程资源，尤其是令人担忧的社会语文混乱现象的引入，更使得这节课充满了时代气息。

另外，在外语热、母语冷的现实中，我们翻开学生的作文本看看，姑不论其内容假、大、空，就说语句之不通，错字别字之夥，真可谓"不可卒读"。教者针对这种状况，让学生"自我开炮"，在匡谬正误中，教者针对错讹，诊断开方，寻根清源，强化了语言文字的规范教育。

语文教师是语言文字规范的教育者、维护者和宣传者，语文规范，舍我其谁？

指导学生写红杏

现在多数小学生对作文感到头疼,他们说:"作文难,作文难,提起作文我心烦。"为什么学生对作文有如此心态呢?我想,无非是他们对写作无意向、无储备、无兴趣罢了,因而执笔为文时就出现了搜索枯肠、冥思苦想的被动局面。那么,怎样把学生从无话可说、无事可写、无情可抒、无感可发的困境中解脱出来,实现由"要我写"到"我要写"上来呢?前不久,我在一所乡村小学上了一节作文指导课,下面就这节课谈谈自己的做法和体会。

1. 看红杏。

课堂上,我给每个学生分几个红杏,我说:"看,这就是咱们家乡的特产——红杏。它长得多么大,多么圆,多么红,真惹人喜爱。大家把红杏拿起来,仔细看看。"学生一边抚摸,一边观察,个个爱不释手。

2. 吃红杏。

我说:"别的地方的杏子又酸又硬,咱们村的杏子又甜又软,现在大家亲口尝一尝。"学生一边品尝,一边赞叹,人人喜形于色。

3. 说红杏。

师:大家想一想,杏树什么时间开花?杏树开花时,咱们村子景色怎样?

生:每到"五一"的时候,杏树枝头的蓓蕾就惊醒了,那些微笑的花朵,一簇簇、一串串,千姿百态,整个山村被雪白的杏花罩住了,远远望去,好似雪的世界,花的海洋。

师:从近处看,杏花是什么样的?

生:杏花外层有五片红绿色的萼片,萼片上有五片白色的花瓣,花瓣里面有一层银丝状的花蕊。杏花引蜂逗蝶,散发着浓郁的芳香。

师:杏子什么时候开始成熟?刚成熟的杏子什么颜色?

生：麦收前后杏子慢慢地熟了。这时，杏子有的绿里发青，有的青里带白，有的白里泛黄，有的黄里透红，也有的一半黄一半红，可爱极了。

师：熟透的杏子什么样？味道如何？

生：放暑假的时候，杏子熟透了。又大又圆又红，有的干脆裂开了，露出鲜红的果肉，它们把枝条压得弯弯的，低低的。这时你摘下一个尝尝，软绵绵的，甜津津的。尤其在闷热的中午，在杏树底下乘凉，吃几个红杏，会感到轻松凉快，舒服极了。

师：咱们村这么美，而且还有这样好的特产，你们有什么感想啊？

生：我们在这美丽的山村居住，是多么自豪，多么快乐啊！

4. 写红杏。

为了让学生写好红杏，在动笔之前，我又做了两件事：一是引导学生反复阅读《我爱故乡的杨梅》，指导学生学习怎样抓住中心，抓住特点，有层次，有重点的状物方法，使学生在作文时有所借鉴。二是给学生列出两个简要的写作提纲，学生可任选其一，也可自己编拟写作提纲。

写作提纲 A：

（1）总起段——点明中心

（2）写杏树——充满生机

（3）写杏花——色美香浓

（4）写红杏——形状、颜色、滋味

写作提纲 B：杏树花开→杏花色美香浓→刚熟的杏子的颜色、形态→成熟的杏子色、香、味→点明中心。

自我感觉，这次作文指导是比较成功的，效果是比较好的。究其原因，是我做到了"五个注意"。

第一，我注意激发学生作文的兴趣。

兴趣是作文的原动力。学生对作文有兴趣，写作就如开闸放水，一涌而出，欲止不能。在整个作文指导过程中，我紧紧抓住一个"爱"字，处处用热情的语言唤起学生热爱家乡的思想感情，从而把作文变成学生的乐事，使他们乐在其中。

第二，我注意学生写前的感知训练。

感知是写作的基础。学生对要写的事物，感知越深刻，写出的文章就越具体，越生动，越形象。因此，我让学生观其形，察其色，尝其味，触其质，将眼中红杏变成腹中红杏，将腹中红杏化作笔下红杏。

第三，我注意让学生先说后写。

口述是笔述的先导。心理学实验表明，初学作文的儿童，对同样的题材，说清了再写与不说就写，效果大不一样，前者优于后者。因此，我引导学生从杏树说到杏花，从杏花说到杏子，从杏子说到自己的感想，先出口成章，后下笔为文。

第四，我注意发挥文本的指导作用。

读写结合是作文教学的基本原则。读是内化的吸收，写是外化的表达，二者相辅相成。我用《我爱故乡的杨梅》为例子，引导学生照杨梅这个"葫芦"画红杏这个"瓢"，符合儿童善于模仿的心理特点。

第五，我注意作文指导的发散性。

为避免习作中出现千人一面、千篇一律的现象，为开阔学生思维，我给他们列出两个写作提纲，同时，还提倡学生自拟提纲，目的就是为了训练学生的求异思维能力。

一刻钟的语文课

日前，我的徒弟领着学生学完了《穷人》这篇课文，离下课还有一刻钟，我不怕谫陋，来了个狗尾续貂。

师：《穷人》这篇课文我们学完了，还有15分钟下课，我想斗胆地占用一下，行吗？

生：欢迎白老师上课！

师：请同学们打开书，再读读下面的句子。

生：（读）

"你知道吗？"桑娜说，"咱们的邻居西蒙死了。"

"哦，什么时候？"

"我也不知道，大概是昨天。唉！她死得好惨哪！两个孩子都在她身边，睡着了。他们那么小……"桑娜沉默了。

师：还记得吗，《小珊迪》最后一段是怎么写的？

生：珊迪听了，目不转睛地看着我，像是表示感激。突然，他眼睛里的光消失了。他死了。

师：西蒙死了，小珊迪也死了，真叫人痛心。同学们注意，作者写他们与世长辞，都用了一个"死"字。在现代汉语里，"死"，可以用不同的词来表达。请大家说说"死"的同义词都有哪些。

生：逝世。

生：长眠。

生：丧命。

生：牺牲。

师：这些词语中，既有褒义的，也有贬义的，作者写他俩离世，为什么都用一个"死"字呢？

生：道理我说不清楚，我认为不能用别的词，只有"死"字最恰当。

师："死"是中性词，在感情色彩上，既不褒，也不贬，用在像西蒙、小珊迪这样的小人物身上比较合适。褒义词语和贬义词语的运用，直接反映人们的态度、立场和感情，千万不能乱用。下面我考考大家，是否能准确地运用"死"的同义词。

师：用在刘胡兰身上。

生：就义。

师：用在黄继光身上。

生：牺牲。

师：用在白求恩身上。

生：殉职。

师：毛主席在《纪念白求恩》一文中写道："白求恩同志……去年春上到延安，后来到五台山工作，不幸以身殉职。"你们说得非常准确！

师：用在老一辈无产阶级革命家身上。

生：逝世。

师：用在一般人身上。

生：去世。

师：用在坏人身上。

生：毙命。

师：我批作文的时候，发现一个病句，请大家帮我改一改。（小黑板：这次敌人共来了两个突击大队，牺牲的有一大半，剩下的几个也丢盔卸甲地直往海里逃。）

生：把"牺牲"改为"丧命"。

生：把"牺牲的有一大半"改为"被歼灭的有一大半"。

师：改得好。下面我们再欣赏几个句子。（小黑板：1. 轰隆隆，哗啦啦，轰隆隆，哗啦啦，炸得侵略者，嗨！回老家。2. 陈赓同志全明白了。就在这个时候，小鬼停止了呼吸。3. 元旦刚过，敬爱的周总理与世长辞；七月盛夏，朱委员长不幸逝世；九月，毛主席永远无可挽回地离开了人民。）

师：这些句子，用词准确、鲜明、生动，有的庄重，有的诙谐，有的平实，表现出强烈的感情色彩。

师：下面咱们练习写句子，不直接说死亡，用种种说法来婉言指称。

生：（动笔）

师：把你们写好的句子读给大家听听。

生：战斗打响了，一顿饭的功夫，鬼子就全部呜呼哀哉了。

生：就在姥姥离开人世的那一年冬天，满脸皱纹的姥爷也走了。

生：奶奶有个最小的妹妹，不到5岁就夭折了。

生：爷爷嘱咐我们，等他百年之后，骨灰一定撒在大海里。

生：书上说，台儿庄战斗，我军将士阵亡约5万余人。

师：台儿庄大捷，激战了一个多月，不能用"战斗"这个词，这个词太小了，应当用——

生：战争。

生：（笑）

师：你们笑什么？

生：这个词太大了。

师："战斗"太小了，"战争"又太大了，那么，哪个词比较合适呢？

生：战役。

师：好！

生：为国捐躯的抗日英雄永垂不朽！

师：关于死亡的婉言词还有很多，如寿终、作古、安息、永别，等等。我们要准确地理解和运用，否则会犯原则性错误。好，时间到了，下课。

教学感言：

有些事物或现象，人们从来不愿意直说。最突出的就是关于死亡。所以，在现代汉语里涌现出许多"死"的同义词，其中既有褒义的，也有贬义的，还有中性的。如何引导学生正确地运用这些同义词，表达自己的思想感情，在学生学完《穷人》一课后，我进行了大胆的尝试。在15分钟内，围绕一个"死"字，我领着学生做足了文章。我敢说，这是不掺杂质的语文课，一刻钟的教学，清晰地指向一个目标：提高学生正确理解和运用祖国语言文字的能力。

激情造境　有效指导

毋庸讳言，当前，作文教学还是处于疲软状态。这种疲软状态可以用"少、慢、差"3个字来概括。具体说来就是作文数量少，速度慢，质量差。一般是小学高年级每学期写六至八篇作文，每写一篇文章至少要用两节课，拖拉的甚至一个星期还完不成，而且作文普遍存在着内容不具体，层次不清楚，语言不通顺的毛病。如何"让学生易于动笔，乐于表达"，在规定的时间内，"文从字顺地表述自己的意思"呢？日前，我在黑龙江省双城市第十小学上了一节作文课，就提高作文教学效益问题做了点尝试。

1. 激情造境。

作文心理研究表明，兴趣是直接推动儿童作文的一种强大的内在动力。有了这种动力，写作文就不再是强加给学生的任务，而成为了学生自己的主观要求。怎样才能使作文变为学生的"乐事"呢？上课伊始，我激情造境，用两分钟的时间给学生表演一个"火烧旺运"的魔术。师生问好后，我说："咱们第一次见面彼此不认识，首先自我介绍一下：我叫白金声，是双城市教师进修学校语文教研员。现在请同学们大声地、大胆地、大方地自报家门。"学生先是面面相觑，接着他们不约而同地喊出了自己的名字，教室里一片哄堂大笑。我说："初次见面，我给大家带来一个礼物。"学生迷惑不解，坐在前排的一个男生急切地问："什么礼物？"我神秘地说："魔术。"学生立刻鼓掌。我说："来而不往非礼也，我给大家表演魔术，大家看完了节目得即兴写一篇文章，行吗？""行！"从学生的回答中我看出他们的信心和热情。我说："大家酝酿感情，做好准备，我去化装。"半分钟后我出现在学生面前。一个女生是这样写我闪亮登场的：

白老师在"锵、锵、锵"的锣鼓点中亮相了。只见他头系一条紫色英雄巾，酷似日本武士，身披一件粉色斗篷，宛如江湖大侠，手舞一缕红色飘带，活像下凡神仙。看着白老师这副打扮，可把我们乐坏了，刚才还是西装革履的语文老师，现在却变成了神秘莫测的魔术大师。

2. 有效指导。

　　节目表演完了，学生沉浸在美好的回忆中。怎样趁热打铁，让他们从欣赏表演迅速转到自主写作，这里的关键是文前指导和写中点拨。以往的作文指导有两种做法是不足取的：一是作前指导过细，从审题到立意，从取材到构思，从组材到表达，不一而足，弄得学生无所适从；二是学生起草教师放羊撒手不管。在这节课中，写前指导我只用了三分钟，要言不烦地讲了3点意见：（1）为什么写——我们喜欢白老师表演的魔术；（2）写什么——写魔术表演的过程以及自己看后所产生的联想；（3）怎样写——描写叙述相结合，写外貌、语言、动作和场面，分段描述，文题自拟。说完之后，学生打草稿我桌间巡视，面对面地帮助写作有困难的学生。一个小男生在我的具体指导下，终于把我表演时说的话写出来了：

　　白老师振振有词地说："想当年，我脚踢北海蛟龙，拳打南山猛虎，十八般武艺样样精通。戏法人人会变，各有巧妙不同。我的魔术叫'火烧旺运'，同学们看出破绽，笑一声；我表演成功了，大家给点掌声。光说不练是假把式，只练不说是傻把式，我是边说边练，这叫真把式。"

3. 限时作文。

　　文章总是逼出来的，或是别人逼、或是自己逼。美国著名作家海明威在介绍写作诀窍时，曾幽默地说，他是站着，而且是单腿站着写的，写不完就决不放下那条腿，决不坐下来。这样可以迫使自己处于紧张状态，全神贯注地用最简练的语言和最快的速度把文章写好。这种说法虽然带有开玩笑的性质，但也给我们许多启发。这节课，我在注意激发写作兴趣，提高写作自觉性的同时，也给学生施加了一点压力——25分钟内完成一篇300字左右的作文。学生参加考试，无论是期中考试，期末考试，还是毕业考试，作文大都能按时完成，为什么平时就不能够呢？只要严格要求，加强训练，把压力变为动力，同样也是可以的。我认为，无论是从生理特征、心理特点、思想基础，还是从知识结构来看，小学六年级的学生，已经具备了快速作文的潜力。实践证明，这次作文绝大多数学生都在规定的时间内打完了草稿。请看一个学生写我变魔术的过程：

精彩的魔术拉开了帷幕。只见白老师从讲台上快速拿起一个用报纸卷成的大喇叭筒，用火柴将其点燃。然后白老师高高举起这支"火炬"，把它放到自己的鼻子上顶了起来。顿时，教室里响起了掌声。纸筒越烧越旺，同学们屏住呼吸，目不转睛地看着这位"魔术大师"。就在那纸筒快要变成灰烬的一刹那，白老师猛然用手一捂，在飘舞的红丝带中他变出了两张百元人民币。这时，教室里又一次爆发出雷鸣般的掌声。

4. 互动讲评。

奇文共欣赏，疑义相与析。这节作文课最后我留出几分钟讲评，对全班作文情况进行分析和总结。这次讲评我没有面面俱到搞满堂灌，而是抓住全文的结尾部分，师生之间，生生之间互相交流、讨论、评价，从而撞击出思想的火花。经过议论，同学们认为以下4个结尾写得比较好：

（1）魔术都是假的。你看这个"魔"字，上面是一个"麻"，下面是一个"鬼"，白老师手疾眼快，在我们麻痹大意中他搞了鬼。白老师不但语文课上得好，而且还是一位魔术大师。佩服！

（2）钱是身外之物，没它万万不行，但钱又不是万能的。假如我会变魔术，我不变钱，我要变书，一天一本，十天十本，小学毕业我肯定会有自己的书房。这叫有书真富贵，无事小神仙。

（3）我想，我要学会了这个魔术，那该多好啊！不上学了，天天在家变钱，一天变出两张百元大票，用不上几年，我保证能成为世界首富。

（4）假如我能变出钱，首先支援灾区，捐款给希望工程，让所有的贫困小朋友都能坐在明亮的教室里读书写字，唱歌跳舞。另外，我还要买一艘航空母舰，做新中国第一位少年舰长。

自我感觉，这节作文课是成功的。在总结时，我说："我给大家变个小魔术，大家送我一篇大文章。这叫'投我以木瓜，报之以琼琚'。"

　　最后我想说，从表面上看，学生的作文是在这节课写出来的，其实并不这么简单，如果学生没有平时的积累，绝对不能有这样的效果。这正是：写作的源泉是生活，写作的基础是阅读，写作的秘诀是多练，写作的生命是真实。

为中华之崛起而读书

教学目标：
1. 学习名言、警句中的精辟语言，提高学生语文素养。
2. 开发语文课程资源，增强学生学用语文的强烈意识。
3. 凸显人文特点，体验生活，关爱学生的生命发展。

教学过程：

师：认识我吗？

生：不认识。

师：从大东北到大西北，八千里路云和月。现在陌生的老师在陌生的地方面对陌生的同仁给陌生的学生上一节陌生的语文活动课，可以吗？

生：（疑惑不解）可以。

师：此时此刻，你们一定在想：这位老师姓什么？这节语文课什么内容？我怎样表现自己的才华？我怎样展示自己的个性？我怎样向老师提问题？对吗？

生：对。

师：我姓"枯泉"。

生：老师，您姓白。

师：你怎么知道我姓白？

生：泉里的水枯干了，泉少了水，就是白。

师：（和学生拉手）你猜对了，咱们一见如故，并不陌生。

生：（大笑）

师：我叫白金声。白老师再说一条谜语，请大家猜：学问真大，不会说话。要学知识，动手翻它。打一物。

生：（异口同声）书。

师：（板书：书）我有两个爱好，一是读书，二是旅游。读万卷书，行万里路，是我人生的追求。大家都有什么爱好？

生：我也喜欢读书。

师：咱们志同道合。

生：我喜欢踢足球。

师：老师希望你将来能成为国脚，为中国足球争光。

生：我特别爱唱歌。

师：老师祝你将来能当一名歌唱家。

生：谢谢老师的鼓励。

师：同学们，不管将来你们干什么，要想实现自己远大的理想，必须从小刻苦读书，努力学习。说到读书，古今中外有许多这方面的名言，大家平时积累了不少，现在试着背几条。（板书：名人名言）背的时候，要尽量做到声音洪亮，吐字清晰，落落大方。

生：高尔基说："书籍是人类进步的阶梯。"

生：莎士比亚说："书籍是人类知识的总结。"

师：莎士比亚又说："书籍是全世界的营养品。"

生：歌德说："读一本好书，就像和许多高尚的人谈话。"

生：英国作家波尔克说："读书而不思考，等于吃饭而不消化。"

师：是的，读书有三到，心到，眼到，口到，其中心到最为重要。

生：别林斯基说："阅读一本不适合自己阅读的书，比不阅读还要坏。"

师：读书要有选择，选择精品图书武装自己。

师：刚才大家背的都是外国人的读书名言，难道我们中国人就没有读书名言吗？

生：有！

师：现在请同学们背中国的读书名言。

生：大诗人臧克家说："读过一本好书，像交了一个益友。"

生：郭沫若说："人是活的，书是死的。活人读死书，可以把书读活，死人读活书，可以把书读死。"

师：谁还能说说古人的读书名言？

生：伟大诗人杜甫说："读书破万卷，下笔如有神。"

师：诗人杜甫讲了读书和作文的关系，那就是"劳于读书，逸于作文"。

生：宋朝的陆九渊说："读书切戒在慌忙，涵泳工夫兴味长。"

师：这是两句诗，你能谈谈含义吗？

生：读书最要防备的是慌忙，而深入细致地阅读、领会，那兴趣、味道是很深长的。

师：说得好。中外读书谚语浩如烟海，同学们能说上几则吗？

生：书山有路勤为径，学海无涯苦作舟。

师：我也说一句：学海无涯勤可渡，书山万仞志能攀。

生：眼睛是人们心灵的门窗，书籍是人们精神的食粮。

师：我也说一句：开卷一瞥教益匪浅，破书万册造诣必深。

生：（热烈鼓掌）

师：和名人相比，咱们是凡人，名人有名言，但名人说的话并非都是名言。咱们凡人说出的话有时也能闪烁出思想的火花。下面每人说一句关于读书的话，看谁体会得深，感悟有新意，说得漂亮。（板书：凡人凡语）

生：书籍是瞭望世界的窗口。

师：耐人寻味。

生：一本新书像一艘船，带领我从狭隘的地方，驶向无限广阔的生活海洋。

师：富有诗意。

生：生活里没有书籍，就好像没有阳光。

师：发人深省。

生：读书越多，精神就越健壮，越勇敢。

师：寓意深刻。

生：书籍好比河流，使人四通八达。

师：韵味隽永。

生：老师，您有两个爱好，其中一个爱好是读书，请您谈谈好吗？

师：买书、读书、教书、写书，是我生命交响曲的主旋律。先说买书，这次玉门之行，我在北京图书大厦购了两百多元的图书，这些图书我上车下车硬扛到油城。如果说我买书成癖，读书我则如饥似渴。昨天，我在祁连宾馆313房间读书到深夜，收获很大。买书是为了读书，读书的目的在于更好地教书。教书育人，做辛勤的园丁乃是我人生的一大快事。读书必有心得，教书必有体会，在读书教书过程中，我有感而立，有积而发，有思而作，写

231

了28本书，其中有8本是给同学们写的。30多年，我心无旁骛，虔诚一念，一直沿着买书——读书——教书——写书这条人生轨迹走，一辈子与书结下了不解之缘。如今，我虚龄已经58岁了，58岁意味着什么呢？

生：意味着您已经老了，未来的时间不多了。（学生大笑）

师：你说的未免太悲哀了，"春蚕到死丝方尽，蜡炬成灰泪始干"，三尺讲台，我魂牵梦绕，退休之后，我更有时间读书了。以书为友，天地长久。

生：（热烈鼓掌）

师：谢谢同学们对我的鼓励！下面咱们来对对子。所谓对对子就是用结构相同、字数相等、词性相对、平仄相拗的一对句子来表达相关的意思。名家作诗文往往以对子囊括其旨，如大家熟悉的"欲穷千里目，更上一层楼"，"野火烧不尽，春风吹又生"，"两个黄鹂鸣翠柳，一行白鹭上青天"，无不成为千古绝唱。现在老师说上联，你们对下联，下联必须和读书有关。要求看起来整齐醒目，听起来铿锵悦耳，读起来朗朗上口。

师：走不完的路。

生：读不尽的书。

师：漂亮！

师：不吃饭则饥。

生：不读书则渴。

师：谁能把"渴"字改一下？

生：不读书则愚。

师：对，不读书学习就愚昧无知。

师：粮食滋补身体。

生：读书丰富头脑。

师：粮食是表示事物名称的，读书是表示一种行为的，词性不对。谁能帮他修改一下？

生：书籍丰富头脑。

师：OK！

师：牛吃草要倒沫。

生：人读书应回味。

师：好！

师：蜂采百花酿甜蜜。

生：人读群书明真理。

师：妙！

师：三更灯火五更鸡，正是男儿读书时。黑发不知勤学早，白首方悔读书迟。同学们，你们是早晨的太阳，朝气蓬勃，让我们"为中华之崛起而读书"吧！

生：（齐）为中华之崛起而读书！

师：咱们下课行吗？

生：不行！

师：老师建议，每人将自己准备的名人名言和凡人凡语外加一副读书对联写在一张白纸上，由班长整理，打印一本小册子，封面大家设计，书名大家定，好吗？

生：（齐）好！

教学后记：

这是我 2004 年 5 月 15 日在甘肃玉门上的一节语文综合活动课。这节课，我力图用一些闪耀光芒的语言，作为箴诫，给学生以有益的启迪和美的享受，同时，把这些锦言长久地刻在他们的心里，从而起到播种信念，收获行动，收获习惯，收获性格，收获命运的作用。

这节课，学生说名人名言，讲凡人凡语，巧对对联，目的是开发课程资源，让他们多积累些文学语言中绚丽多彩的瑰宝。在活动中，我没有充当学生课堂学习的召集人、课堂交流的旁听人、课堂活动的捧场人，而是孩子们的指导者、合作者和支持者。另外，这节课也不是无度开放，盲目综合，每个环节都是围绕读书这一中心组织教学的。

教学千古事，得失寸心知。我觉得这节课还有 3 点缺憾。（1）学生"心灵呼应"的时空还略嫌狭窄些，也可以说，我的主导性偏强，学生主体性偏弱，这主要是受借班上课客观条件的制约。今后，我不管在哪上课，都应还课堂给学生，还主体给学生，还差异给学生。（2）在我说完"生命交响曲"那段话后，应给学生时间，让他们即兴演讲，或说感受，或谈认识，或讲体会，广开言论，如果把这一环节加进去，能更好地为学生撑起一片自由的学习天空。（3）对对子环节中，我去掉了有关读书的两个上联，一个是"有书真富贵"，另一个是"读书做人成天下事"。当时我想，见好就收，不能搞得太难，否则，会影响教学效果。其实，这是不对的。

莫让语文迷失自我　不为时尚丢弃永恒

中国语文单独设科，已经艰辛地走过了它的百年历史。百年以来，论辩不断，攻讦不断。尤其是1997年，一场令人猝不及防的暴风骤雨席卷语文教育界，见诸报端的口诛笔伐是新中国成立以来少有的。语文教学之所以遭受那样严厉的指责，除了新闻炒作造成的社会误解之外，当然与语文教学存在的问题有关。新课改已经10年多了，在语文教学上，仍然有一些教师感到"似雾，似雨，又似风"。如何让他们在"乱花渐欲迷人眼"中，走出浮躁，走出困惑，日前，我不顾浅陋，给小学语文老师上了一节语文课，感到这节课对当前的语文教学有所助益。现将教学纪实整理如下：

第一个环节：读文章。

教研员：上课。老师们好！

老　师：（面面相觑）教研员好！

（教研员、老师同时大笑）

教研员：我是教研员，你们是老师，在这里，咱们合作，共同上一节语文课，好吗？

老　师：好！

教研员：我首先发给大家一篇文章，这篇文章被各门户网站广泛转载。请大家认真读读。（教研员发文章）

老　师：（认真读文章）

怀念姚典老师

我是一介书生，学语文，教语文，用语文，研究语文，一生一世一件事，从未改换门庭。在我的语文生涯中，有一位老师让我没齿不忘，他便是姚典。

1962年，早春。寒风料峭，瑟瑟袭人，一辆小驴车把他拉到我们学校。那时我读六年级，不知来者姓甚名谁，何方人氏，只听说是个右派。在我心目中，右派肯定是个面目狰狞的人。

大约过了一周的时间，早会，校长领着一个人走进教室。说："这就是你们班新来的语文老师。"他，戴着眼镜，头秃，嘴阔，脸盘长得像知了，瘦且黑，全是皱痕。哦，就是他，果然长得难看！校长走后，他在黑板上写下几个大字：

我叫姚典，大学教授，酷爱母语，命途多舛，因言获罪，发配此地，请多关照。

他的字，如刀刻斧凿，遒劲挺拔，像跳动的音符，一下子就抓住了我的心。字写得漂亮，人就漂亮，姚老师并不丑陋。

那年，姚老师才48岁，看上去却老得多。他患有喉病，发音困难，声音沙哑，所以他在课堂上很少说话。

姚老师上课有两个习惯的动作，一个是点头，一个是摇头。点头表示满意，摇头表示不满意。于是乎，同学们在他的名字上加了两个"头"字，称他为"摇头点头老师"。在学习上，大家都希望他多点头，少摇头，因为得到赞许是最快乐的事情。

写字课上，他让我们临帖，临得不好的，他摇头；说话课上，他让我们讲故事，讲得不好的，他摇头；阅读课上，他让我们朗读课文，读得不好的，他摇头；有时还让我们把课文背下来，背得不好的，他摇头；作文课上，他让我们写日记，写得不好的，他摇头。直到全班同学都临好了，都说好了，都读好了，都背好了，都写好了，他才满意地点点头。姚老师上语文课竟如此简单！

有一次，姚老师作《小英雄雨来》公开课，全校老师都来观摩。两节课，他没说几句话，也没有板书，而是让我们反复读课文。在小组合作学习后，他把目光转向了我，示意让我站起来，朗读第一段：

晋察冀边区的北部有一条还乡河，河里长着很多芦苇。河边有个小村庄。芦花开的时候，远远望去，黄绿的芦苇上好像盖了一层厚厚的白雪。风一吹，鹅毛般的苇絮就飘飘悠悠地飞起来，把这几十家小房屋都罩在柔软的芦花里。因此，这村就叫芦花村。12岁的雨来就是这村的。

开始读的时候，我有些紧张，感情上不来，姚老师摇摇头，让我再读一遍。第二遍，我鼓足了勇气，酝酿了情绪，读得摇头晃脑，仿佛看见了芦苇荡一样。这时，校长带头给我鼓掌，姚老师笑着对我点点头，并用沙哑的声音自言自语道："读到有情时，文也通大半。"同学们点头。接着，姚老师问："第一段还需要讲吗？"同学们摇头。听课的老师都点头了。

一晃，4个月过去了，我校参加全县小学升初中考试，我们班一举夺魁，分数远远超过其他学校，这就是奇迹！

在毕业联欢会上，师生同台演出。那天，姚老师显得特别高兴，即兴朗诵了一首诗：

　　文为衣兮字为裳，
　　书作饰兮笔作妆。
　　朝读诗兮暮读赋，
　　气自华兮容自芳。

大家报以热烈的掌声。老泪纵横的姚老师摘下眼镜，用衣襟不断地擦拭镜片，连声说道："谢谢，谢谢！"

8年后，我从教了，也教小学语文。一天，我去拜访姚老师，已值他在病中。医院里，白色的床单，白色的大褂，白色的墙，一切都显得那么洁白。姚老师躺在床上，拉着我的手，用沙哑的声音有气无力地说："金声，你当老师了，要记住，语文姓语名文字实践，语文不是靠老师教会的，在课堂上少说为佳。千万，千万！"病榻前，我不断地点头，思忖回味老师的话。

由于癌变，不久，姚老师便遽归道山了。后来，不知是谁，在他的墓前立了一块石碑，上面镌刻着：

　　一位小学语文教师和他的妻子长眠在此

2008年，我办完了退休手续，并没有离开小学语文教学。一日，一场入夏的及时雨把家乡小城洗得一尘不染，我决定去看望姚老师。经过一个多小时的车程，我来到老师的墓地，把一束白菊花放在碑前。

　　往事已矣。

老师，您用生命演绎了精彩的语文课堂，在语文教学上，您是我心中的一座丰碑。您的教诲我珍存在心，我将让您的在天之灵永远点头。

老师，您安息吧！

第二个环节：写感言。

教研员：读后有何感想？请大家各写一句感言。

（老师纷纷动笔，在文章空白处写感言）

教研员：站起来，大胆地、大方地、大声地读一读你的感言。

老　师：如闻其声，如见其人。

老　师：云山苍苍，江水泱泱，先生风范，山高水长。

老　师：这篇文章很有文采，不由得使我想起一句古话："虎豹无文，鞟同犬羊。"

老　师：感叹，才华横溢之师已作古。

老　师："删繁就简三秋树，领异标新二月花。"姚老师很会上语文课！

老　师：一语惊醒梦中人：语文姓语名文字实践，语文不是靠老师教会的，在课堂上少说为佳。

教研员：这些感言都是发自肺腑的，都是真实的，非常经典，佩服！

第三个环节：练书法。

教研员：读了这篇文章，你认为姚典是个怎样的老师？

老　师：姚老师字写得好，他的字如刀刻斧凿，遒劲挺拔。

教研员：文章是怎样描写的？

老　师：校长走后，他在黑板上写下几个大字：我叫姚典，大学教授，酷爱母语，命途多舛，因言获罪，发配此地，请多关照。他的字，如刀刻斧凿，遒劲挺拔，像跳动的音符，一下子就抓住了我的心。

教研员：请大家拿出一张纸，写姚典的字，写后同桌交流。我再请两个老师在黑板上写一写这几个字。

老　师：（认真写字）

教研员：姚典的字，刀刻斧凿，遒劲挺拔，像跳动的音符；你们的字，铁画银钩，笔意劲秀，像动人的图画。字是人的第二容颜，练字就是练人，学写字就是学做人。进入21世纪，随着电脑的普及，键盘代替了书写，学生的写字能力下降了，这种现象令人担忧。汉字是尊严，书法是国粹，学好语文，当从写好第一个汉字开始，大家任重而道远！

第四个环节：背佳句。

教研员：大家学过《小英雄雨来》这篇课文吗？

老　师：学过。

老　师：没学过。

教研员：有的学过，有的没学过。《小英雄雨来》早在50多年前就被选入中小学语文教科书，作者是管桦。提起《小英雄雨来》，我们就会想起一句话："我们是中国人，我们爱自己的祖国！"学过也好，没学过也好，咱们一起把"晋察冀边区的北部有一条还乡河"这一段读一读，背一背。

老　师：（读、背这一段）

教研员：朗读，是语文教师最见功底也最显才情的事。朗读绝不是一个见字读音的过程。它要准确、鲜明、生动地体现原作的基本精神，表达原作特有的风貌，传达出读者独特的感悟。我请一个女老师朗读这一段。

老　师：（读得有声有色）

教研员：你的朗读是叮咚的山泉，是美妙的音乐。是不是体会到了"读到有情时，文也通大半"这句话的含义了？

老　师：是。

教研员：大家试着背一背这一段。

老　师：（不到3分钟都背下来了）

教研员：语文学习是一个多方面积累的过程，要学好语文，离不开读和背这些"笨"工夫。一节语文课上下来，如果学生不能把课文读好，不能把要求背的段落背下来，无论从哪个角度说，都不能算是一节成功的语文课。

老　师：（鼓掌）

第五个环节：谈认识。

教研员：大家读了《怀念姚典老师》这篇文章，请结合实际，围绕文章内容谈谈您的认识。

老　师：我是一名青年教师，入道语文才10年，语文教学怎样守正出新，尚未明确。在以往的课堂上，课文说什么我就讲什么，误把教材内容当成了课程内容，语文教师跟着课文内容跑，是一件吃力不讨好的事情。教师累，学生苦，负担重，效率低，能力差。读了这篇文章，我顿开茅塞，语文课不应该是教课文，而应该是用课文来教语文。

教研员：语文教学无论怎样改革，书写、朗读、背诵等传统项目总是"不废江河万古流"。

老　　师：我是一名老教师，自幼与母语相伴。在我的生命中，它如影随形，与我结下了不解之缘。我爱母语，爱它的博大精深，爱它的奥妙无穷，爱它的丰富多彩，爱它的勃勃生机。

教研员：说得好。热爱母语是语文教师教好语文的原点。

老　　师：姚老师教语文，方法非常简单，就是让学生在课堂上听、说、读、写、背。他明白，书是读出来的，字是练出来的，文是写出来的。阅读课不能不读，说话课不能不说，写字课不能不写，作文课不能不作。"大道至简"，姚老师把语文课上得如此简单，实在是一种智慧，一种艺术，一种能耐，一种功夫，一种水平，一种境界，他绝不是把教育简单化了，而是艺术化了。

教研员：姚老师的课，教学目标简明，教学内容简约，教学环节简化，教学方法简便，教学媒介简单，教学用语简要。他赤手空拳地凭借粉笔、黑板和教材，释放自己多年职业生涯所积累的非凡的人生底蕴，在教学中演绎出精彩的教育故事，是一种唯美主义的原生态课堂。

老　　师：学习母语，不是靠传授，而是靠积累，背诵是最好的积累。依照心理学的规律，背得滚瓜烂熟，张口就来，那就变成自己的了，背到心里去的东西可以陪伴一辈子。中国许多文学大师都是童年练就的背诵童子功，那些在儿童记忆力发展的黄金时期积淀下来的经典，会印刻在身上，并随着年龄的增长，成为一个人的素质与修养。这是我读了《怀念姚典老师》这篇文章一点粗浅的体会。

教研员：说得深刻！

老　　师：我主张，阅读教学要以读为主，要动情诵读，要静心默读，少搞没完没了的分析。语文课本该是很有魅力的，可是由于习惯于搞繁琐的理性分析，结果把很有感染力、很有审美价值的课文肢解得七零八落，学生听来味同嚼蜡，毫无美感与情趣可言。这就好比一只古代的青瓷花瓶，古朴典雅，极具审美价值，若是跌成碎片，撒满一地，哪里还有美感可言？无论是过去的教学大纲，还是现在的课程标准，都明确地指出：语文学习就是培养学生理解和运用祖国的语言文字的能力。不阅读，怎么理解祖国的语言文字？不积累，怎么运用祖国的语言文字？让学生借助文本去反复阅读，凭借语言文字自己去读懂，自己去汲取语言，这才是语文的要义。

教研员：以读为本是由汉语的特点所决定的。汉语以汉字为基础，汉字一字一音，一形一义，独立性、灵活性、组词性强，其义要从上下文联系中去体会。这种意会极强的语言，语音也表达着一定的情感，再加上四声的变化，有音乐般的旋律，读来不仅有领会汉语语音之效，更有理解文章内涵之妙。也只有口诵其声，心想其意，才能达到"使言皆若出于吾口，使其意皆若出于吾心"的境地。久而久之，作品的神气和音节就会在学生的喉舌筋骨上留下痕迹，积淀成自己的语文素养。

老　师：近几年，我经常做公开课。每次公开课，几乎无一例外地都用课件，在感情升华处还配以音乐、影像，表面上热热闹闹，形式上花里胡哨，这种"花拳绣腿""满汉全席"式的语文教学，实在要不得。我很欣赏姚老师的课，他的课，没有优美音乐的播放，没有华丽课件的展示，没有澎湃的激情，没有迷人的诗意，话语间只是带着一颗心，带着一种情，他就像土地一样朴实、自然、宽厚。

教研员：公开课不拒绝"漂亮"，但不能刻意追求漂亮；公开课应该拒绝"完美"，拒绝"做秀"。不装，不演，不做作，慎用多媒体教学设备，这是我对公开课的看法。

老　师：语文课离不开人文教育，这是语文课程性质决定的。按照课程标准的精神，语文课的人文教育目标应该是在语文学习过程中自然渗透的，应该注重的是"熏陶感染，潜移默化"，让学生在语文学习的同时接受思想感情教育，感受到心灵的震撼和情感的认同，应该是一种"润物细无声"式的教育，如果生硬说教，语文课的魅力必然丧失殆尽。

教研员：真正的语文课就必须做语文自家的事，以"语文的方式"走"语文的路"，凸显语文的个性，把语言的感悟、品味、积累、运用放在首位。先觉者的思考和先行者的实践无不在说明，语文就是语文！

老　师：我十分欣赏姚老师在毕业联欢会上即兴朗诵的那首诗："文为衣兮字为裳，书作饰兮笔作妆。朝读诗兮暮读赋，气自华兮容自芳。"在课堂上，教师要挥洒自如，挥斥方遒，游刃有余，炉火纯青，不是凭借几招雕虫小技就可以支撑的，必须依托于丰厚的文化积累。所以，教书者必先读书，而且要多读书。

教研员：对语文老师来说，语文天生重要，阅读终生需要。才如江海文始壮，腹有诗书气自华。

老　师：语文教学要彻底改变"少慢差费""天怒人怨"的局面，必须回归本真。什么是语文的本真？那就是尊重文本，走进文本，讲究过程的真实，活动的朴实，对话的平实，训练的扎实，从而上出实实在在的语文课。进入新课改以后，新的东西很多，我们在接受新事物的同时，也不能忘记语文教学最纯正的本真——学语习文。无论我们的改革走得多远，"星星还是那颗星星，月亮还是那个月亮。"语文最本质的东西以及学生学习语言的规律，是永恒的。

教研员：面向未来的语文教育绝不能割断历史，面向现代化语文教育绝不能拒绝继承，面向世界的语文教育绝不能抛弃民族化的东西。走向本真，应该是准确地吸收传统语文教育的精华，在科学的新理念的指导下，不断地探索务实高效和谐的语文教学。

第六个环节：揭谜底。

老　师：《怀念姚典老师》这篇文章是您写的吧？

教研员：你怎么知道的？

老　师：根据有三：一是文章的开头写道："我是一介书生，学语文，教语文，用语文，研究语文，一生一世一件事，从未改换门庭。"您就是这样的人。二是"1962年……我读六年级"，这与您的年龄相符。三是"金声，你当老师了"这句话中的"金声"和您的名字相同。

教研员：你判断得非常准。这篇文章就是我写的。

老　师：您为什么要写这篇文章呢？

教研员：没有哪一门学科像语文这样不断地被社会所关注，甚至被诟病。语文论坛最热闹，语文教学最混乱，语文教师最焦虑。人文性给弄玄乎了，工具性给弄模糊了。许多传统的语文元素消失了，许多传统的语文学习的好方法被抛弃了，语文课堂变得味不浓，气不纯。面对"剪不断，理还乱"的语文教学，大部分教师左也不是，右也不是，进亦忧，退亦忧。造成这种现象的根源之一，就是语文教学缺乏专业尊严。对于语文教学的积弊，我是炮手，所以这篇文章就诞生了。

老　师：请问白老师，您是怎样写这篇文章的？

教研员：这是一个真实的故事，也是一个凄美的故事。我读小学六年级的时候，从北京来了一位大学教授，是个右派，姓姚，单名典，云南人，无儿无女，病死黑龙江。在给我们上课的时候，姚老师有个特点，那就是文不读熟不开讲。有时一句话也不说，总是让我们自学，因为他患有喉病，说话困难。就这样，他只教我们一学期，升学考试，我们班的成绩遥遥领先。仔细想想，有趣的是，"姚"与"摇"同音，"典"与"点"同音，姚老师的名字与他的语文教学方法多么巧合。课堂上，他用"摇头"和"点头"指导学生的学习，风格真是独特。文章放在我的博客上，一夜走红，点击率不断攀升，看来是切中时弊了。

老　师：文章说："在语文教学上，您是我心中的一座丰碑。"能不能具体解释一下？

教研员：作为教师，我教过小学语文，也教过中学语文；作为教研员，我研究过中国的语文教学，也研究过外国的语文教学。光阴荏苒，物换星移，蓦然回首，在语文教学与研究的路上已走过40多个年头。我为母语教育事业孜孜矻矻，执著一念，不离不弃，退而不休，其动力是什么？是姚典老师语文教育思想对我的影响。他酷爱母语，一窗疏竹，两袖清风，几卷书本，万壑雨润，为自己钟爱的母语教育事业奋斗到生命的尽头。在我的心中，他的确是一座丰碑！

老　师：（鼓掌）

第七个环节：发邀请。

教研员：课上时间有限，余下的问题咱们课下接着聊。我有一个博客，叫"白金声语文网志"，在百度、搜狐等任何一家网站上输入"白金声"就可以找到。这个网志，是我教研工作的平台，也是我与他人沟通的窗口，欢迎大家到我的房间坐一坐。但愿这节课，能给当前的语文教学带来一股骀荡的春风、一阵清爽的春雨、一顷蓬勃的萌芽。让语文教学从虚假的繁华中走出来，从肤浅的喧嚣中走出来，回归本真状态。下课。

教后絮语

我是第一次给老师上语文课，给老师上语文课，不能像给学生上语文课那样，学字、词、句、篇，练听、说、读、写。给老师上语文课，其实就是一个教学沙龙活动，和老师在一起探讨问题，交流思想，在互动中，帮助老师解决一些认识问题。

进入新课程以后，教研工作重心下移，课题研究前移，教研员的角色发生了根本的变化。教研员不仅仅是课程标准的诠释者，共同化课程的规范者，教师教学水平的鉴定者，而且更是课程理念的宣传者，个性化课程的催生者，教师专业发展的促进者。

教研员给老师上课，很容易形成强势，变成"自己的舞台"，以教师爷的身份出现，居高临下，发号施令，目空一切，这是要不得的。这节课，我围绕"语文姓语名文字实践"这个主题，通过《怀念姚典老师》这篇文章，引导老师审视当前语文教学种种乱象，思考语文课本真旁落的原因，树立"简简单单教语文，本本分分为学生，扎扎实实求发展"的思想。在教学过程中，我尊重主体，悦纳异己，尽量让老师多参与，通过读文章、写感言、练书法、背佳句、谈认识、揭谜底、发邀请这些环节，尽展老师风采。在这7个环节中，"谈认识"是重点，也是亮点，它告诉我们：语文教学无论怎样顺时演变，怎样与时俱进，都应万变不离其宗，这个"宗"就是语文之本，语文之源，语文之魂，语文之脉。新课改以来，小学语文教学吸纳了很多现代、后现代教育理论，的确给我们的语文课堂带来了很有价值的东西。但是，我国是一个有着五千年悠久历史的文明古国，有着灿烂丰富的传统文化，只有民族的才是世界的，一个国家只有使自己的传统文化发扬下去，传承下去，才能立于世界民族之林。

附录

最有故事的教研员——白金声

刘显国

从事现代教学艺术研究以来,天南海北,我结识了不少教研员,其中最有故事的人便是哈尔滨的白金声。

在全国语文教研界,白金声的人生极具传奇色彩。"老三届",插过队,赶过大车,扛过脚行,做过"民师",练过武功,教过体育,在市里当过政协副主席,有过失败的婚姻,还受到过邓小平的亲切接见,在生命的进程中苦辣酸甜、悲欢离合他都尝过。"人不能为别人眼中的自己而活,要为自己眼中的自己而活",这是他的座右铭。他常说,成功是精彩的,失败是美丽的,成功与失败对我来说都是财富。人生最大的错误是自弃,人要善待生命,善待自我,在转瞬即逝的一生中,做些让自己感到温暖、高尚和愉快的事儿,这才叫好好活着。

下面我就来讲讲白金声的故事。

——白金声的身份。

白金声的职业身份是小学语文教研员。教研工作对他来说,是职业,是事业,又是专业;是科学,是技术,又是艺术。他,志存高远,严谨踏实,民主平等;他,甘当绿叶,甘为人梯,甘于奉献;他,博采众长,开拓创新,勇于担当。他有敬岗爱业的职业操守,他有海纳百川的博大胸怀,他有兼容并蓄的学术风格,在平凡的工作岗位上,做出了不平凡的贡献。40年,通过实践,他总结出了许多当教研员的经验,如发扬"三个作风"——理论联系实际的作风,实事求是的作风,全心全意为教学服务的作风;如增强"三个意识"——改革意识,质量意识,合作意识;如提高"三种能力"——教学研究能力,教学指导能力,教学管理能力。抚今追昔,感受历史的厚重,我们不能不对白金声油然而生深深的敬意。他的奉献精神、学术思想、精深学识，着实影响着新一代教研人的成长。

——白金声的性格。

从身材看，白金声是一个典型的东北汉子。他额头宽阔，眉骨高耸，眼睛深邃，讲话声音洪亮，走路嗖嗖带风，喝酒"豪饮传天下"，在我们"现代教学艺术研究会"里，是有名的"酒人"。每次吃饭，只要有酒，他总是喜欢大碗大碗地喝啤酒。他喝酒从不自斟自饮，而是举杯相劝，先干为敬。在脸色酡红，超然、怡然、陶然的微醺状态下，他会突然从座位上站起来，自由、自在、自得地给大家朗诵诗词，或"大江东去"，或"北国风光"，或"怒发冲冠"，语惊四座，掌声四起。这时，他哈哈大笑，还会再喝上一杯。我想，是东北的黑山白水铸就了他的豪爽粗犷的性格。白金声平时不修边幅，总是蓄着胡须，头发长长的，看上去老气横秋。然而一旦有课，或外出讲学，他一定会事先拿出刮脸刀和剪子，对照镜子细心整理一番。

——白金声的生活。

孔子曾赞扬他的弟子颜渊："一箪食，一瓢饮，在陋巷，人不堪其忧，回也不改其乐。"白金声又何尝不是如此呢？他一辈子衣、食、住、行再简单不过了。一件衣服，新三年，旧三年，缝缝补补又三年。一双袜子穿破了，他爱人将其扔到垃圾桶里，他捡回来接着穿。夏天一双黄胶鞋，冬天一双棉布鞋，春秋一双旧皮鞋。一年四季他骑着一辆花20元钱买的破自行车上下班，每天10公里，风雨不误，这是何等的精神！当了10年市级领导，他家没有冰箱，没有彩电，他本人也没有手机，过着与时代相脱节的"刀耕火种"的生活，这是何等的古怪！他仰慕老子、庄子的境界，"大象无形""大音希声"的思想给了他很深的影响。他说："平平常常才是真，实实在在才是美。"1995年，他头一天拿到曾宪梓教育基金奖，第二天就把奖金全部捐给学校，济困助学，这是何等的品质！

——白金声的学习。

三年小学，两年初中，两年高中，这便是白金声的学历。为了弥补先天的不足，为了拥有"一览众山小"的从容与自信，在业余的时间里，他拼命地读书。哈尔滨有一家最大的书店叫学府书城，毗邻黑龙江大学。走进书店大楼，他就像飞翔在花丛中的蝴蝶，眼睛都看不过来了。这个书架前转转，那个书架前晃晃，翻翻这本，瞧瞧那本，在浏览中，一旦发现看在眼里就拔不出来的书，他就找个没人的角落，或站，或坐，或蹲，或卧，左手一口馍，右手一本书，兜中一瓶水，一读就是一小天，直到书店打烊他才悄悄离去。黑龙江省图书馆是他休闲的天堂，每逢周日，他便早早地挤进人群，在阅览室里抢个位置，拿出笔记本和放大镜，开始一天的"不动笔墨不读书"的学习生活。三更有梦书作枕，每天晚上灯火阑珊时，他也要捧起书本读上几页。深夜里，睡着了，心如秋月朗，古今多少事，上下五千年，尽在鼾声中。

——白金声的教学。

"白金声老师嗓音极具特色，像是开了混响，整个教室里回荡着'立体声'。"学生如此形容。他说："很难想象，一个没有激情的人，能够同时又是一位真正的教育者。"如果说课堂教学是乐，那么白金声的教学无疑就是气势恢宏的交响合唱；如果说课堂教学是水，那么白金声的教学无疑就是激越澎湃的长江黄河；如果说课堂教学是画，那么白金声的教学无疑就是洒脱从容的泼墨写意。语文教学像个魔方，有无穷的变化，有无穷的组合。白金声在每一堂课上，都能"以情感激发情感，以思想点燃思想，以自由呼唤自由，以生命提升生命"，凡受教于他的学生，莫不为之所激励感染。在甘肃玉门上的《为中华之崛起而读书》，好评如潮；在云南昆明上的《白老师变魔术》，网上疯传。教学是一门科学，又是一门艺术，什么是艺术？艺术就是"无意于法则，而自合于法则"，"从心所欲不逾矩"的完美体现，在这里，情感当然是它的基石。

——白金声的文章。

白金声善于写教研小品，文章短小，文笔流畅，文风泼辣，是他行文的特点。在教学研究中，他不断积累，不断思考，不断探讨，针对语文教学中出现的问题，他常常有感而言，有积而发，有思而作，用手中的笔传播先进教育理念，引领教学改革方向。他的教研小品文每篇都在千八百字左右，一事一议，小巧玲珑，鞭辟入里，耐人寻味。如收在本书中的《永远持守着语文的本色》《板书乱象的背后》《古诗背诵当戒有口无心》等随笔，就是在他听课的过程中形成的。另外，在我编辑的"现代教学艺术研究"丛书中，就有白金声的 6 本，其中，《语文德育渗透艺术》《小学语文课堂教学艺术》《家庭语文教育艺术》再版多次，拥有众多的读者。

——白金声的报告。

白金声经常在全国各地作报告。不管是学术报告，还是事迹报告，听他的报告，自始至终都会被一种浓浓的感动包围着。他讲话纵横捭阖，汪洋恣肆，不仅深具学理，而且机智幽默，发人慧思。听他的报告，会一下子把你带入一个新的境界，心头为之一震，耳目为之一新。哦，原来语文还可以这么教，学问还可以这么做，教研员的活儿还可以这样干。人活着，不但是一种追求，更是一种责任。在报告中，白金声把他对语文的理解、体会和感悟，以及他丰厚的学养、多彩的人生和执着的教研情怀，通过生动活泼的语言传递到听众的心里。听他的报告，如坐春风，如沐春雨，不但能解开你的教学之谜，更能提升你的精、气、神，让你勇立潮头唱大风。

岁月悠悠，转眼间，我和白金声相交已经30多年了。他在北国，我在南粤，见面很难，但，他睿智、粗犷、执着的品貌时刻萦回在我的脑际。如今他已经迎来了自己的古稀之年，有道是："莫道桑榆晚，为霞尚满天。"祝愿这位把夕阳当做黎明的至纯至真之人永远年轻，在事业上层楼更上，宏图再展！

(《语言文字报》，2017年4月7日)

我与师傅白金声

刘正生

像遇到浙江的老师要问起周一贯,遇到江苏的老师要问起于永正,遇到上海的老师要问起贾志敏,参加省内外一些语文教科研活动,当同行知道我来自双城,就要问起白金声,敬仰之情溢于言表。白老师是享受国务院政府特殊津贴专家、全国著名特级教师,作为他的徒弟,我从他身上学到了许多书本上学不到的东西。

结识白老师,让我知道了什么是缘分

世上有很多事可以求,唯缘分难求。

白金声这个名字,是我师范毕业后,在通河县实验小学教音乐时知道的。那时,我住在学校,晚上没事做就翻翻教育刊物,偶然在一本教学刊物上看到一篇双城人写的文章。身在异乡,读到家乡人的文字倍感亲切,就仔细阅读起来,内容是关于杜甫的《春望》中"白头搔更短,浑欲不胜簪"中"短"字解释的探究。参考书的解释是:由于诗人总是忧烦,不免老搔头,头上的白发越搔越短,连簪子都别不住了。白老师产生疑问,认为这种说法不合理,以"短斤少两"来印证:短,少也。从此知道双城有个白金声,想有一天能结识他。

没想到两年之后,我调回家乡,在双城市第五小学工作,白老师的爱人徐老师就在这个学校,因为学校缺班主任,我就从音乐老师变成了语文、数学老师。我是师范毕业,学的是音乐专业,对小学语文、数学教学是一张白纸,只有边学边教,有一些困惑,也有一些自己的做法,但苦于不得要领。后来,我就写了一个类似教学做法的材料,托徐老师转交给白老师指教,从

此得到了白老师真诚的鼓励和耐心的指导。

2003年,我也成为一名小学语文教研员,与白老师成了同事,在一个办公室办公,在一块听课、辅导、命题、搞研究。2008年,花甲之年的白老师退休了,但并没有卸弓,而是受聘于黑龙江省语言文字工作委员会办公室,主抓科研工作。我与他在业务上仍然往来,经常可以见到他。

司马光说过:"经师易遇,人师难求。"我是幸运的。与白老师相处也有20多年了,确实是一种缘分。我体会到,缘分不是诗,但它比诗更美丽,缘分不是酒,但它比酒更香浓。

结识白老师,让我知道了什么是执著

什么是科研?有人说科研是流行歌曲,有人说科研是照葫芦画瓢,有人说科研是移花接木,如果没结识白老师,或许我现在也不知道它的真谛。

从1988年起,在白老师的指导下,我结合自身特长,根据"儿童是凭形状、色彩、声音和一般感觉思考事物的"观点,提出把艺术教育渗透到语文教学中的构想,开始了"小学语文快乐教学"的探索。在教学改革实验中,我挖掘教材的"快乐"因素,精选媒体,系统设计,把板画、弹唱、表演、音像、文学等因素优化组合,融合一体,创设感受氛围,展示生活画面,再现动人情境,品评妙语佳句等,激发学生的学习兴趣,寓学习于快乐之中,从而促进了学生智、情、意、行全面发展。这项实验得到了省内外语文专家的关注。1994年,应牡丹江市教育科学研究所邀请,在牡丹江与全国著名特级教师、国家有突出贡献专家于永正先生同台献课,于先生书赠"桐花万里丹山路,雏凤清于老凤声"。同年,原双城市委书记何忠学到学校视察实验,为实验欣然题词:"快乐教育教学之路。"1995年获得双城市优秀科研成果奖。

我曾以为实验到此应结束了,想换点流行的实验。白老师不以为然,说:"要挖井,专掘一口。荀子说,蟹六跪而二螯,非蛇之穴无可寄托者,用心躁也。搞课题研究要咬定青山不放松。"后来,我们这项课题申报为黑龙江省"九五"重点科研课题,我从第五小学调到第二小学,从第二小学调到实验小学,风风雨雨十余载,白老师一直跟进指导我搞这项实验,从未间断。记得开题之初,我们经过反复研究,最后决定把识字教学作为实验的突破口。为了使学生在单位时间里,字识得多、会得快、记得牢,白老师从现代教学论和儿童心理学理论方面加以指导，还介绍了全国各地识字教学经验，跟我一起收集大量资料。我起早贪黑，用半年时间把小学语文 12 册的生字一个一个编成谜语或顺口溜、妙语，然后一个一个抄录在稿纸上，最后集成厚厚一摞快乐识字手册。当省里课题专家看到我们的快乐识字手册，非常感动，说："这是你用心血凝成的资料。"

付出与收获是成正比的，我们师徒在努力的同时也收获着喜悦，体验着快乐，憧憬着希望。对于我而言，累并快乐着，苦点，累点，是很值得的。因为课题研究使我完成了由单纯的"经验型教师"向"研究型、学习型教师"转化。现在看来，这一切都是美妙的，生活因科研工作而变得充实饱满，有滋也有味。多少的酸甜与苦辣，多少的艰辛与无奈，全都融入了我的心底。2000 年 9 月，实验获黑龙江省"九五"优秀科研成果特等奖第一名，开农村地区获最高奖的先河，为哈尔滨争了光，为双城添了彩。2001 年 7 月，哈尔滨市教育学会在双城市召开现场会，向七区十二县推广这项科研成果，记者提议我们师徒合影留念，哈尔滨电视台对此做了报道。

结识白老师，让我知道了什么是人梯

白老师常说："教研员的光荣在于甘为人梯，默默奉献，使自己的才智成为青年教师的才智，以自己的心血融于名优教师的辉煌创造之中。"他不仅是这样说的，也是这样做的。

我第一次作公开课是在 1989 年冬，是在双城市一个大型教学工作会议上，是白老师举荐新人的结果。我做了《跳水》一课，课后做了近两个小时的经验介绍。记得当时说了许多狂放之言，如"王有声是王有声，白金声是白金声，我刘正生是我刘正生。"当时引起了不小的震动，一些老师纷纷索要讲稿，其实我没有讲稿，只有一个粗略的提纲，因为讲的是自己平时所做的，所以说起来滔滔不绝。会后，白老师很满意，但告诫我要谦虚谨慎，叮嘱我好好整理一下文稿。我就其中的"语文课外活动"整理了约 5000 字的文稿，共 10 多页稿纸，参加了原松花江地区教学经验论文评比。后来贴了两张邮票，悄悄寄给我心仪已久的《黑龙江教育》。没想到，第二年在 3 月号全文发表了！第一次投稿就中了，而且整整占了两个版面，手捧油墨飘香的《黑龙江教育》，我喜出望外，白老师也为我高兴。这一年我 25 岁，只有 5 年教龄，

现在想起来还觉得仿佛是在做梦。

1991年5月，我代表松花江地区参加黑龙江省东部地区镜泊杯阅读教学大赛，采用板画、弹唱、表演等融为一体的立体情景导读指导学习李白的《早发白帝城》，课堂气氛活跃，教学效果颇佳，征服了评委，荣获总分第一名。当我站在高高的领奖台上，看到台下的白老师露出甜甜的微笑，眼里不禁泪光闪闪。随后他将我引见给全国小学语文导读法创始人李守仁先生，有幸随李守仁先生进京献课。

1992年8月，周庄秋主编的《小学语文愉快教学教案集锦》，由中国广播出版社出版，我执教、白老师点评的《早发白帝城》一课收入其中。

1994年1月，《黑龙江教育》"小荷初露"专栏，发表了白老师《使教与学成为愉快的艺术享受——双城市第五小学刘正生老师古诗教学特色谈》一文，介绍了我的古诗教学特色。

1995年，在白老师的大力推荐下，我有幸和哈尔滨名师刘克、庞光辉等成为黑龙江省教育学院兼职语文教研员，认识了秦锡纯、钱勤书、张新光等人。

2001年，我作为一线教师代表被选为全国"注音识字，提前读写"讲师团专家组成员，不但作课还要做理论辅导，又得到白老师的有力支持和帮助。

2002年，当得知我应邀参加全国教科版小学语文课标教材的编写工作，白老师与我畅谈他参与原省编乡土教材的经验与体会，让我珍惜机会。

2009年，中文核心期刊《小学语文教师》在全国范围内招聘网络工作室导师。2010年2月，历时一年的考核、选拔，我与全国名师薛法根、张祖庆等人被聘为首批名师工作室导师，担负起发现新人、提供指导、扶持成长的职责，白老师予以极大的关注。

2011年，白老师从电视上得知我被评为哈尔滨市首批未来教育家培养对象，特地从外地打来电话祝贺。

……

白老师让我知道，教研员就是人梯，人梯是一种高尚品格，更是一份沉甸甸的责任。

结识白老师，让我知道了什么是勤奋

俗话说，"站如松，坐如钟，行如风"，用它来形容白老师是再恰当不过了。白老师经常站着做报告，像松树一样挺拔，不知疲累；走起路来一股风，慢的人都跟不上；读书、写文章像座钟那样端正，耐得住寂寞，不受外面世界的干扰。当你在单位看到他，他正伏案做笔记；当你在他家看到他，他在灯下写东西；当你在乡下检查的间隙抽烟、喝茶，他在学校报刊栏前抄录……真是惜时如金，废寝忘食。

1993年冬，在白老师的引荐下，我见到了时为《黑龙江教育》编辑部的语文编辑魏永生老师。以往都是书信往来，这是我第一次与编辑面对面。记得当时魏老师对白老师的评价是：黑龙江小学教育研究最勤奋的人，是小学教师里走出的大家。而白老师是那样谦逊，连连摆手，说："我很笨，勤能补拙，勤能补拙，我只想成为一位成功的语文教师，而成功的语文教师都是一本精彩的教科书，要写好这本书，就要倾注生命。"

潮平两岸阔，风正一帆悬。白老师的思想之舟，在小学教育的千年长河里扬帆前行，我们时时都能看到他那矫健的身影，听到他那洪亮的声音。早年，他是读文章、写文章，忙里偷闲，一篇接一篇；后来，他是写书，文思泉涌，一部接一部。

2004年，出版《小学语文课堂教学艺术》和《家庭语文教学艺术》；2005年，《教师必备的十项修炼》问世；2007年，《怎样当老师，怎样教语文》和《小学语文教学疑难问题精解》付梓；2008年，《我为语文而来——白金声教学艺术》摆上全国各大教育书店的展台；2012年，我们又读到了他的新作《小学语文教学新体系》；2014年，《中国语文教育五千年》脱稿。

在白老师的影响下，我也勤于笔耕，这些年来发表了上百篇文章，出了几本书，乐此不疲。白老师让我懂得，世界上最宝贵的除了良好的心理素质，还有一个最宝贵的东西，就是勤奋。最宝贵的勤奋，不光是行动上的勤奋，更是精神上的勤奋，勤奋靠的是毅力，更是永恒。

仰之弥高，钻之弥坚。流金岁月，师恩难忘。

(《黑龙江教育》，2014年3月号)

名师白金声印象记

王丽华

这次双城之行,最大的遗憾就是没有见到特级教师白金声。他外出讲学刚离开教师进修学校。

白老师是我们《黑龙江教育》的老朋友、老作者。每逢我们刊物有重大活动,我们都请他来参加。

编辑部的同事们熟悉他,是从他的作品开始;读者熟悉他,是因为读过他指导性、针对性、参考性极强的一篇篇文章;我对白老师印象深刻,除了因为他的文章外,还有他的"节奏"。

第一次见面,他给我留下了一个大步奔跑的身影

1990年,我第一次去双城采访(当时我做理科编辑),此行目的之一是想拜访白老师:一是小学语文编辑有事托付,希望我带回他和白老师交流的资料;二是编辑部的老编辑们对他评价很高,不断地推崇他,而他来编辑部时我都恰巧不在,我真想拜访他。

刚到进修校时,他不在,听说去基层学校了。我只好先行采访。

完成预期任务回到进修校,刚进院儿,就见有人向院门口跑来。旁边有老师告诉我:"白金声老师回来了。""是吗?谢谢你……"我停下来答应着。没等我缓过神儿来打听白老师在哪儿,跑过来的人已停住脚步站在我的面前,随之是干脆、洪亮的问候:"您好!我是白金声。"我很是惊讶。见过面,我开始说明来意:"白老师手头的小语资料如果看完了,我想顺便带回去……""看完了,在家呢,你等着!"还没等我说下面的话,他突然转过身,朝校门外奔去……一下子,大家都愣住了。望着他大步奔跑的背影,我简直不敢相

信，这就是白金声老师。

"他回家去取书了。""白老师就是这样，做什么都快，时间抓得非常紧。""白老师很严谨，什么事情都不马虎……"站在院子里的教委领导、老师向我解释着。"好洒脱！这是他的风格了？"我脑子里立刻画了一个大大的问号。

第二次见到白老师是在编辑部，他应邀来编辑部研究选题。工作一结束，白老师迅速起身，说还有工作要做，要立即回去。在我们的挽留声中，他匆匆离去……

以后每次在编辑部见到他，他都是这样，一路小跑儿地离开编辑部。有时在一些业务活动场所看到他时，他总是快步来到我面前，握手、问候、说事，然后匆匆离去……看来，白老师是一个讲速度的人，那么他教学时、指导工作时，也是这样"匆匆忙忙"的吗？

在学校里，我"看"到了一个舒缓有致的白老师

双城市第十小学是白老师"学法指导"和"大语文教学"的实验基地。校长何玉茹是白老师亲手培养起来的特级教师。

在这里我们了解到，白老师经常与学校领导、教师进行广泛的交流，他说："学无止境，教无止境，研无止境。""作为一名教师，最为重要的是业务能力，就是不管使用什么样的教材，遇到什么样的学生，在课堂上都能得心应手、举重若轻，把课上得扎实、轻松。"

不久前，白老师在该校上了一节公开课，让所有听课的领导、教师深受启发。

白老师领着学生猜字谜，课堂上高潮迭起：

白：刚才是老师出谜大家猜，现在请同学出谜老师猜，看谁能把老师难住。（学生兴奋起来。）

生1：（走到讲台，带动作说）切九块，打一字。

白：（费解，想了半天，没有结论）可以给我一个提示吗？

生1：（神秘地）切九块需要几刀？

白：八刀。

生1：（笑着对白老师说）八刀是哪个字？

白：（在生1的启发诱导下，字谜迎刃而解）原来是"分"字！

生2：（站起来笑着说）3÷2=1，打一字。

（多有趣的字谜，竟是一道数学题。正当白老师动脑思考的时候，旁边的一个学生关心地小声说："白老师，您猜不着不妨列列竖式。"）

白：哦，原来3÷2=1是"疗"字！

白：老师非常感谢这位小同学。你叫什么名字？

生3：（声音洪亮地回答道）我叫陈小彬。

白：为了感谢你，白老师单独给你出一个谜，去掉左边是树，去掉右边是树，去掉中间是树，去掉两边还是树，打一字。

生3：（没等老师说完，她便开口了）是"陈小彬"的"彬"。

白：（带头鼓掌）老师为她鼓掌叫好！

生3：鼓掌也是一个字谜，老师，您猜猜看。

（这叫"投我以木瓜，报之以琼琚"。白老师不但要猜，而且得猜对。）

白：（满有信心地演示着）鼓掌要用手，光一只手不行，要两只手，两只手不合在一起不行。是"拿"！对吗？

（学生不约而同地笑了，笑得那样痛快、开心。）

欣赏着白老师机智、幽默的教学艺术，我沉浸在热烈、欢快的教学情境中。在白老师那舒缓有致、民主和谐的教学中，我无论如何都找不到他那"匆忙"的影子。看来压缩工作之外的时间，是白老师早已形成的习惯。讲究速度，更注重效果，是白老师的特点。我想，用有"节奏"来概括他或许更恰当些。

事实上，白老师是该"匆忙"的时候"匆忙"，该舒缓的时候舒缓，该下工夫的时候下工夫。

双城市实验小学教导主任刘正生是白老师的高足，白老师与他在这里合作搞"小学语文愉快教学"改革实验已经十多年了。现在这项课题被黑龙江省教育厅评为省"九五"期间优秀科研成果的特等奖。

搞教学改革实验不是轻而易举的事情，从课题论证到资料积累，从数字统计到现象分析，从过程管理到经验总结，都需要科学的态度和艰苦的劳动。在商风炽盛、物欲横流的今天，白金声老师能忍耐寂寞，心无旁骛，虔诚一念，和他的实验教师们默默地走着教改之路，着实令人钦佩！

据悉，白老师现在正在和双城市五家镇中心小学的教师进行全国教育科学"十五"规划国家重点课题"教育与发展——创新人才的心理学整合研究"

的研究。我预祝他们成功！

在他的家里，我体会到了他潇洒的心态

到白老师家里走访，让我进一步体会了白老师讲究速度的内涵和他那潇洒的心态。白老师住在承旭小区2号楼。这套住房是当地政府1992年奖励给他的。跨进他的书房，只见室内书架、书橱、书柜错落有致，占据了屋中大部分空间；资料、报刊、邮包、书信，随处可见；写字台上放着一摞厚厚的书稿，这是白老师正在写的一本关于语文课堂教学艺术的书。

经他妻子介绍，我们了解到：30多年了，白老师每天备课、读书、研究、写作，直到深夜，甚至大年初一仍笔耕不辍。

"终日辛辛，未觉苦苦，常年忙忙，不甘碌碌"是白老师的座右铭。白老师认为："教师的一生，是工作的一生，也是思考的一生、积累的一生、创造的一生。"他说得何等精彩！更精彩并令人赞叹的是言如其人，因为这正是白老师从教生涯的真实写照。站在这儿，我被深深地感动了，一种无以言表的钦佩之情油然而生……

客厅里有一条幅："宠辱不惊看庭前花开叶落，去留无意望碧空风卷云舒。"落款是"向白金声老师学习，李燕杰，戊辰秋日于北京"。看了全国著名演讲大师的题词，我领悟了白老师"事能知足心常泰，人到无求品自高"的潇洒心态。

在博物馆里，我了解了名师的事迹

听说白老师事迹在双城市博物馆展览，我特意赶去参观。

这是一座雄浑厚重、古色古香的老式大宅院，由东三合院和西四合院组成。

走进朱红大门，首先看到文昌书院。书院收藏着白老师许多学术专著，并设立了陈列专柜。

西厢房是"天南地北双城人"展厅。双城，是"解放战争重镇，松花江畔名城"。多少年来，这片神奇、富饶的黑土地，孕育和培养了数不清的学子，白金声就是其中的佼佼者。

我仔细端详他的照片：身材修长、面容清癯、眉骨高耸、目光炯炯。照片下面有他的小传。特定职务：哈尔滨市政协委员、双城市政协副主席、黑龙江省人大代表、民革黑龙江省委常委。主要荣誉：哈尔滨市一级功勋教师、黑龙江省劳动模范、黑龙江省优秀中青年专家、全国优秀教师、享受国务院政府特殊津贴专家。代表著作：《实用语文教学法》《小学语文教学心理学》《作文知识与小学作文教学》《语文德育渗透艺术》《小学古诗教学理论与实践》、《小学语文课堂教学艺术》《家庭语文教学艺术》《教师必备的10项修炼》。

从博物馆出来，正值夕阳西下，一缕橘红色的晚霞洒落在这座大雪覆盖的古老大宅院里。蓦然间，我仿佛看见，在共和国960万平方公里的土地上，无数个像白金声这样的名师正在为太阳底下最辉煌的事业快节奏地工作着。

(《黑龙江教育》，2003年7月号)

后　记

"谷雨收寒,茶烟飏晓,又是牡丹时候。"今天,我家的那几盆木芍药开花了,满屋子喷红吐焰,红光耀眼,顿觉夏天就要到了。从冬天到春天,经过几个月的修改,《相伴语文》终于脱稿了,大有"轻舟已过万重山"的我,顿时感到松快多了。

"子在川上曰:逝者如斯夫!"如今,我已经70岁了。退休后,我并没有赋闲,而是笔耕不辍,连续写了五本书,这是其中的一本。这本书共分四辑:辑一,"往事如斯",记叙了林林总总的语文事情;辑二,"走近名家",回忆了大大小小的语文人物;辑三,"沙龙碎语",汇集了零零碎碎的语文小品;辑四,"课堂留痕",展现了本本分分的语文教学。那事,那人,那文,那课,对我来说都是难以忘怀的。一个人,一辈子,一件事,我与语文相伴。学语文,教语文,用语文,研究语文,与语文结下不解之缘。在语文学、教、用、研的生涯中,我有过春风得意,有过伤心失意,有过柳暗花明,有过山穷水尽。但是,只要我站在三尺讲台上,就有一种把酒临风,宠辱皆忘的感觉;只要我与学生和老师在一起,就觉得有一种不以物喜、不以己悲的胸怀。语文就像我的老伴儿,越老越离不开,本书之所以冠名《相伴语文》,就是这个意思。

在雨生百谷的季节里,承福建教育出版社的青睐与厚爱,蒙李惠芬编辑的热情襄助,此书才得以问世。在这里感谢责编付出的辛勤劳动!望翻看的识者,不吝赐教,网上留言,请百度一下白金声,我的电子邮箱是:laky_aa@126.com。

白金声

丁酉谷雨于哈尔滨